一步万里阔

THE NEXT GREAT MIGRATION

The Story of Movement on a Changing Planet

〔美〕索尼娅·沙阿（Sonia Shah）著　赵安琪 译

中国工人出版社

献给迁徙者、离乡者

以及依旧在路上的人

献给为我倒茶并与我分享故事的人

没有哪种哺乳动物会像我们一样迁徙。我们越过边界。即使在原本的居住地拥有资源，我们也会迁往新的地点……这是一种疯狂的表现。当你驶入大洋时，并不知道另一边都有什么。现在我们又到达了火星。我们不会停下脚步。这是为什么？

——斯万特·帕博（Svante Pääbo）

在历史中，寻求自由的人类通常会这样做，他们也是如此。他们离开了。

——伊莎贝尔·威克森（Isabel Wilkerson）

边界？我从来没有看见过。但是我听说，它们存在于某些人的心中。

——托尔·海尔达尔（Thor Heyerdahl）

目 录

第 1 章　流　动　　　　　　　　　　　1
第 2 章　恐　慌　　　　　　　　　　　28
第 3 章　林奈：为自然撰写秩序　　　　49
第 4 章　可怕的混血儿　　　　　　　　73
第 5 章　自杀式迁徙　　　　　　　　　103
第 6 章　马尔萨斯的可怕亵渎　　　　　126
第 7 章　"迁徙人"　　　　　　　　　　157
第 8 章　野蛮的外来者　　　　　　　　184
第 9 章　迁徙的模式　　　　　　　　　213
第 10 章　围　墙　　　　　　　　　　　242
尾　声　安全的通道　　　　　　　　　265

致　谢　　　　　　　　　　　　　　　273
参考文献　　　　　　　　　　　　　　276

第 1 章

流 动

早春的天空是深邃的湛蓝，掩映着泥泞的棕色土壤。这里是加利福尼亚南部的圣米格尔山脉，山丘干旱，灌木丛生。除了远处推土机的轰鸣，这个开放而低调的地方非常宁静。这里看起来也很平静，没有任何特别的景象，只有沙子、晒裂了的土地、安静的山坡，各种枯黄的矮灌木和野草。群山似乎绵延不绝，印着车辙的土路和狭窄的步行小道在山间纵横交错。

我要找的物种也非常低调。艾地堇蛱蝶，又名伊迪丝格纹蛱蝶，是一种很不起眼的生物，很难被业余的摄影器材捕捉到，比如我放在后裤兜里的苹果手机。它们栖息在矮化车前草上，并以此作为食物。这种植物同样很不显眼。它只有几英寸高，细弱的茎上长着针状的叶子和小巧、半透明的白色花朵。它就像干草一样不起眼。你很可能根本没注意到它，就把它踩在了脚下。就像我一样。

蝴蝶专家和我同行，她拥有一个完美的名字——斯普林·斯特拉姆。她把我带到这里，坐在她的四轮驱动卡车上，踏上那些从2015年开始就对外封闭的道路。她告诉我，在山间找到一只格纹蛱蝶就像"遇到一只独角兽"一样稀奇，但她很擅长这件事，并因此知名。

我们在山间缓慢地走着。斯特拉姆有时会跪在地上，观察某些低矮的野草，寻找隐藏起来的蝴蝶，或是翻弄几片叶子，寻找毛毛虫。过了大半个小时，我们流了许多汗，却没有什么收获。她认为我们找得差不多了，应该回到卡车上，到别的地方去寻找这种隐秘的格纹蛱蝶。我拧开水瓶，喝了一大口，又整理了一下背包，跟着她回到了小道上。

过了几分钟，她停下脚步，站在那里一动不动，挡住了去路。我注意到，她正盯着脚上那双皱巴巴的登山靴。我低下头，看见一群蝴蝶在我们脚边低飞。

～

我来寻找格纹蛱蝶是因为卡米尔·帕玛森（Camille Parmesan）。她留着一头乌黑的卷发，长着一双冰蓝色的眼睛，简直就是朴实、袖珍版的神奇女侠——如果神奇女侠喜欢泥土和虫子，而不是套索、隐形飞机，或者讲些当地的俚语。帕玛森在得克萨斯州的一个意大利家庭长大。她不说"没有"，而是说"无有"，不说"很大"，而是说"跟牛一样"，不说"很多"，而是说"都快溢出来了"。

帕玛森最开始研究格纹蛱蝶是在1980年代。当时她是生态学的研究生，放弃了研究鸟类（它们起得太早）、实验室饲养的灵长类动物（不够天然）以及蜜蜂（刺太多了）。她说自己喜欢蝴蝶，因为它们很容易在自然的环境中被观察到，而且操作很方便。小时候，她和妈妈一起去露营，学习野外生存，辨别植物和鸟类。她妈妈喜欢植物学，却是个地质学家。和帕玛森在得克萨斯州的许多家人一样，她妈妈也在石油行业工作。去野营、教授植物知识的时候，她妈妈采取了独特的地质学视角。通过母亲，帕玛森根据地质的年代深入了解了野生动物的历史，知道它们在温暖的时期向北迁徙，在寒冷的时期又会返回南边，它们的栖息地会随着冰期不断变化。

帕玛森进入格纹蛱蝶研究的领域时，这个小领域的境况非常糟糕。她通过博物馆模糊的记录和业余蝴蝶爱好者的大量个人收集得知，格纹蛱蝶曾经很常见，生活在北美洲西海岸的山上和山下。从墨西哥的加利福尼亚半岛到加拿大的不列颠哥伦比亚，都有它们的身影。传说，一位用心的蝴蝶收集者只是骑着摩托车一路沿海行进，就收集了许多，只需伸一伸手，蝴蝶便通通落网。但是，近些年来，它们的数量大幅减少。

对于大多数生态学家而言，原因很明确——格纹蛱蝶无法迁徙太远的距离。还是黑色毛毛虫的时候，它们很少能离开孵化的植物超过几英尺。就算长出了带有花纹的翅膀，它们也飞得很低，离家很近，通常待在距离自己成长的地方数米之内。遇到风雨，它们便用细弱的腿爬回矮化车前草下面，尽量贴近地面，以防弱小的身体被大风意外吹走。在这个领域，众所周知的是，它们属于"定栖"，也就是昆虫学意义上的宅居者。

同时，它们的生存范围正在缩小。由于碳排放变多，北墨西哥变得更热、更干旱，在格纹蛱蝶生活范围的南部，它们喜欢的矮化车前草已经开始消失。洛杉矶和旧金山这样的城市不断扩张，吞噬了它们生活范围北部那些安静、向阳的山坡。一边是气候变化，另一边是城市扩张，许多蝴蝶专家认为，格纹蛱蝶被困在中间，注定灭绝。

这是一段很简单的经历，地球上的许多物种都发生过。帕玛森并没有妄想改变基本的规律，但她想，自己可以记录下这种蝴蝶是如何用特别的方式来应对压力的。或许在某些栖息地，它们会默默地适应环境，或者在陷入绝境前，发出一些明显的信号。如果她进行一些调查，然后处理数据，通过某些复杂的统计学分析，她可能会凑出一篇说得过去的论文。她的报告将对一个物种灭绝前的痛苦进行详尽地记录，但是在这个有众多生物灭绝的年代，许多生态学研究都聚焦于此。这是获得博士学位最糟糕的方式。

另外，蝴蝶在温暖的春季孵化，它们在上午10点前不会醒来，而且在晴朗无风的天气最容易被观察到。4年以来，帕玛森每个夏天都在西海岸开着车来来往往，白天寻找蝴蝶，晚上在山上露营。

帕玛森对于研究结果并没有太高的期待。"我不确定最终是否会得出结论。"她说。然后她开始分析数据。如她所料，相较于历史数据，这种蝴蝶的数量减少了。但是还有更多的发现：噪声中的一个信号。这会让她的职业生涯发生巨变，并吸引了像我这样来自世界各地的记者。

"我开始分析样本。"我们在奥斯汀的一家美式墨西哥餐厅见面时，她告诉我，"我发现南部的灭绝率很高，北部和山间的灭绝率很低。我本来以为样本的情况会很复杂，不曾想，这也太简单了吧！没有比这更清晰的数据了。"

和数年前她妈妈在夏日野营中讲给她的野生物种一样，这种蝴蝶也用数千年来同样的方式，对气候变化做出了反应。

它们迁徙了。

"它们在北边和山上的生活范围改变了！"她说。这一发现已经过去了 20 年，但依然让她惊讶而喜悦。她用双手拢住头发，拨到身后，微微有些颤抖。"天哪！"

帕玛森在 1996 年出版了她在蝴蝶方面的研究成果。当时，只有另外两项研究记录了野生物种根据气候变化改变生活范围的内容，一项是关于阿尔卑斯山顶的植物群体，另一项是关于蒙特雷湾的海星和贻贝。她说，那些都是"很好的论文"，"但是范围很小"，很容易被当成异常现象，从而被忽略。虽然当时为了应对气候变化，采取一定的求生措施在理论上是可行的，却很少有科学家认为，野生物种会真的实现这一点，并产生一定的成效。

相比之下，帕玛森对于格纹蛱蝶的研究，展现了一种跨越半个北美洲的持续性现象。她在颇有声望的《自然》期刊上发表了期待已久的单一作者论文，并立刻跻身于气候变化研究的前列。她成为联合国政府间气候变化专门委员会的一员，这一职位让她可以查看另外 1000 种生态学研究，寻找与她在格纹蛱蝶身上发现的一致信号。确实，这种蝴蝶的极向迁徙并不是异常现象。同样的情况发生在欧洲另外 57 种蝴蝶身上，在海洋生物和鸟类中也有出现。

无论是研究浮游生物还是青蛙的科学家都开始重新检验自己的数据。他们发现，在他们追踪的 4000 个物种内，有 40% 到 70% 在过去的几十年内改变了分布范围，大约有 90% 为了应对气候变化，迁徙到了更加凉快的陆地和水中。平均而言，陆地生物正以每 10 年 20 公里的速度稳步向南北极迁徙。海洋生物迁徙到更凉快的水中速度更快，平均每 10 年移动 75 公里。这些平均值排除了某些特定物种的跳跃式变化。比如，大西洋鳕鱼每 10 年移动超过 200 公里。在安第斯山脉，青蛙和菌类在过去的 70 年内向上移动了 400 米。

即使是最不容易移动的野生物种也在移动。珊瑚虫在数十年中形成繁茂的分支，在全世界范围内蔓延成连片的珊瑚礁，它们似乎从不移动。它们就像是石壁，接受着大洋的冲刷，保护着数百万种鱼类和海洋生物群体。然而珊瑚礁也在移动。从 20 世纪 30 年代开始，科学家们乘坐玻璃船底的小船调查了日本群岛周围珊瑚的情况。2011 年，他们发现其中两个种类——桌形轴孔珊瑚和美丽轴孔珊瑚——正以每年 14 公里的速度向北迁徙。

根据气象学家爱德华·洛伦兹的著名构想，由于各种因素之间复杂的关联，一只蝴蝶拍打翅膀，引起微弱的气流变化，最终会改变远方的龙卷风路径。这是一种诗意的比喻，表达了我最喜欢的一种观点——微小的变化会产生意想不到的巨大影响。这个比喻是说一只蝴蝶的飞行看起来微不足道，但我觉得他在构想这个句子时，脑海中浮现的是那种跨越大洲进行迁徙的帝王蝶。他不可能想到格纹蛱蝶。见过这种蝴蝶，并看到它们飞得又低又慢，很不起眼，我甚至怀疑它们拍打翅膀，能否带来一阵微风，更不必说引发任何重大的气象事件了。

然而，这种小蝴蝶引发了巨大的效应，它们意外的迁徙为一种戏剧化的全球性现象揭开了面纱。在阿拉斯加西北部海边的尤纳拉克利特，猎人们在他们捕获的鸟儿皮肤上发现了来自不列颠哥伦比亚的寄生虫。那里位于当地的东南方 950 多英里。红狐狸的生活范围向北扩张，来到了北极狐的领地上。在科德角，有船主发现了来自佛罗里达州的海牛，它们正悠闲地在码头上喝排水管里的水。

一场野生迁徙开始了。它发生在每一个大洲和每一片大洋中。

～

德呼拉德哈山脉 1.8 万英尺的最高峰，笼罩着摇摇欲坠的麦罗甘吉（McLeodganj）——一个坐落在喜马拉雅山麓 7000 英尺处的森林山脊上的村庄。我从新德里搭乘出租车，经过漫长的 12 个小时来到这里。我的司机穿着皱巴巴的短袖棉布衬衫，他习惯了平原的海拔，来到这里，头很晕，又感觉很冷，漫长的时间十分难熬。夜里很晚，我们才到达麦罗甘吉的中心。他把车停在村庄广场的中间，让我们下车，又卸下足够支撑 6 个月的行李后，便落荒而逃了。那里距离我们的旅店还有好几公里。

这种情况似乎不可原谅，但是第二天早上雾气散去后，我看到小镇里令人惊心动魄的景象，便不再生气了。喜马拉雅松树紧贴山腰，却在山顶岩石丛生的地方忽然消失，形成了一种被称作"树线"的自然边界。树线以上是光秃秃的悬崖，点缀着狭窄的瀑布。在这个海拔上行动，需要有强大的导航能力和体能。我可不敢尝试在这里开一辆摇摇晃晃的德里出租车。道路狭窄、没有标记，而且很陡峭，空气稀薄，最糟糕的是，每个角落都有没有围栏的悬崖。为了能在这些山上短暂地待上一段时间，我装备了最新的山地设备，那是我在专卖店花高价买的：一件带有聚氨酯的尼龙外套、结实而防水的登山靴、特制的排汗羊毛袜。我对险恶的环境毫无准备，受到了沉重的打击，这些装备也无济于事。我气喘吁吁地走在镇里的小路上，所幸，只有在松树上跳来跳去的猕猴注意到我的不安，几只友好的狗耐心地跟在我身后。

如果有任何地理因素阻断了迁徙，那便是喜马拉雅山脉。从地理的角度，它形成了一道不可逾越的屏障。一侧，北方寒冷的空气在此聚集，无法抵达下方热带的南方平原。另一侧，季风云冲撞着山峰，在山脊一带，雨水如同刚开闸一般倾泻而下。

即使在这里，在这座极高的屏障上，也有生物在移动、攀爬，它们不会永远固定在同一个地方。每年，森林里的新树苗都在向更高的山坡移动。好奇的科学家根据横断面判断树的年龄，他们有了一些发现。从 19 世纪 80 年代开始，森林以每 10 年 19 米的速度向上移动。因此，这里出现了杜鹃花和苹果树，以及这些植物上的昆虫。西藏位于喜马拉雅山脉北部的苔原带。2009 年，这里第一次出现了居民被某种虫子咬后发痒的记录。这是他们记忆里第一次被蚊子叮咬。人们也在移动，他们迁徙的足迹沿着山腰的曲线蔓延到山谷，并越过了喜马拉雅山脉的山口。

∽

如今，或者任何时候，新闻中总是有很多关于人类迁徙的故事。非洲迁徙者为了躲避饥饿和迫害，挤在漏水的小船中，跨过了地中海。阿富汗人和叙利亚人住在破烂的营地里，被赶回了他们逃离的那个充满炸弹和杀戮的地方。女人们带着蹒跚学步的孩子，从洪都拉斯和危地马拉走了几百英里，来到了美国边境。就在我写下这些内容时，我的手机震动，带来了爆炸性的新闻：佛罗里达州州长下令疏散100余万佛罗里达人，因为一场四级台风即将来临，可能会带来灾祸。那座半岛的路上将会挤满寻找高处落脚地的家庭。

野生动物的迁徙路径主要受到生理能力和旅途中经过的特定地理环境的影响，比如山地的陡峭程度，以及洋流的速度和含盐量。相较之下，人类的迁徙路径主要取决于他们的想法。古代的政治领袖根据政治和经济因素制定一些规则，允许一些人进来，把另一些人驱赶出去。他们在地面画了一条又一条隐形的线，与生理特征并无关联。现代的交通运输公司提供特定的路线，而非其他路线，并不依据风向、天气、潮汐，而是取决于哪一种交通网能让他们获取最高的利润。

无论如何，迁移一直在发生。相比从前，如今越来越多的人没有生活在自己出生的国家，理由有很多。2008到2014年，洪水、暴风、地震以及类似的理由每年导致了2600万人迁徙。在那些不稳定的地方，暴力和迫害也会导致人们迁徙。2015年，1500万人被迫逃往其他国家，这是第二次世界大战以来最多的一次。每有一个人跨越国境线，就有不止25人只是在这些隐形的界线内迁徙。这些人口流动汇成了更广泛的流动，让乡村的人口迁徙到世界各地的城市。到了2030年，人口会加速涌入大都市，大部分人类将第一次成为城市居民。随着时间的推移，我们的迁徙程度会越来越高。到了2045年，由于沙漠的扩张，将有6000万人从撒哈拉以南的非洲迁出。到了2100年，海平面上升会让另外1.8亿人加入他们的行列。

这些数据非常惊人，可它们只是小范围地展现了我们目前迁徙的规模和速度，没有某个世界性的官方机构收集了人类的迁徙数据。那些跨越国境线的人也许会被一方或另一方的官方所记录，但这只限于在某些地方或某段时间内。

官方只会记录那些到来的人，却对离开的人视而不见。很多人试图躲过官方的注意，偷偷迁徙。还有些人在国境线内迁徙，没有受到监控。政府或许想要推算出未经允许跨过国境线的人数，但是其最准确的推断，也建立在碎片化的信息上：边境现场抓获的人数；现场被抓获，并承认他们会再次尝试的人数；确实再次尝试，并又一次被抓获的人数。而人类迁徙的其他类别，比如那些为了季节性工作或农收来往于边境的人，未被记录在任何官方数据中。

因此，人类迁徙的真实数据并不完全可知。但是核心的事实很明确：和我们野生的表亲一样，人类也在迁徙。

在过去的数百年里，随着气候对于我们的迁徙产生越来越明显的影响，目前有证据表明，迁徙在我们的生物进化和历史中处于中心位置。新的遗传学技术揭示出关于迁徙的故事有着如此悠久的历史。新的航海技术表明人类与野生物种在地球上的迁徙范围十分广泛，情况十分复杂。虽然我们未来的迁徙无法跟上气候变化的进程，却有越来越多的证据表明，这是我们保存生物多样性并恢复人类社会发展的最佳方式。

我们面临着下一次大迁徙。问题在于，从童年的早期开始，我们就接受这样的教育，认为植物、动物和人类都有特定的位置。因此，我们把鹅叫"加拿大"鹅，把枫树叫"日本"枫。因此，我们用骆驼代表中东，用袋鼠代表澳大利亚。因此，我们知道或想象出每个大洲的起源，作为它的简称，从日常交往到健康档案中都会用到，我们是"美洲人"或"非洲人"，"亚洲人"或"欧洲人"。数个世纪以来，我们用皮肤的颜色和头发的质地来区分人种，并不考虑我们生活在哪里。

通过描述人种和物种"来自"某个地方，我们沿用了过去的一种观点。这要追溯到18世纪，欧洲的自然主义者首先对自然世界进行了分类。他们假设在历史进程中，人类和野生物种会基本固定在同一个地方，于是根据所在地命名了物种和人种，将一种生物和另一种混为一谈，仿佛它们自古以来就在同一个地方生存。

这些延续了数个世纪的分类学成为我们生物学史的基础。如今，从生态学到遗传学和生物地理学，都认为我们在遥远的过去彼此隔绝，各个物种和人种居住在自己的栖息地，彼此独立地进化。

我们关于过去的核心观念是静止的，这必然使得我们认为迁徙者和迁徙行为是异类，并且会引发混乱。20世纪早期的自然学家认为迁徙在生态学上是无用甚至危险的行为，并提醒我们，如果迁徙类动物被允许自由迁移，将会带来"灾难性后果"。自然资源保护者和其他的科学家也对人类的迁徙发出提醒，认为会造成生物学灾难。人类迁徙最可预见的结果是——那些祖先来自不同地方的人会进行繁殖——首席科学家们声称，这些混血人种会发生退化和突变。

战后的人口生物学家们引用他们针对蝴蝶和老鼠进行的数量动态研究，表示人类的自由迁移会让那些饥饿的外国人占领国家。其中一个人写道，未来的人类迁徙者不会"优雅地饿死"。他们会迁徙，并毁灭我们。20世纪末的生态学家补充道，野生物种的迁徙会引发"巨大的环境灾难"。

这些关于迁徙者和迁徙的看法通常建立在薄弱的证据上：实际上并不存在的女性神秘身体部位；没有发现混血怪物；有人声称目睹了迁徙中的野生动物跳入北冰洋，但实际上从未发生；由拥挤带来的疯狂侵略和贪婪，其实并没有出现。几十年来，无论如何，它们都影响着我们关于迁徙的真实印象。遗传学家发现了我们的日常迁徙史，却将范围最小化。地理生物学家探索物种和人种在地球上的广泛分布，却排除了主动迁徙的可能性，认为它们是被古代的地质力量被动地带到各个地方。

科学的观点认为迁徙是一种无序的表现，这并不局限于圈内学术期刊上那些晦涩而理论化的担忧。这种观点在流行文化中广泛传播，导致了美国在20世纪初关闭国境线，激发了纳粹的法西斯梦，为今天这一代反迁徙游说者和政客铺下了理论的路基。

这些人针对目前的下一次大迁徙散布恐慌，对地球上那些最强大的国家进行政治重塑。自然资源保护者提醒，外来物种具有"侵略性"，它们会侵入本土物种生活的栖息地。生物医学专家提醒，携带外来细菌的迁徙物种进入新的地区，将会引发传染病，危害公众健康。外交政策专家预言，气候变化导致的大范围迁徙必然会带来不稳定和暴力。反迁徙政客表示，经济会受到危害，甚至造成更严重的后果。

～

关于迁徙的想法作为全新的动力，推进了我的记者工作。数年来，我记录下那些由生物迁徙带来的危害，并撰写相关的文章。我研究了跨越地界和国界的蚊子如何使某些地区的人类感染疟原虫，从而影响国家的兴衰。我研究了霍乱细菌如何在商人和旅客体内跨越大洲，引发传染病，进而重塑全球经济。这些细菌带来的破坏性影响，符合我一贯的印象：迁徙是一种异常现象，需要对此进行调查和解释。与之呼应，还有一些奇怪的事实也需要解释，比如由于我的家庭在过去发生过迁徙，我作为个体，在空间上并不属于某一个地方。

我的家族迁徙史要追溯到19世纪末，在印度西海岸的古吉拉特邦，有两个渔村。村庄的海岸线伸入阿拉伯海，最初，来自欧洲、东南亚和非洲的迁徙者在此定居。从那时起，这里反复被贸易者、侵略者和殖民者占据，他们也和当地人一起生活，其中有波斯人、马其顿人、莫卧儿人、英国人等。

我的曾祖父辈们在这些村庄里长大。其中一个是贩卖棉质纱丽的驼背小贩，另一个开了一家小商店，售卖金属厨具。他们都在抵制周围迁徙潮的风气下长大。比如，他们有一个狭隘的观念，认为自己只能和与他们信仰同一派耆那教的家庭联姻，而且最远只能相隔一个村庄。考虑到在整个古吉拉特邦，如今信仰任何派耆那教的人加起来还不到1%，这样的规定使得他们的选择非常少。

他们的儿子，我的祖父和外祖父，遵守家庭习俗，和村庄里富裕家庭的女儿结了婚，但是这并没有阻止他们加入19世纪的全球大迁徙,从乡村流入发展中的工业化城市。他们一个定居在拥挤的孟买,带着5个孩子挤在一间两室的出租宿舍中,这是一种新式建筑,专门提供给那些像他一样涌入城市的迁徙工人。另一个南下,去了讲泰米尔语的哥印拜陀,住进了雇用他的公司提供的一栋小房子里。房子没有什么装饰,地面是用石头铺成的。我的祖母在一张床垫上生下了8个孩子,其中6个活到了成年。在哥印拜陀和孟买,这两个家庭(现在已经分散在各地)为11个后代中的2个倾注了资源:我的父母,他们都接受了教育,读了医学院。

他们毕业时,一条新的迁徙路径又诞生了。从20世纪初开始,美国边境不再对来自亚洲、非洲、南欧和东欧的人开放,因为这些人被当时的前沿科学——优生学认为心智不健全,具有生理缺陷。但是,美国建立了新的政府项目,医疗保险和医疗补助面临着内科医生的严重短缺,需要补充医疗工作者。1965年10月,一个凉爽的日子,林登·约翰逊总统坐在自由女神像脚下,签署了一项条例,废除从前基于优生学的禁令,为海外的技术工人打开国界。一年后,我的父母收到了许多来自纽约的医疗工作机会,他们根据是否提供公寓、公寓是否有阳台进行了挑选。

我的父亲最先前往美国。6周后,我的母亲抵达肯尼迪机场,穿着纱丽和皮凉鞋,薄袜子在脚趾处皱成一团。那一年,包含他们在内,共有4000名印度迁徙者来到美国。他们是这场新迁徙潮的先锋。

如今,50多年过去了,我父母的迁徙依旧是他们生活的核心事件。他们总是想吃到最好的芒果;我父亲手机上的语音识别应用永远无法辨识他那语法正确的英语;他们错过了无数的生日、争吵和家庭闹剧。正因为如此，他们总是会以某种方式和过去断绝，那些和他们有血缘关系的人已经无法理解他们的生活。我的奶奶听说，她的儿子在美国吃完饭后要洗碗，竟然哭了起来。在那间她把我父亲养大的公寓，洗碗是临时工的工作，他们蹲在公共盥洗区那湿漉漉的瓷砖地板上干活，带着粗糙的薄垫子睡在阳台上。

我的父母迁徙几年后，我在纽约出生。迁徙潮为美国带来了400多万迁徙者的后代。从前的事情看起来很简单，却深深扎根在我的骨子里，像是一个有些问题的金属植入物，总是让我感到痛苦和悸动。一方面，我很高兴自己没有参与父母的过去。他们的跨洋迁徙让我和妹妹不需要以那种我们不大喜欢的方式生活，我们就像气球一样飘了起来。我不愿像表姐妹们那样，每天背诗、跪拜长辈；或者当某个由家里安排的未婚夫说，在我们印度，大家一致认为应该打老婆时，女人只能发出一声顺从的叹息。我还记得小时候，我在一间高楼公寓中徘徊。那是我的父母在孟买购买的，他们打算在美国待上几年，再搬回那里。那里能看见迷人的海景，比我们在布鲁克林的卡纳西那栋拥挤的地下公寓好很多。然而，当他们决定不再搬回去时，我感觉自己躲过了一场死刑。

另一方面，父母的迁徙让我拥有了一种强烈的错位感，我花了近50年才让这种感觉平息下来。小时候，我总是对一些小事感到羞耻，比如我更喜欢那种点缀了很多水果的草莓冰激凌，而不像别的孩子那样，喜欢不会出错的美式巧克力。到印度探亲时，我也会为自己不能接受辛辣的食物和太成熟的芒果而感到羞耻。

每个人似乎都会立刻知道，我不属于他们，而且很乐意这样说。在美国，我周围的人总是看着我的黑头发和棕色皮肤，当我说出自己在美国几个城市或郊区的真实住址时，他们并不接受，还会问我"真正"来自哪里。

多年来，我已经接受了大家的看法，他们认为我在北美洲生活是很不正常的。由于他们对我奇怪的感觉，我把自己从人群的中心推到了边缘。我从未说过自己是一个普通的美国人，总是采用边缘性的说法，比如南亚裔美国人，或者印度裔美国人。即使住在波士顿超过10年，红袜队赢得比赛时，我不会公开欢呼，这个城市发生各种悲剧时，我也不会为此哭泣。这样太冒昧了，因为我并不觉得自己"来自"这个地方，虽然我在这里生下了我的孩子们。我也不会说我"来自"巴尔的摩，虽然我在这座城市的郊区生活了十几年。

我本人也当过几年迁徙者。在我的孩子们还小的时候，我和丈夫搬去了澳大利亚东北部，他接受了一家大学的研究工作。他希望我们留在那里，甚至为我们全家申请了公民身份。但是当我的儿子们养成了澳大利亚口音，并受到当地扭曲的种族观念影响时，我曾经十分高涨的跨洲迁徙热情开始消退。我开始明白，为什么我的父母对他们在美国养大的后代缺乏信心，仿佛我们是某种他们研发的实验品，而他们还在分析结果。我并不想再造成另一道代际间的裂隙。另外，我打电话时，听见我父亲哭了。

几年后，我们离开了那里，我依然对迁徙引发的混乱心存恐慌。认同传统的智慧很容易，这种想法建立在迁徙行为本身造成的动荡，以及引发迁徙的反传统思维上。

但是后来，我开始追踪世界范围内的迁徙路线。

∽

吴拉姆·海亚（Ghulam Haqyar）面部轮廓分明，黑色的胡楂依稀可见，他留着一头有银色挑染的短发，很容易被当成好莱坞演员。他曾在阿富汗西北部的赫拉特担任一家国际非政府组织的经理，收入很可观，和妻子以及4个孩子在赫拉特有一个舒适的家。这家人曾想搬去德国，海亚的妻兄在那里生活。我们几年前见面时，他和他的儿子已经学习了几年德语，所以他们一到那里，就能适应。

有一天，塔利班的反叛武装分子抓捕并残忍地杀害了海亚的一个同事。他担心自己会是下一个，立刻和妻子一起为他们的房子找到一个买家，两天之内便出手了，只卖了他们购买时四分之一的价格。他们收拾好行李，其中包括海亚的一些德语课本，因为到了德国还会用到，然后带着4个孩子离开了。他们翻过山脉，到了巴基斯坦，随后又到了伊朗。他们没有时间等待官方的许可，警察抓捕他们时，这些正直的人逃跑并藏了起来。海亚的妻子患有甲状腺疾病，此时陷入了休克，海亚只能背着她。后来，他的一个儿子又因为严重脱水差点死掉。

最后，这家人到达了土耳其，只要出一大笔钱，这里的走私者就可以为他们提供座位，乘坐充气橡皮船跨过爱琴海。这是一次难熬的短途旅行，几英里宽的水路将土耳其和亚洲大陆与希腊的莱斯沃斯岛以及欧洲大陆其余的部分分开。虽然土耳其与莱斯沃斯岛之间的海水很浅——在最后一次冰川时代，海平面比现在更低，这里是一片干燥的陆地——这次迁徙之旅却很危险。许多尝试这条路线的人并不会游泳，走私者们通常不会在船上携带食物、水，或者安全装置。有时，走私者会强迫这些欠了他们人情的乘客待在甲板下黑暗、恶臭的地方，一些有毒的化合物会烧坏乘客的衣服和皮肤。

海亚和他的家人登上了一艘这样危险的船。穿过海浪时，船的发动机忽然坏了，船在浪潮间漂来漂去。海亚以为，他会和孩子们一起淹死，很多人都是这样的下场，他们的尸体会被冲刷到希腊群岛那迷人的度假区海滩上。莱斯沃斯岛海边的服务员和咖啡店老板就遇到过这样的事情。一位摄影师曾拍摄过一张照片，上面有一个3岁孩子的尸体，脸朝下，身体半埋在沙子里，海浪默默拍打着他一动不动的双脚。这张照片短暂地引起了全世界的关注。

海亚和他的家人并没有遭遇这样的命运。最终，他们跨过了海洋。海亚唯一的损失是那几本珍贵的德语课本，他们背着这些书从阿富汗出发，走了2000多英里，越过高山，穿过边境，准备在德国开始新生活。然而，爱琴海的海水浸泡了书页，它们全都湿透了，无法再阅读。

海亚把毁掉的书丢在了一堆垃圾中，那是成百上千选择这条路线的人留下来的。他们把自己的私人物品扔在莱斯沃斯岛的海滩上，就可以减轻负担，然后继续向西或向北前进。这些垃圾堆得有小山那么高，主要的颜色是亮橙色，来自迁徙者们遗弃的救生衣。它们就像信号灯一样闪亮。

～

其中一条历史最悠久的迁徙路线位于世界上一个不可思议的角落——非洲东海岸靠近红海的一小块陆地。在中世纪，这里被称作梅德里·巴赫拉("海中陆地"),后来又因为厄立特里亚·塔拉萨(古希腊对"红海"的称呼)而得名,被称为厄立特里亚(Eritrea)。几十年来,这个国家很残酷,专制的统治者们强迫大多数居民参军,活埋那些反对秘密地下监狱的人。2015年,联合国估算出,每个月都有5000人从这个漏斗形的国家离开,比其他任何迁徙者群体迁徙得更远,也更加频繁。

马里亚姆(Mariam)的目光非常警惕,她有一双深邃的眼睛,表情总是很严肃,却会忽然露出女孩式的笑容。一天早上7点,她从位于厄立特里亚农村的父母家中逃出来,丢下了家人和狭小的畜棚。早些时候,她和家人说起过自己的计划。她诚实地告诉我,母亲求她不要离开,可她还是走了。马里亚姆用了将近24个小时,翻过葱茏的山脉,来到本国与埃塞俄比亚的边境,躲过了士兵和他们格杀勿论的命令,迈出了这段将近10年的跨国迁徙生涯的第一步。当时她14岁。

离开厄立特里亚后,马里亚姆成为世界上规模最大、人数占比最高的迁徙中的一员。他们的迁徙路线很长,蔓延向四面八方。马里亚姆先去了埃塞俄比亚。索菲亚把3岁的女儿和父母留在了首都阿斯马拉,付钱给一位走私者,请他开车带她到苏丹的北部,然后再去开罗。还有很多人离开厄立特里亚,加入了吴拉姆·海亚走过的危险路线,穿过爱琴海前往欧洲。那些最勇敢的人跨越了大西洋,希望能抵达北美。为了到达那里,他们首先要穿过一片位于中美洲的雨林,那里没有在地图上标注,也不受任何法律约束。

∽

由于直接到达美国和加拿大比较困难,很多迁徙者先飞到南

第1章 流动　　　　　　　　　　　　　　　　　　　　19

美洲的国家，再从那里走陆路到达美国边境。这就需要穿过巴拿马境内连接两大洲那段细长曲折的陆地。

从几百万年前，这里高出海平面开始，这段 S 形的地峡就成了各路迁徙者的要道，并为长期被海浪隔绝的生物建造了第一架陆桥。生物学家将其称作"南北美洲生物大迁徙"后戏剧性的融合与重组。北美洲的鹿、骆驼、兔子和浣熊向南迁徙，在气候更暖和的地区定居。在途中，它们遇到了向北迁徙的猴子、穿山甲和负鼠。第一批跨越洲界的动物改变了两侧的生态系统，分别塑造出独特的景象，如今两者都非常知名。

现在，巴拿马运河从中间穿过，航船只需航行十几英里，就能从大西洋驶入太平洋，而不用环绕整个南美洲，那样需航行将近 8000 英里。这个国家的大部分地方也都有了道路和高速路。有一条道路从位于太平洋海岸线上繁华的巴拿马城出发，直达加勒比海那一侧衰落的科隆。我开着一辆租来的白色小车，大约行驶了一个小时。如果我想，可以通过类似的道路抵达这个国家的大部分地区。其中有一条东西向的道路，一直延伸到哥斯达黎加边境。

但是在巴拿马偏远的东部边界，接近哥伦比亚边境的地方，道路忽然中止了。这里有一大片未开发的雨林、山脉，以及植被丰茂的沼泽。这里有毒蛇、捕猎的美洲虎，还有一片没有标记、蚊虫肆虐的迷宫。热带的狂野气息在整个地峡内蔓延，甚至漫溢到哥伦比亚。这里是泛美高速公路 1.9 万英里路程中唯一的中断。公路从阿拉斯加的普拉德霍湾开始，在南美洲最南端——阿根廷的乌斯怀亚终止，中间的缺口称作达连隘口。

驾车经过这里几乎不可能实现。探险队员曾经尝试过。1959年,在其中一次早期的尝试中,共有8位登山家和4位驾驶员参与,他们准备了两辆改装过的路虎。这些勇敢的达连探险者跨过了180条河,建造了125架木桥,翻了三次车,发作数次疟疾,终于穿过了海沟。这段66英里的旅程花费了四个半月。

徒步或乘船速度更快,如今的迁徙者们便是这样穿过达连隘口的。他们来自许多国家,比如厄立特里亚、巴基斯坦和古巴。我见过几个从海地到那里的人,他们已经穿过了巴西、委内瑞拉,以及其他南美国家,准备前往北美洲。

矮胖的30岁男子让-皮埃尔(Jean-Pierre)就是其中一员。他用法语、西班牙语和克里奥尔语,发表自己对于人类行为敏锐而具有批判性的意见,并发出低沉而痛苦的咆哮。他在委内瑞拉接受了会计师的培训,但他首先是一位社会学家和作家,这也是他最重要的身份。他的山羊胡子便证明了这一点。几年前,他和妻子以及7岁的儿子一起来到了达连隘口附近,在哥伦比亚的港口图尔博与另外100来个迁徙者聚在一起。他们在那里缴纳了一定的费用,一位当地船主会让他们乘坐货船,三个小时后抵达达连雨林。一位记者曾目睹迁徙者们在图尔博爬上前往达连隘口的货船,他表示迁徙者通常对于即将面临的荒野探险并没有准备。在这样的野外远行中,一位合格的户外用品商人至少会要求探险者携带医药箱、紧急联系装置、净水过滤器、喷好杀虫剂的服装、结实的靴子以及雨具。聚集在图尔博的迁徙者们却穿着人字拖,很多人和让-皮埃尔一样,怀里抱着幼小的孩子。

让-皮埃尔和他的家人下船时,他们的队伍明显缩减了。许

第1章 流 动

多船已经超载，根本不适合再拉人，所以在半路翻船了。那些不幸的人落入了图尔博混浊的水中，幸存者们进入了雨林。"小路非常狭窄。"一个名叫迈肯森的年轻人回忆道，他也来自海地，和让－皮埃尔走的是同一条路线。"你甚至不能骑马。那些在小路上摔断腿的人只能被丢下，可能会死去。"他们走了很多天。让－皮埃尔的一些同伴从狭窄的小路跌下悬崖，落入了达连隘口湍急的河水中，很快就被冲走了。还有一些人落在后面，被毒贩和盗贼袭击，那些人利用达连没有标在地图上的荒野作为掩护。夜晚，让－皮埃尔一家睡不安稳，他们要避开蛇，还要留意声音，以防黑暗中有动物靠近。许多迁徙者开始饮用河水，但是让－皮埃尔没有这样做。在旅途的低谷时期，他和妻子、儿子喝过自己的尿。

6天后，他们走出了雨林，来到一处距离道路不远的空地。离开哥伦比亚时的100多人只剩下了15个。让－皮埃尔当时拍下了一张照片，照片上大部分的空间被他的妻子占据。她背对着镜头，懒散地站着，两手放在屁股后面，显得很疲倦。她那件孔雀蓝、带有白色袖子的衣服破破烂烂，变成了一些3英寸长的布条，挂在她身上，露出里面脏兮兮的黑色内衣。她那深色的牛仔裤上沾满了泥，短发上挂着许多树枝。"朋友，这非常残酷。"让－皮埃尔回忆着在达连隘口的日子，对我说道，"每当我儿子回想起来，都会哭。"

让－皮埃尔一家到达巴拿马，在帐篷里住了几天，恢复状态，并安排下一步的行程。他们的旅程没有在巴拿马结束。他们继续前行，穿过了6个国家，路途长达几千公里，或是乘公交车，或是乘火车，或是步行，朝着终点前进。他们的终点是美国与墨西哥之间的国境线——世界上被跨越最多的国界。

~

我站在圣米格尔山脉一带开阔的草地上，蝴蝶在我的脚边飞来飞去。边境线距离这里大约10英里远，无形地将山谷分割成两半。

我下山朝着那边驶去，先是发现到处都是特价品商场、连锁餐厅和停车场，越来越密集。最后，在距离边境只有几百码的地方，错综复杂的坡道和公路，以及未完成的混凝土建筑蜂拥而至，周围是乱糟糟的大门和围栏。道路和高速公路彼此盘绕，上面悬挂着阴森的标语。其中一条写着"枪支在墨西哥不合法"，另一条写着"再也不回美国"。

我见过的一个蝴蝶专家在这附近长大。他记得自己曾经像一只蝴蝶那样轻松地跨过边境，来去自由，为了钓鱼或是抓几只龙虾当作晚餐。美洲虎、大角羊、豹猫、山猫、狼和熊会定期穿过边境线，到南方寻找繁殖场所，或是到北方躲避热带高温。鸟儿和蝴蝶也会在一年一度的迁徙期来来回回，天空中满是它们的身影。如今，穿过官方的边境需要花上几个小时，原因显而易见。许多汽车堵在那里，队伍有几英里长。

我没有加入他们，而是决定停车走过去。即使这样也很麻烦。首先要进入一个迷宫般的混凝土大石块中，它大门紧闭，四周是一些昏暗的坡道。这让我想到了那种巨大的多层停车场，我总是避免进入那里，因为会一直兜圈，很难找到入口和出口，不过我成功找到了大门，然后经过头顶有遮挡的人行道，上下楼梯，穿过更多的门，进入一道幽深的走廊。我应该在这里被检查文件，搜查行李。检查文件的窗口有许多个，安检的地方配备了传送带。

可那里是空的。并没有人。

我想，我需要叫人吗？有没有哪个公告栏，上面贴着折角的签到表？这里也没有任何指示牌。带着担心违法的不安，我就这样穿过了国境线。没过多久，我就看见了提瓦那山间错综复杂的小屋和高楼。

当然，向北的车流受到了严格的管制。在美国与墨西哥之间2000英里长的边境线上，官方出入境关口共有48个。每年有3.5亿人从这里通过。关口附近数英里内共有150多个检查站，就像是渔船上的渔网，捕获那些避开官方关口的迁徙者。

我曾经在得克萨斯州南部通过一个检查站。进门前的标牌提示这里有警犬和军犬，以及联邦警察，这使得我的血压升高，尽管蓝色的美国护照安全地躺在我身边的背包里。我可以想象，让-皮埃尔和他的家人，以及其他这类人有多么紧张。他们刚刚离开达连，就要在这样的检查站接受检查，希望能够说服工作人员，让自己有理由通过。

很多人无法满足文件的要求，就会选择其他路线。

在得克萨斯州南部，边境周围数英里内都是干枯的牧场，只有几条荒凉的双车道在此经过。那些向北行进的迁徙者如果想要避开检查站，就要穿过这个可怕的地方。太阳越过牧场周围的铁丝网，猛烈地炙烤植被。我能看见浅水湖边白色的盐渍。由于太过干旱，湖水已经变成了泥坑，周围有一些艰难维生的动物：一小群马，几头牛。干燥的白色沙地环绕着一潭死水，它们沉默地站在那里。路边的野猪又黑又壮，把嘴伸进嘎吱作响的枯草中，

大迁徙

还有一群秃鹰正在寻找死在路边的动物。

穿过这片无人居住的干旱土地需要花费数天。年轻、健壮的凯萨·奎瓦斯告诉我，他用了4天时间穿过这片荒漠，向北到了美国。他有备而来，带了4加仑的水，一些干肉以及墨西哥玉米圆饼。他在这方面很擅长，被称作"丛林狼"的当地走私犯想要雇他作向导。但对于大多数人而言，带够足量的水就很困难了。如果一个人每天需要1加仑水，重量加起来就有30磅，甚至更多。那些没有带够水的人只能在牧民放牛的脏水坑里喝水，或者去寻找人权组织有时为迁徙者们安置的蓝色水箱，它们的盖子上写着这里的定位坐标。如果走错了路，没有遇到这些水桶，或者没有装上足够的水，再或者被落下、迷路等，炽热的太阳会让人们在几小时内脱水。几天时间，他们就会死去。

唐·怀特，一个瘦高、留着浓密灰色胡子的男人，是一位退休的摩托罗拉电子专家，也是搜查营救方面的专家志愿者。在得克萨斯州南部边境附近的沙漠，没有人专职负责搜寻那些可能需要帮助的落难迁徙者，于是他志愿为当地的州政府做这件事。每隔几个月，他就会背上水和背包，穿上有许多口袋的狩猎装，到沙漠里转上几天。他先是在沙漠地上搜寻向北行进的迁徙者留下的脚印。我在谷歌地图拍摄的卫星图片上也见过他们留下的可怕记号。怀特根据自己的感觉判断要跟随哪些脚步，他能推测出那些被落下的人是否被晒伤、是否脱水，或者是否在连日的沙漠行走中遭受其他伤害。脱水会改变步态，他能通过脚印的形状看出来。

一旦确定走哪条路，他就要快速行动。沙漠不会等待懒人。

有一次，州政府接到一个来自危地马拉的女人的电话，她说自己的侄子被走私犯遗弃在得克萨斯州南部边境附近。她只知道那周围有一个盐湖。10天后，怀特来到了那个盐湖附近，可是太迟了。风向改变后，他嗅到了尸体腐烂的气味。这让他找到了女人侄子的尸体，还有整齐地放在年轻人后裤袋里的《圣经》。

～

几年前，一位机器人工程学教授在一张动态地图上画出了15年内难民的移动路径。你可以缓慢地播放，让这个过程持续几分钟。或者，如果你像我一样缺乏耐心，可以在几秒内快速播完。地图上的每个红点大约代表12个难民。最初，它们不均匀地分散在整个地图上。动画开始后，它们逐渐变化。很快，这些红点变得集中，形成细细的红线，从地图的一端朝着另一端移动。随着越来越多的人加入旅程，细线变得越来越粗，然后分流、辐射，形成跨越各个大洲和大洋的复杂网络。

在过去的数年中，马克斯·普朗克协会的生物学家们制作了一个类似的视频。他们借助全球定位设备，利用8000个动物个体的数据，展现它们在地球上的移动情况。这些集体远行的视觉效果令人震撼。迁徙的路线穿过沙漠，在海岸线周围上下移动，环绕太平洋的岛屿，穿过大洋，进入北冰洋。最终，这些细致而错综复杂的线包围了整个地球。它们无处不在。

然而，在我们的日常生活中，我们住在由钢筋水泥打造的密闭房子里，我们面对着周围固定的风景。日复一日，我在杂货店的过道里看着同样的面孔，和同一批把孩子放在校车车站的家长打招呼。我家车道的栅栏上总有同一只脏兮兮的松鼠跑过，门前的过道上总是长出同样的杂草。我们很容易将定居生活习以为常，于是新来的人、迁徙者、不速之客便成了例外。

  生命永远在移动，现在和过去都是如此。数个世纪以来，我们抑制了迁徙的本能，并将这种行为妖魔化，认为它会带来可怕的后果。我们编造了一个关于过去、关于我们的身体、关于自然世界的故事，宣称迁徙是一种异常行为。但其实这只是一种假想，只要这个假想被推翻，整个世界都会发生变化。

第 2 章

恐 慌

在我的童年时代,华盛顿与莫斯科的克里姆林宫正处于长达数十年的权力斗争中。那些威胁全球和平与安全的政策和行为并没有影响到跨越国境线的人们。

我大学毕业后,"冷战"忽然销声匿迹。1989年底,苏联在东德的官员宣布,柏林墙(一面87英里长的墙壁,环绕西柏林,"冷战"最重要的标志之一)将被拆除。我们在电视上看新闻,消息出来那一晚,上千名狂喜的年轻人即时兴起,涌向柏林墙,在那里跳了一整夜的舞。几个月后,大街上再次有人跳舞。在经过27年的监禁后,南非总统释放了革命领袖纳尔逊·曼德拉,结束了被称为种族隔离的严苛种族分隔制度。

像我一样的大学毕业生们感到很轻松。失去了两个扬言要使用核武器进行大屠杀的超级大国,世界会变得安全许多。但是很快,新的世界性灾难出现了,相比核导弹,它带来了更多的混乱,也更具毁灭性。

国家安全专家罗伯特·D.卡普兰（Robert D. Kaplan）在1994年的《大西洋》杂志中发表了一篇文章，名为《即将到来的无政府状态》。

他写道，美国与苏联这两个磁极，固定住了一些不稳定的力量。没有人注意到它们，因为我们都在关注导弹的储存，以及两个国家间的互相讥讽。如今，这两个磁极失去了效力，从前被固定的元素将得到释放。"冷战"的结束并没有让世界变得更加和平与安全，而是正好相反。

问题在于，人们开始迁移。

卡普兰写道，随着沙漠扩张，森林被砍伐，大量绝望而贫穷的人只能被迫搬到过载的城市中。弱国失去了超级大国的政权支持，迁徙者将会引发混乱，导致社会崩溃，进入"刑事无政府状态"。流血冲突将会发生，致命的疾病将会肆虐。他写道，在非洲西部，年轻男性已经开始成群结队地迁移，就像是"极不稳定的社会流体中的松散微粒"，随时可能引爆。其他地区也会如此。他写道，一个新的迁徙时代，将会"使大多数国家面临核心的外交政策挑战"。

迁徙会威胁国家安全的想法如海啸一般在陆地上蔓延，引发了各种想象。地理学家罗伯特·麦克林写道，卡普兰的文章"成为克林顿政府高级官员的必读内容"。

国家安全与外国政策专家们开始发表报告和白皮书，分析近来气候变化导致的迁徙完全放开，将会带来哪些威胁。联合国大学的专家们得出结论，2020年迁徙者的数量将达到5000万人。环境安全分析师诺曼·迈尔斯宣称，2050年迁徙者的数量将达到2亿人。作为非政府组织的基督教援助协会则认为会达到10亿人。他们认为，人们四处迁徙，是一种异常行为，会对未来造成威胁。迈尔斯说："这是我们这个时代最重要的人类危机。"

然而，研究迁徙问题的专家们却往往持有相反的看法：迁徙只是一种正常的、正在进行中的真实现象，虽然环境变化会改变它的动态，使它们不会以简单、可预测的方式呈现。

迁徙专家梳理了迁徙活动与气候之间复杂而出乎意料的关系。他们发现，水源的缺乏有时不会导致冲突，而是会带来跨境合作，从而减少迁徙。比如，在20世纪后半段，水资源短缺促成了300多项关于共同管理水源的国际条约。签订合约的对象包括印度和巴基斯坦这对长期的劲敌，它们的合约持续了三场战争的时间。

他们还发现，砍伐森林导致人们离开某地的猜想是错误的。比如，在多米尼亚共和国，重造森林导致了迁徙潮，因为重新绿化后的地方发展了旅游工业，吸引了许多新的劳动者。他们又发现，根据任何方便计算的迁徙规模及速度数据，海平面的上升并不会导致住在沿海地带的人们离开。短暂的洪水涨落只会导致短期、近距离的迁徙，长期和远距离的迁徙更容易受到渐变性的气候影响。

国家安全专家们针对未来的迁徙趋势发出的强烈警告，却很少考虑到这些细节因素。他们把气候恶化引发的迁徙想象成"简单的刺激性反应"，迈克林写道："一个单位的气候变化……也会相应地导致一个单位的迁徙。"他们假设，气候导致的迁徙会在同一个瞬间发生，并带来毁灭性和不可控制的影响。首先会出现水资源短缺，然后引发冲突，之后便会发生迁徙。通过计算出那些生活在环境可能会恶化的地区的人数，他们算出了这些混乱迁徙的规模。由于森林毁灭而迁徙的人数，等于住在森林被砍伐地区的人数。由于海平面上升而迁徙的人数，等于住在预计被海浪淹没地带的人数。而政治背景、个人选择、地理特殊性，以及可能会影响结果的科技因素都没有被计算在内。

迁徙会威胁国家安全的看法引发了公众的注意，并且引起了世界上最重要的国际安全组织的重视。2009年，电视记者鲍勃·伍德拉夫在美国广播公司进行了一场历时两个小时的黄金时段专题报道。这场专题报道名叫《2200年的地球》，描述了未来的世界，气候变化会导致一场致命的瘟疫，半数的人口因此死去，会有一大批墨西哥人跨越国境线进入美国，从而导致文明的毁灭。将近400万观众观看了这档节目。

与此同时，在联合国安全理事会宽敞的大厅中，官员们在讨论利用武装力量保障国际秩序的问题。国际秩序面临着毒品交易、恐怖主义、大规模杀伤性武器等威胁，可他们的注意力也转向了气候变化导致的迁徙，以及因此带来的危险。2011年，安全理事会的成员们针对这个议题展开了两次开放式讨论。

当时，对于大规模迁徙的恐惧只是一种空想，就像热门电视节目中出现成群的僵尸。随后，政治和地理环境共同起了作用，正如卡普兰和其他专家所警示的那样，迁徙者开始在欧洲的南部海岸上大规模出现。

∽

2011年3月初的一天，在德拉（叙利亚的一座尘土飞扬的小

第2章 恐 慌　　　　　　　　　　　　　　　　　　　　　　　31

镇,数年来面临干旱的困扰,而且不被重视),几个无聊的少年发现了一个装着红色油漆的罐子。

男孩们本可以用红色的油漆在某处写下自己或者心爱之人的名字。但是他们在电视上看见了革命的画面。当时整个地区有许多独裁领导者,人们通过暴动和抗议反抗压迫。短短几周内,突尼斯和埃及举行了大规模的游行活动,推翻了一个政府,强迫一位独裁者下台。

这次革命热潮后来被称作"阿拉伯之春",当时,它还没有到达沉睡的德拉,或者叙利亚的任何地方。社交网站上有人组织了"愤怒之日"的活动,反对叙利亚的领导人巴沙尔·阿萨德医生,但是没有吸引多少人。我想或许出于挫败和无聊,再加上肆无忌惮,这些少年把红油漆的罐子带到当地的学校,在墙上粉刷出一句标语:"轮到你了,医生!"这在当时似乎没有什么恶意。

让人意想不到的是,愤怒的阿萨德拘留并严刑拷打了这些少年。新闻爆出来后,整个国家都开始举行游行活动,被阿萨德更加残忍地镇压。很快,叙利亚爆发了一场血腥的内战,成千上万的人在战争中死亡。几个男孩小小的反抗举动,竟然引发了近代历史上最残忍的内战之一。

叙利亚的战争引发了大规模的迁徙。人们从这个国家离开,就像滤网中流出的水,涌向各个方向。成千上万的人到伊拉克和约旦寻求庇护。超过100万人去往附近的黎巴嫩。将近200万人前往土耳其,再从那里去欧洲。

与此同时,"阿拉伯之春"为去往欧洲的迁徙者们打开了另一道闸门。利比亚的独裁领导人穆阿迈尔·卡扎菲当权时,很少能有人成功穿过这个国家，迁徙到欧洲。但是在"阿拉伯之春"期间，一支由美国领导的军队推翻了他的统治，杀死了这位领导人，也撤除了曾经禁止迁徙者穿越这个国家的安全设施。来自撒哈拉以南非洲各处的迁徙者们开始在利比亚汇聚，从这里前往欧洲。一种获利丰厚的走私贸易帮助了他们。

迁徙者从叙利亚涌入欧洲，与另一批刚刚穿过利比亚的迁徙者汇集在一起，很快就引起了国际性的关注，占据了欧洲和北美的报纸头条。引人注目的并不一定是迁徙的规模，越来越多来自非洲和亚洲不同国家的人进入了欧洲。与那些在其他地方穿过雨林或越过高山的人有所不同，这些人从各个方向而来，汇聚在一起，都经过了一个引人注目的阻碍：地中海。

～

地中海由拉丁语"中间"（medius）和"陆地"（terra）这两个词而得名，嵌在大片的陆地之间，北边是欧洲，南边是非洲，东边是亚洲。这片水域很容易跨越，虽然有上千英里长，最狭窄的地方却只有几英里宽。将近20个不同的国家靠近它的海岸线。2015年内，有100多万人乘坐拥挤、摇摇晃晃的小船进入了地中海——其中85万人来自土耳其的海岸，还有18万人来自利比亚的海岸——这些狼狈不堪的舰队引发了大量关注。

摄影师们拍下了他们乘坐的大肚木船和简陋的木筏，有些在半路上翻船，乘客们或是无助地抓着船舷，或是落入波涛汹涌的大海。他们还拍下了那些溺水者的尸体，被冲刷到希腊群岛的海滩上。制片人、艺术家以及各个领域的名人来到希腊群岛，寻找迁徙者们的船只登陆的地方，拍摄了一些视频。视频中，他们帮助那些又冷又怕的迁徙者们从小船登陆，请他们喝茶暖和一下。每天都有上千名迁徙者到达这里，再以各种方式分散到欧洲的其他地方，或是步行，或是搭乘公交车，或是搭乘火车。

媒体立刻报道，声称这些新来的人造成了一场"迁徙危机"。他们将此描述成"迁徙者入侵"，这些人"蜂拥而至"，抵达海港或渡口，"占领"了整座城市。根据一篇对于当时欧洲新闻报道的分析，大约三分之二的文章"重点强调"了迁徙者将会带来的各种负面影响——虽然在早期，这些影响没有真实发生。同样比例的文章认为，无论在当下还是未来，这些人的到来没有任何好处。记者们对迁徙者的描述非常草率，几乎没有把他们作为拥有名字、年龄、性别和职业的完整个体。大多数记者只提到他们的一个特性：他们是外国人。

欧洲的总人口是5亿人，他们或许可以再吸收100万未知人口。事实上，希腊以及匈牙利可以为新来的人提供很多住所和工作机会。在雅典，30万栋住宅处于无人居住的状态。在匈牙利，劳动力短缺非常严重，雇主们无法为空余的职位找到足够的工人。

但是对于大多数看客而言，大规模迁徙引发了广泛关注，这是一种不祥的预兆。他们只看见一群没有面目的迁徙者，可能会引发混乱，带来毁灭。

～

到2015年，超过100万人从叙利亚、阿富汗和其他地方前往欧洲，主要是德国，还有瑞典，也包括别的国家。因此，一批政治家承诺，要对那些涌入欧洲和美国的迁徙者采取严苛的新对策。美国的选民选举了唐纳德·特朗普，一位不太可靠的民粹主义者，他带领群众高呼"筑墙",阻止墨西哥人进入美国。英国人民投票决定退出欧盟,也不再共享开放的国界。一些政治团体发誓要反对外国人的入侵,拒绝任何一位难民进入,并将难民营中的难民软禁起来。这些团体在欧洲议会中取得了空前数量的席位,在波兰占据主导地位,在德国也获得了第一批议会席位,并加入了奥地利的执政联盟。一位拒绝接纳任何难民的政治家竟然成了捷克共和国的总理。另一位政治家所在的党派提议驱逐全部的迁徙者,他成了意大利的总理。

那些曾经欢迎移民的政府机构改变看法,开始反对移民。美国公民及移民局曾经宣称,他们的目标是"使美国成为一个移民国家",却在2018年初修订它的使命,删去了这些文字,它的新目标将是"保护本土"。欧洲近来对自己的边境加强了防御,并传达了同样明确的信息。欧盟原本建立在开放国境的基础上,可欧盟主席唐纳德·图斯克却直言:"无论你来自哪里,都不要到欧洲来。"

随着反对移民的政治家当权,他们开始强调反移民政策的紧急性和必要性,并认为这在政治上是必须实行的举措。和任何政权一样,他们和他们的支持者需要不断地证明自己的政治立场。强调移民带来的混乱则是这件事的关键。

专家们预测了一些后果——犯罪潮、传染病,以及经济灾难——这些现象都显而易见。由于涌入的外来者数量巨大,展现他们引发混乱的证据非常容易。

~

2016年1月初,很多女人出现在德国各个城市的警察局,对跨年夜发生的事情提出申诉。跨年庆祝后，她们正要前往火车站，或者回家，却被包围、猥亵、抢劫，并遭到了性侵害。女人们凭借服饰和口音判断，袭击她们的是近来从阿拉伯和北非国家来到这里的移民。

媒体撰写出一些故事，暗示这些新来的人具有强奸当地女性的特殊癖好。在德国，一篇杂志封面故事配上了这样的图片：一个白人女性的身体被印上了许多脏污的手印。"女性控诉来自移民的性侵害"，图片下的文字这样写道。"我们是忍受，还是视而不见？"另一本杂志对一位心理学家进行采访，讨论阿拉伯男性的"心理状态"，配图是一只黑色的手放在一双白色的腿之间。在荷兰，一家报纸重新刊登了一幅名为《奴隶市场》的画，画中的阿拉伯男人先是脱去白人女性的衣服，然后把她们卖为性奴。那年春天，德国联邦内政部发布报告，自从接受最后一批移民以来，全国的犯罪案件增加了40.2万起，这一惊人的数字在全世界的报道中非常引人注目。在那段极具煽动性的时期内，有视频拍到一群移民点火烧毁了德国一座最古老的教堂后，还在唱歌庆祝。

关于移民在德国带来犯罪潮的消息跨过了大西洋。在美国，著名的右翼新闻媒体刊登了"难民强奸犯"引发"新年强奸恐怖事件"的内容。"德国的犯罪率正在上升。"特朗普面对他的上百万追随者，在推特上发布："整个欧洲犯了一个巨大的错误，他们接受了上百万移民，那些人会彻底改变他们的文化！"

几个月后，来自瑞典的新闻证明，德国的刑事无政府状态也在那里出现了。相比欧洲其他国家，瑞典平均接纳移民的数量最多。一位名叫奥米·霍洛维茨的洛杉矶纪录片制片人前往瑞典，记录下了当时的情况。他发现那里的强奸案飞速增加，瑞典曾经因为家居风格和桑拿浴而知名，"现在却成了欧洲的强奸之都"。

2016年秋天，霍洛维茨关于瑞典移民危机的纪录片《斯德哥尔摩症候群》在福克斯新闻网上发布。几个月后，保守派评论家塔克·卡尔松采访了霍洛维茨，主要谈论这档黄金时段的时事报道。将近300万观众观看了这档节目。霍洛维茨表示，由于对伊斯兰移民的开放政策，瑞典正面临侵害。几天之内，右翼的媒体在全国范围内播放了瑞典犯罪潮的新闻。每晚有超过200万人收看右翼记者比利·奥雷利的节目。那些像他一样的评论家对瑞典国防部的专家，或者国家安全顾问进行采访，证实了霍洛维茨惊人的发现。

虽然政府记录和华而不实的媒体故事将移民描述为成群的罪犯，却也有大量的批评如幽灵般积累起来，指责他们的底层逻辑漏洞。

2017年夏天，美国国家公共电台的一位记者验证了德国犯罪率上升的记录。他发现，跨年夜确实发生了袭击事件，但这并非例外。和其他地方一样，性暴力在德国也是一场持续性的危机，每年记录下的强奸、性侵害事件有7000多起，涉及这个国家三分之一以上的女性。专家说，还有更多事件没有被记录下来。正如一位英国广播公司的记者所说，这个国家一年一度的跨年庆祝为各种犯罪提供了充分的掩护，把德国城市的街道变成了狂野的醉鬼聚会和暴乱场所。"我想，你一定没有在美国的街道上见过这么多醉鬼。"他告诉一位美国国家公共电台的记者。2015年的区别或许是，犯罪的人并不是长期在那个国家游荡的性侵罪犯。

第2章 恐慌

随之而来的犯罪潮也并不存在。只要仔细阅读德国政府提供的记录，就能看出，"多出来"的40.2万起犯罪事件全部都是未经事先允许跨越国境线的"罪行"，而这种罪行只有新近到来的移民才会犯下。把它们从数据中移除后，可以看出在数千名移民来到德国那一年，犯罪率相比前一年没有什么变化。2018年，德国的犯罪率达到了30年来的最低点，那位美国国家公共电台的记者同样没有发现证据去证明近期到来的移民试图摧毁德国政权。

瑞典也没有出现犯罪潮。记者们追踪霍洛维茨的言论，会发现它们没有任何证据。一位瑞典国防大学的教授告诉《华盛顿邮报》的记者，那个接受福克斯新闻采访的瑞典专家，被称作该国的"国家安全顾问"，可他实际上"已经很久不在瑞典生活"，"瑞典安全局没有一个人认识他"。

斯德哥尔摩也不是"强奸之都"。根据瑞典的犯罪率调查，2015年，0.06%的人口遭遇了强奸。VICE新闻的记者们发现，英格兰和威尔士的比例为0.17%，而瑞典低于它们。所谓的"禁行"区域并不存在。那两位在纪录片中接受霍洛维茨采访的警察表示，他们的话被断章取义。"他剪辑了我们的回答。"其中一位警察告诉《每日新闻》（瑞典最大的日报）的记者，"我们在采访中回答的是完全不同的问题。"

在牧场和森林中，我们有时会发现一种特殊的蘑菇——大秃马勃。和其他蘑菇不一样，它并不呈现出伞状，菌柄上方也没有带有孢子的菌盖。它们长成了白色的巨大球体，和足球差不多大。它们的孢子长在里面，无法被看见。成熟之后，像大秃马勃这样的"尘菌"会充满孢子，任何细微的影响，比如一滴雨，都会毁坏它们的表面。如果你用一根棍子戳它，或是轻轻踢一脚，一缕烟雾般的孢子就会从里面溢出，只剩下一个皱巴巴的空壳。

那些为反移民政策辩解的故事同样膨胀而空洞，只需要轻戳表面，它们便如一缕烟般消散于无形中。

和欧洲一样，美国移民导致的犯罪潮也是被刻意制造出来的。

在美国与墨西哥的边境，针对边境巡逻队的袭击事件并没有大幅增长。2015年，边境巡逻队改变了计算队员遭遇袭击的方式。和大多数其他专家一样，过去他们只是计算被袭击的队员数量，现在却用被袭击队员的数量与袭击者的人数相乘，再与袭击者使用的武器数量相乘。如果几个移民对一些边境巡逻员扔了几块石头或几根木棍，每个移民扔的每块石头、每根木棍都算作一次单独的事件。

比如，2017年2月14日，6个人向一伙边境巡逻员扔了一些石头、瓶子和木棍。边境巡逻警官慷慨地将这次事件算作了126次单独的事件。移民记者黛比·南森在一份调查中揭露，这一非同寻常的新方法使得边境巡逻员遭遇袭击的次数激增。

如果采用更传统的方式计算袭击事件，统计显示，边境巡逻员并不是遭遇袭击概率最高的执法人员，反而是最低的。边境巡逻员的死亡率大约是美国负责普通居民的执法人员死亡率的三分之一。

司法部的报告称，每四个国际恐怖主义罪犯中有三个没有出生在美国，这个信息是准确的，但这一内容并不能支持司法部部长的观点。他根据这一调查结果，表示移民"损害了国家与公众安全"。调查记者特雷弗·阿伦森指出，恐怖主义袭击包括国际和国内指控的罪行，而国际恐怖主义袭击只是其中一部分。在全部的恐怖主义袭击指控中，外国人是否占据主体尚不明确，因为司法部只列出了那些国际恐怖主义的指控，没有列出国内恐怖主义袭击的罪犯名单。

~

研究疾病的历史学家没有发现传染性疾病与现代移民有任何系统化的关联。然而，关于移民会引发流行病的怀疑依然存在，并且基于完美的逻辑。在很多移民逃离的国家，疫苗系统并不存在，或者出现了问题。理论上，这意味着某些国家已经控制了某种病毒，外来者却会带来病原体，引发致命的流行病。

欧洲的公共卫生研究者开始更加仔细地研究移民的身体状况。他们发现移民涌入德国后，2015年，那里的肺结核感染率增加了30%。公共卫生研究者表示，在英国，外国出生的人口只占总数的13%，可是70%以上的肺结核病例和60%以上的疟疾病例都来自这些人群。在意大利，研究者发现，叙利亚难民身上潜伏着一系列奇怪的病菌，包括"在意大利或其他发达国家很少传播的细菌和真菌"，其中某些"可能会产生危险的病原体……并四处传播"。在德国，医生们发现了感染沙门氏菌和志贺氏杆菌的难民。在瑞士，他们发现难民携带耐抗生素菌的概率比当地人高出5倍。

关于移民引发流行病的恐惧开始蔓延。在保加利亚，2013年的一次调查研究了关于移民的文章，发现最常出现的两个词是"威胁"和"疾病"。英国的新闻标题中写道："有肺结核的移民应该被送回去"。在希腊，右翼的治安委员会成员为了避免生病的难民涌入医院，要求病人和医生提供居留证明。虽然移民目前尚未引发流行病,"却已经有迹象,一些长期未在欧洲发生的危险疾病即将出现",一位波兰的反移民政治家说。"希腊群岛的霍乱、维也纳的痢疾,以及各种类型的寄生虫和原虫,它们在这些人的体内并不危险,但是会为当地带来危险。"唐纳德·特朗普表示,移民会把传染病带入国家中。按照他独特的说法,移民本身便是致病病菌。他说:"大量传染性疾病正在涌入国境线。"

但是,虽然移民体内存在细菌,这并不意味着相比其他人,他们或多或少更容易给别人带来健康风险。在任何人体内搜索细菌,就像是列出一长串行径可疑的人物。公共卫生研究人员对难民们使用了侵入性直肠拭子,可他们并没有用同样的方法检测当地居民。"如果你对英国人这样做,"一位从事移民工作的公共卫生专家指出,"他们也会有细菌。"

事实上,那些最引人注目的移民,比如进入美国的难民,接受了国内最严格的健康筛查和疫苗接种。相比当地居民,他们更不容易给别人带来健康风险。100多万移民涌入欧洲后,这里并没有暴发任何流行病,偶尔出现的小病也迅速得到了监测和控制。

～

经济学家长期以来一直在探寻移民对当地的负面经济影响。情况在2015年有了进展,哈佛大学经济学家乔治·博尔哈斯表示,移民确实造成了严重的经济负担。博尔哈斯分析了在迈阿密一大群移民迅速涌入劳动力市场带来的作用,发现他们的到来对高中辍学者产生了"巨大"而"严重"的影响,使这些人的工资下降了30%。

博尔哈斯的结论推翻了其他经济学家数十年来的分析结果。

他们使用了同样的数据——"马列尔偷渡事件"，在这次事件中，超过10万人在古巴的马列尔上船，逃往迈阿密——却发现相比其他没有移民涌入的城市，这里的工资和就业都没有受到影响。

博尔哈斯通过单独列出移民对高中辍学者的影响，得出了移民给经济带来负担的结论。保守派评论家安·库尔特对社交媒体上的60万粉丝说，通过这样做，博尔哈斯把马列尔的事件变成了一个案例，用来研究移民对经济造成的微不足道的作用。

特朗普的司法部部长杰夫·塞申斯认为，博尔哈斯在移民对经济造成影响的领域"或许是世界上最有影响力，知识最渊博的学者"。《纽约时报》报道，移民会影响工资的结论"深深影响"了国会。白宫顾问斯蒂芬·米勒引用他的研究成果，主张美国应该将允许进入的移民数量减半。总统在2017年的国会演讲中说："难民"让美国花费了"数十亿美元"。

事实上，博尔哈斯忽略了一项潜在的干扰因素。移民专家迈克尔·克莱门斯指出，在博尔哈斯研究的时段，迈阿密的人口统计局改变了计算高中辍学者的方式。这导致，相比博尔哈斯用作对比的其他城市，迈阿密的高中辍学者数量被多算了许多。博尔哈斯将高中辍学者工资的降低归因于移民，但实际上人口统计局计算方式的改变才是工资显著降低的原因。难民在经济上的贡献也超过了他们花费的政府补贴。《纽约时报》及其他新闻媒体报道，过去10年里，美国难民带来的收益比花费的金额多出6.3亿美元。美国国家科学院报告，2011年到2013年，美国经济为移民花费了574亿美元，但同一份报告显示，这些移民的孩子为经济带来了305亿美元的净收益，他们的孙辈则带来了2238亿美元的巨额收益。

∼

"很多人被杀死了！"一小群人聚集在美国退伍军人协会大楼那灯火通明的宴会厅中，聆听一位移民专家的演讲。这位专家名叫乔纳森·哈宁，大腹便便，发际线后移，脸颊却如孩童一般红润。他演讲时，两手撑着讲台，高大、倾斜的身影呈 45 度角。正如俱乐部主席在介绍中所说，他被我们家乡的共和党俱乐部邀请，"谈谈这个混乱的问题，并把它弄清楚"。哈宁拿出了一份密密麻麻、长达 14 页的讲义，上面满是表格和图表，展现出那些"非法外来者"犯罪比例极高，为国家带来了危机。"毕业后的某一天，一位绩点 4.0 的学生被非法移民撞死。"他对观众们说，"我们国家到处都是这样的故事。"

正如哈宁的讲义中所强调的，在联邦犯罪数据中，非法移民占据了很高的比例。但这并不能支持哈宁的观点，证明移民比本地居民犯罪更多。联邦犯罪数据只代表了这个国家一部分的犯罪行为，90% 的犯罪行为出现在本州以及本地的犯罪数据中。虽然没有全国范围的数据统计犯罪者是否为移民，社会学家却发现那些移民比例更高的地区，以及近来有移民流入的地区犯罪率并没有更高。1990 年到 2003 年，美国的非法移民增长为从前的 3 倍，但国家的暴力犯罪率几乎是从前的一半。

哈宁没有提到这一点。和很多把错误移民数据作为教学材料的移民专家一样，他本人就像一朵大秃马勃，他既不是教育家，也不能算是移民专家。他是古希腊哲学专业的博士，利用古人所谓的"诡辩法"，为意识形态智库、政治运动以及反移民游说团体进行宣传。

对于大多数在 1 月寒冷的夜晚来参会的人而言，移民并不是一个非常紧迫的问题。在演讲的开始，哈宁透过厚厚的黑框眼镜打量着这一小拨人，问："谁知道艾玛·拉扎勒斯？"这位诗人写下了刻在自由女神像底座上的著名句子："拥挤的群众渴望自由呼吸。"参会者们扭动身体，悄悄打量着彼此。大多数中年职业人士直接从办公室来到这里，还穿着便鞋和皱巴巴的西装。他们更愿意聊一聊在当地高中成立的年轻共和党人俱乐部，喝一杯冷云岭啤酒，吃一片比萨，而不是回顾美国历史的里程碑。在这灯火通明、铺满实用的短绒地毯的大厅中，他们的同胞跨越海洋、沙漠、雨林和高山的经历就像科莫多龙一样遥远。没有人举手。

然而，这些人却会在哈宁演讲的过程中点头。当他得意地说"艾玛·拉扎勒斯没有当选为国会议员"，并以此标榜关闭国境线的合理性时，众人窃笑起来，虽然许多人依然不知道她是谁。演讲过后，他们礼貌地鼓掌，问了哈宁几个普通的问题。虽然他介绍的移民危机并没有让这些人特别在意，有些人却会邀请他为他们所在的其他群体进行演讲，并在公众会议上用他的讲义进行关于移民的 3 分钟陈述，或者把这些内容讲给那些被他们选出的官员。就算没有这样做，他们至少也会记得一些细节，或者留下大致的印象，然后带回家，分享给孩子和邻居。在足球场、运动酒吧和家庭烧烤的闲聊中，这些内容总会冒出来。

关于移民引发犯罪和疾病的信息碎片看起来很中立，它们融入了文化，传播十分广泛。在 2017 年，即使在荷马——地处美国道路系统尽头，只有 6000 人的阿拉斯加小镇，人们也听说了关于欧洲移民危机的新闻，并对那些人进行抨击。"你们是非法进来的，好吧，也就是说你们是罪犯。"一位居民在荷马的议会会议上激动地说，以此回应一条欢迎任何移民到荷马来的提议。由于这个小镇非常偏远，并没有人到这里来，也没人想来。"好吧，他们生活在底层社会，不像我们一样拥有利害关系。只要有人被强奸或者被杀害，我希望他们直接到荷马议会来，让我们起诉！"

这样的场景在欧洲和美国的许多地方都曾出现。正如他们所表现的，移民成为全球性威胁的印象已经深入人心，造成影响的范围越来越广泛。各种纠正和澄清可以将大秃马勃戳破，使它内部的空洞暴露出来，却不会毁灭它。孢子飞散在空气中，被风吹到别的地方，它们在那里落地、生根，长出新的蘑菇。

~

2018年初，美国总统特朗普将一些立法者聚在一起，在总统办公室举行私密会议，讨论国家的移民政策。"为什么我们会让那些来自糟糕国家的人来到这里？"在泄露给媒体的评论中，总统询问那些人。他的注意力集中在一群特定的移民身上。"我们为什么还需要更多海地人？把他们赶走。"几个月前，他曾抱怨，海地人"都有艾滋病"。

2010年，一场毁灭性的地震袭击了海地，许多人从那里逃了出来。按照"暂时保护状态"的规定，美国政府允许6万海地人留在美国。这一规定确保那些本国发生自然灾害，或者长期处于动荡状态的人们可以在美国合法居住18个月。海地地震的幸存者来到美国，他们乘坐的飞机沾满了碎石带来的灰尘。

但是欢迎没有持续太久，几个月后，美国政府派遣空军运输机前往海地，宣布如果谁敢到美国来，将会被拘押并遣返。成千上万海地地震的幸存者无法来到美国，他们迁往了巴西及其他地方。

后来，巴西经济崩溃。定居在那里的海地地震幸存者，比如让-皮埃尔和他的家人，再一次面临迁移。2015 年底，数千名海地人聚集在美国与墨西哥之间的边境，希望能够获准进入美国，加入早期那一批在美国定居的地震幸存者。但是，这次白宫的官员们并不欢迎他们。

这些年来，每隔 18 个月，美国移民官员便会定期重新启动面向海地移民的"暂时保护状态"政策。毕竟，促使他们寻求庇护的危机依旧在继续。2017 年 11 月，美国公民及移民局局长弗朗西斯·西斯纳忽然宣称，他认为海地在 2010 年地震的恢复中"取得了显著成果"。这也意味着这个国家"不再适用于'暂时保护状态'的政策"。

那些在南部边境等待进入美国的海地人将被立刻遣返。一半参与"暂时保护状态"的人有自己的房子，80% 以上进入了劳动力市场，而美国其余人口进入劳动力市场的比例只有 60%。那些已经安家、有了工作的海地人应当自愿离开这里，否则将被驱逐。

伊曼纽尔·路易斯，一位地震后从太子港来到美国的律师，在夜班担任助理护工时听到了这个新闻。"你每天都很开心、很幸福，忽然有人说，你要去见办公室经理！"他回忆道。"你很高兴，以为自己要涨薪了！可他们却说，你知道吗，你的工作许可证要过期了。"他的朋友们不再去工作，也不让孩子去上学。"他们担心一切事情，"他说，"大家都在互相说，要小心，要小心！"

全国的社区工作者建议那些恐惧的海地人记住一些电话号码，

可以在移民官员将他们驱逐出境时拨打。不过，他们的电话会被没收。伊曼纽尔·路易斯这样的人还会失去住所和工作，除非他们已经把产权转移给别人。成千上万出生在美国的孩子也是如此，当他们的父母被驱逐，他们将由国家进行监管。在社区工作者的建议下，恐慌的父母准备把孩子的抚养权转移给他人。

让-皮埃尔一家也差点被驱逐出境。虽然进入美国后，他们被拘押了。他那7岁的儿子也被戴上了手铐，他还常常梦见达连隘口的蛇。他们被允许在一周后离开，等待后续的法庭受理他们的庇护申请。

让-皮埃尔到达奥兰多，听说他的一个朋友在拘押一年后被驱逐出境。他遭受过太多心灵的创伤。他曾在成千上万人遇难的地震中存活下来；曾在海地遭遇帮派暴力，自己与家人的生命受到威胁；又为了寻求庇护，经历了一段将生死置之度外的旅程，甚至要喝自己的尿来维持生命。还不包括在迪士尼工作，对于一位坚定的社会主义者而言，这可能也是一种痛苦。但是，朋友被驱逐出境的消息击垮了他。他想要自杀。

～

达雷尔·斯金纳，一个身材魁梧的得克萨斯人，戴着硬挺的棒球帽和一副很大的浅色太阳镜，蜷缩在"丁克族咖啡"那红色的软垫上。这是德尔里奥的一家路边小餐厅，距离美国与墨西哥的国境线约20英里。

"如果我们不对国境线立刻采取一些措施，"斯金纳说，"这个国家50年后便不复存在。"咖啡厅老板，谢丽尔·霍华德头上戴着一副老花镜，金色的波波头挡住了脸。她表示赞同："我们不能让他们过来。"她环顾四周,悄声说,以免让她的墨西哥客人们听到。

即使反对移民主张的空洞核心已经暴露,对于移民带来威胁的顾虑却在持续。这源于一种深层次的被冒犯感。长久以来,在西方文化中,人们认为特定的人种和物种应该生活在固定的地方。在这样的逻辑下,移民必定是一场灾难,因为它破坏了自然的秩序。这一秩序在数百年前便已被一位性狂热的瑞典分类学家所确定。它的基本原则很容易概括:

我们属于这里。

他们属于那里。

第 3 章

林奈：为自然撰写秩序

　　卡尔·林奈（Carl Linnaeus）的父亲是一位贫穷的路德教牧师，母亲是教区牧师的女儿。1707年，他出生在瑞典南部一片清澈的湖水边，他的摇篮上装饰着父亲花园里的花朵。

　　小时候，林奈整天在湖边的树林中散步，仔细查看他发现的动物和植物的结构。对他而言，自然是造物主的成果。由于造物主是完美的，自然也是完美的，每个生命都存在于自己的位置上，有着属于自己的特殊功能。林奈说："自然不会创造出任何没有目的性的东西。"毫无疑问，自然之美令他"头晕目眩"。

　　林奈在人工设计的环境中长大。曾经占据那里的原始森林早就被砍光，变成了平坦、适合开垦的草地和整齐的麦田。在教区周围，林奈的父亲创造了园艺上的奇迹。从植物学的角度来看，他的其中一座花园像是一张丰盛的餐桌，凸起的圆形土地中种植着特殊的植物和灌木，代表着一餐盛宴中的各式菜肴和来赴宴的客人。林奈时常在里面玩上几个小时。后来，他的粉丝称呼他为"花间王子"。

秩序使林奈感到狂喜，但是作为一位自然历史学家，人们要求他描述世界上的生物多样性，也就是生物的野蛮、变化与混乱。18世纪的社会充斥着关于地球上的物种起源与分布的问题，并且关注造成它们相似性与差异性的历史与特征，以及迁徙在这个过程中起到的作用。

如今，关于物种和人种起源与分布的问题会被分到一个名为"生物地理学"的领域，这个科学分支非常迷人，却又很晦涩难懂，通常不会引起公众的兴趣。但是在当时，生物地理学的理论产生了深远的影响。教会的权威人士想要掌控近来才走出教会阴影的科学；殖民公司的合法性，以及数代后人如何看待并管理移民——一切都悬而未决。

对于当时那些迫切的问题，像林奈这样的自然历史学家应该给出答案。外来人口和奇怪的物种从哪里来，它们又属于哪里？

更大、更快、航海性能更好的船只让欧洲探险者比从前旅行得更远、更久，使他们深入亚洲、非洲以及新大陆，他们在那里见识到从前无法想象的生物多样性。荷兰东印度公司等企业将许多探险家和殖民者送往遥远的地方，掠夺资源，获取新的领土，建立新的贸易路线。那些抱负远大的年轻博物学家也加入了他们，前往南太平洋与亚洲，开始了长达数年的远征。

他们旅途归来，带回了许多激动人心的故事，全部关于他们在海外看到的长相怪异的外国人和奇特的生物。"一种高大凶猛的人类，皮肤是深黄色的"，生活在尼科巴群岛上，尼尔斯·马特松·基平说。17世纪中叶，他跟随荷兰东印度公司前往了群岛。基平写道，他们扭断鹦鹉的脖子，然后生吞。那些人涌向他的船时，他亲眼看到了他们，每个人"背后都有一条尾巴，就像猫尾巴那样垂下来"。著名作家弗朗索瓦-马利·阿鲁埃，以伏尔泰这个名字出版著作，描述了一群长着红眼睛的矮人，他们生活在刚果，寿命只有25年。"这是一种非常稀有的人种。"他解释道，"由于力量太小，他们只能生活在洞穴中。"这些外国人举止非常怪异。旅行者透露，在非洲一些地方，整个部落要求他们的男性在仪式上切除一个睾丸。

虽然明确知道外国人也是人类，18世纪的旅行作者却更强调欧洲人与非欧洲人、欧洲动物与非欧洲动物之间的差异，而不是相似性。他们描述外国人的肤色时，并没有使用土褐色系，而是粗糙而夸张地分类为：红色、黄色、黑色和白色。他们描述非洲女人的乳房时，并不只是说它们"很大"，还说她们的乳房太过笨重，在躺下之前，需要先把乳房放在地上，而且足以当作烟草袋出售了。

虽然他们都声称亲眼所见，这些故事却与传说、神话及闲言碎语融合在一起。有些最高产的作家，比如阿诺尔德斯·蒙塔纳斯，对欧洲以外的世界进行了上千页的生动描述，可他从未离开过欧洲。

比如，伏尔泰关于刚果穴居人种的描述，就结合了许多古代的神话。希罗多德曾描写过与人类很像的动物，住在洞穴中，以蜥蜴为食，他把他们称作"穴居人"。普林尼又增添了更多细节，比如他们在夜间活动，一旦暴露在阳光下，就只能像刚出生的小狗那样趴在地上。他们会发出类似磨牙的声音，但不会说话。伏尔泰把这些内容用在真实的人身上，又为他们找到了一个似乎很可信的特殊地点——非洲中部——那里非常遥远，不会有读者亲自去验证这些事情。

基平关于见到黄皮肤、长着尾巴的人的描述也同样建立在神话的基础上。1300年前，弗洛利斯人，一种3英尺高的"矮人"曾经生活在尼科巴群岛上，当时也有人类生活在那里。基平到访时，可能听到了这样的传说。通过一代又一代的转述，那种动物可能会演变成他口中长着尾巴的人，就像希腊的圣尼古克拉斯演变成了骑在会飞的驯鹿上、住在北极的人一样。为了增强文学性，他又用戏剧性的个人视角重新讲述了那个神话。

为什么欧洲人见到自己的同类时，总是更在意他们之间的差异，而不是同样引人注目的共同点呢？这并不是因为相比其他地区的人，欧洲人彼此之间都很相似。欧洲人本身也有各种发质、肤色和身材等。作为一个群体，他们存在各种差异，彼此之间的共同点也并不比他们与其他地区的人之间的共同点多。毕竟，非洲、亚洲和美洲人彼此都有关联。

有结论称，欧洲人当时过于在意外国人的独特性，是因为在那个时期，旅行的性质发生了变化。长途海上旅行的时代到来前，商人和旅客并没有意识到不同地方的人们有什么差别。欧洲人遇到其他地方的人——那些人也遇到欧洲人——这一切都要依靠缓慢而辛苦的旅行。商人和探险家在陆路上行进，经过各个临近的地区，而这些地方的地理特征和气候很相似。和所有毗邻而居的人类一样，他们的关系中充满了冲突与浪漫，无论是敌人还是朋友。

由于共同的气候和基因，一个群体中无论出现了哪种生物学差异，都会影响到另一个群体。那些路过的人会看到很多种肤色、身材和面部特征，它们的分布很巧妙，难以察觉出规律，各个群体之间没有明显的生理差异。

而且，虽然对于18世纪的探险家而言，外国人身上那些差异很引人注目，在更早的时期，这些却被认为是不重要的细节，比如肤色的不同，就像是狗身上的斑点不同一样。例如，在古埃及，人们的肤色有黑有白，因为他们生活在4000多英里长的尼罗河的河谷，纬度跨越了15度。虽然当代的艺术品描绘了他们的肤色差异，这却与他们维系了数千年的社会等级制度没有关系。文艺复兴之前的欧洲也是如此，艺术家和地理学家在描述海外的人类时，认为他们与欧洲人体貌特征很相似。生物及历史学家安·福斯托-斯特林指出，一张1595年的画作描绘了所谓的"霍屯督人"——一个定义并不明确的非洲人群体，把他们画成了两个"具有古典式希腊长相的人"。在当时，肤色的意义更像是如今的发色，虽然会被注意到，但只是一种对社会毫无意义的细节。

18世纪欧洲探险的特质让人口多样性出现了彻底的变化。旅行者们不再途经那些彼此相邻的陆地，而是在无人居住的大海上航行数千英里。他们要忽然面对一些全新的人种，而这些人生活的气候和地理环境又完全不同。这也是人种多样性的连续性会如此惊人地变得断断续续的原因。这就像是他们不是从温暖的浅水进入更凉、更深的水，而是直接跳入了深水。

对于这些奇特外国物种的描述和故事——变成了成卷的画册、画作、挂毯，以及其他艺术品，它们混淆了欧洲人的感官，却又使他们感到愉快。有时，通过旅行展览，活体样本也会进入欧洲，即使那些不愿耗费精力出海旅行的欧洲人，也能一睹远方的自然界奇观。富有的精英阶层建造了动物园，里面住着活生生的羚羊、狮子、猴子、火烈鸟，甚至还有更奇异的野兽。一位汉堡的探险家声称，他收藏了一条七头蛇，自然历史学家们跨越大洲来看它。那是个冒牌货——从许多只黄鼠狼身上摘取身体部位，再粘到一起，并罩上蛇皮——但是人们对于外来物种的兴趣却是真实的。参展商们展示了被装扮成美人鱼的女性、霍屯督人，以及穴居人——他们通常都是患有白化病的非洲或南美儿童。

这些展览的重点并不在于准确地描述外国人种与那些地方的细节，而是为了展现欧洲人营造出了一种异域的氛围。那些关于霍屯督人、穴居人的展览，以及动物园里各种七头蛇的展示，是为了令人震惊——某种形式上，它们本身也是一种震惊的表现。无论是什么，无论长成什么样子，欧洲以外的物种都被认为是不同的，它们是新品种。

这些对于人种之间差异的关注，并没有清晰地考虑到迁徙的影响。如果想要意识到迁徙在我们的过去所起到的作用，就需要接受我们在生物学上的共性。由于我们拥有共同的人类特征，过去的迁徙在逻辑上才具有必要性。否则，我们又是如何遍及世界的呢？过去，我们成功地迁徙，这预示着在未来，我们同样也会成功。但那些出版商和探险家口袋里装满了对于外国人种耸人听闻的描述，使得欧洲人眼中的外国人变得越来越奇怪。

在欧洲各地新成立的科学团体中，知识分子和精英人士展开了争论。是谁创造了黄皮肤、长着尾巴的人这样的物种？如教会所说，是造物主，还是自然界某些未知的力量？根据《圣经》的描述，欧洲人是由亚当和夏娃创造出来的，那些物种也是如此吗？如果也是这样，他们又如何到达了那么遥远的地方？虽然大多数18世纪的探险家都亲自跨越过大洲和大洋，却无法想象其他人也能这样做。

随着人们更加注意不同大洲之间人种的差异，他们不再相信人类拥有共同的起源，因此也并不认同我们过去和未来的迁徙行为。

对于世界范围内生物多样性的状况，林奈并没有太多直接的了解。作为乌普萨拉大学医学专业的学生，他只经历过一次探险旅程。他的行程很保守，只是在瑞典境内，没有超过拉普兰北部。不过，他也很愿意抓住机会去了解文化与生物的多样性。当时，人们对那片未开垦的北部苔原地带了解很少。那里住着饲养驯鹿的游牧民族，林奈称呼他们为拉普兰人，也就是现在的萨米人。乌普萨拉科学协会认为，萨米人可能是流落的犹太人，或者某个新大陆的杂交人种。有些学者假设，他们可能是侏儒，或者被称作"塞西亚人"的中亚游牧民族。

林奈雇了几个向导，在拉普兰进行了一次长达6个月的徒步旅行。他尽量选择最安全的路线，长时间靠近海岸线，记录与动植物有关的笔记，并收集一些罕见的植物和昆虫。他经常抱怨："我真希望没有开始这段旅程！"他"渴望陪伴"，"在荒凉的野外"感到很煎熬，而且他也没有对萨米人进行全面的了解。"那些和我交谈的人都带有外国口音。"他抱怨道。

林奈并不是一个探险家。他不喜欢那些不会讲瑞典语的人。后来，他被迫出访芬兰——他不愿置身于旅途的不便中——也曾私下抱怨那里的人不会说瑞典语。"他们只会讲芬兰语。"他有些鄙夷地写道。他还认为芬兰人"很喜欢吵架"，并且很讨厌一种"散发着恶臭和酸味的白鱼"。利斯贝特·克尔纳，一位为他写传记的作家，称他"粗鲁又狭隘，迷信又缺乏常识"。

旅行很失败。林奈回到乌普萨拉，如释重负，并努力掩盖旅行中存在的问题。在提交给赞助人的材料中，他夸大了自己遇到的困难，甚至描述了一些旅行细节。那些事情只有拥有良好身体素质和强大勇气的人才能做到，现代传记作家都很确定，他是编造出来的。他拼凑出了一整套服装，包括女帽和手鼓，并声称这是正宗的萨米服饰，只在特殊场合穿戴，他还拥有一张穿着这套衣服的画像。他可能并不了解萨米人，但是也没有其他人了解。许多年来，林奈自称与萨米人有许多交流，自己都快变成了萨米人。

他的赞助人为此很感动。"我不敢相信，"其中一位写道，"有人竟然对于自然史如此了解，没有浮于表面，而是非常深刻。"

在所有试图为无序的数据创造秩序的学派中，有两个派别后来被查尔斯·达尔文称作"归拢派"和"分裂派"。分裂派专注于数据的不同点，把它们分成尽量多的种类，并根据差异彼此区分，尽管差异可能很小。归拢派试图发现不同数据中的潜在共同点，根据这些共性，尽量把更多数据组合在一起。

林奈乐于寻找所有细微的差异，并以此划分出生物界限，他属于分裂派。

林奈撰写了开创性的分类法——一个将世界上多样性的物种命名，描述它们，并进行分类的系统。当时他是一位私人医生兼植物园园长，那所植物园属于荷兰东印度公司的一位经理。他创造了一个简单的分类系统，任何人都可以使用。他给每个物种取了两个拉丁语名字：第一个表示它们所属的种类，第二个表示它们的特性。

一开始，林奈并没有解决关于外来人种起源与分类这个棘手的问题。对于很多自然历史学家而言，外国人种的不同肤色——尤其是美洲人更深的皮肤——代表着某种深层的生理差异，就像是一个苹果和一个梨子外表的颜色不同。林奈不知道如何将这个问题纳入他的分类法。如果如《圣经》中所说，所有人类都拥有共同的起源，那么他必须要承认，虽然欧洲人认为外国人原始、野蛮，而且在生物意义上与他们不同，但他们可能存在一定的关系。这个看法很不受欢迎。同时，如果认为两者起源不同，便意味着亚当与夏娃的故事是错误的，这是一种亵渎。林奈回避了这个问题。提到人类的时候，林奈写道："自己去了解吧。"也就是说，用自己的方式弄清楚。

然而，人类的身体构造与彼此的关系塑造了他早期的分类法。他注意到性繁殖的重要性，因此将植物的分类建立在性器官的构造上，通过雄蕊分类雄性植物，通过雌蕊分类雌性植物。也许他不知道还有怎样的表达方式，就使用了描述人类性关系的比喻和语言。

林奈描述了植物的婚姻、丈夫、妻子和性交。他将植物的性器官比喻为人的性器官。雄性植物的性器官——花粉囊、花粉，以及雄蕊上的细丝被比作人类男性的睾丸、精液和输精管。雌性植物的性器官——雌蕊的花柱和花筒、子房以及种子分别被比作人类女性的阴户、阴道、输卵管、卵巢和卵细胞。

"每种动物都能感到对性的渴望，"他写道，"确实，连植物也有爱情。雄性和雌性，甚至那些雌雄同体的植物，都有自己的婚姻……一朵花的花瓣……只是造物主为它精心准备的婚床，带有精致的床帘，弥漫着甜美的芳香，新郎和新娘在那里以隆重的仪式庆祝它们的婚姻。"

这让林奈陷入了危险的境地，因为18世纪的欧洲人只能接受将一小部分植物的现象比拟为性行为。有些雌性植物与20种不同的雄性植物交配，雄性植物会和并不是它们日常伴侣的雌性植物交配。有些植物还会和自己的后代交配。为了让读者理解，他把雄性植物与雌性植物的繁殖行为比作精美婚床上的新婚之夜，这便使得读者将那些更刺激的行为——乱伦、多配偶、通奸也与人类联系了起来。

林奈的第一版《自然系统》(*Systema Naturae*)出版于1735年。评论家认为这本书恶心、淫荡、粗俗。"简直是淫秽读物。"普鲁士植物学家约翰·西格斯贝克吼道。一种非常犀利的评价广为流传，一位评论家使用根据性器官分类的方法，将林奈本人分类为"女性植物"。"我成了大家的笑柄。"林奈抱怨道。那些责骂几乎使他精神崩溃。

~

林奈的对手，法国自然学家乔治-路易斯·勒克莱尔（George-

Louis Leclerc）在法国东部第戎市布冯村的一处宅院里长大。他那做官员的父母从他的叔祖父那里继承了一笔钱，买下了这处宅院。大学时，他学习数学和医学，并与他的朋友金斯顿公爵一起环游了欧洲。回来后，他买下了布冯村，在自己的名字后面加上了"布冯"，并搬去了巴黎，在那里为国王的疗养花园担任园长。

如果说林奈代表分裂派，那么布冯便代表归拢派。布冯的观点推翻了林奈的分类学。

林奈将自然描述为一成不变、拥有严格秩序的世界。但布冯不同，他认为自然是动态变化的。整个自然具有不可打破的持续性，其中只包含"难以察觉的细微差别"和"未知的渐变"，布冯写道。布冯对于自然的看法与古代的智者一致，比如公元前6世纪希腊哲学家赫拉克利特的观点。石头的坚固、流水的路线，以及生物的习性并不能表现一成不变的物质世界。它们只是千变万化中的瞬间体现，没有固定的状态。永恒只是一种假象，只有变化才是真的。

这让布冯对于人类历史和生物学产生了某种激进的观念。任何人类，无论生活在哪里，无论拥有什么肤色，布冯写道："都属于同一物种，都是同一家人。"

如果欧洲人和非洲人就像马和驴一样，在生物上属于不同物种，一个欧洲人和一个非洲人的孩子就会像骡子一样，没有生育能力。但是并非如此。"如果黑白混血儿真的是骡子，"他写道，"那他们就确实是两个不同的物种……我们也可以认为白人和黑人不可能拥有同样的起源。但这一假想已经被现实打破。"

另外，布冯知道黑皮肤的非洲人会患有我们如今所说的"白化病"。老普林尼、托勒密和罗马地理学家庞波尼乌斯·梅拉曾描述过患有白化病的非洲人。探险家埃尔南·科尔特斯声称自己1519年曾在蒙特苏马堡见到这样的人。这种情况——黑皮肤的父母生出了白皮肤的后代——引发了18世纪看客们的兴趣。某些评论家由此得出结论,白化病是一种类似疹子的皮肤病。还有些人争辩,认为非洲人的白化病证明白皮肤的出现早于黑皮肤。他们认为,非洲的白化病人就像人工花园中的野生花朵,回归到了更原始的类型。

对于布冯而言,非洲人的白化病证明肤色是一种表面特征,可以发生变化,而这一特征掩盖了欧洲人和非洲人共同的人类特性。布冯的朋友伏尔泰曾写道:"黑人与我们不同,但他们也是人类,这就像西班牙猎犬和灰狗之间的血脉关系。"布冯指出,这是不对的。非洲父母虽然拥有黑色的皮肤,却能生出白皮肤的孩子,而西班牙猎犬却无法生出灰狗幼崽。

不同人种之间明显的区别并不是由内在的生物学差异造成的,布冯说,而是由各种变化与适应环境的行为导致的。

布冯把外国人归为人类,这遵从了那个把一切人类起源归因于伊甸园的《圣经》故事。但他依然需要解释,外国人是如何分散在地球各处的,如果他们和欧洲人一样,由亚当和夏娃生下来,那么他们为什么会有黑色的皮肤和奇怪的长相。

布冯想象了一个关于迁徙的故事。

布冯因为在国王的花园中创造迷宫而知名。他把人类的过去想象成类似的曲折迂回路线。布冯指出,当时虽然没有关于长距离迁徙的证据，但是俄罗斯科考队猜测，白令海峡中间可能存在过一座陆桥。这样的陆桥让人们无须乘坐跨洋轮船，徒步也能从旧大陆走向新大陆。他想到，或许在遥远的过去，我们的祖先曾离开伊甸园，有过一系列长途迁徙，迁往了那些欧洲探险者们近来发现的、遥远而风景各异的地方。

虽然这些迁徙和分散在当时只是一种理论，却解释了人类为何分布在世界的不同位置，以及为何他们拥有各种视觉上的差异，而18世纪的人们很关注这一点。布冯认为，迁徙之后，不同大洲和地区的人类适应了各种独特的环境，他们的身材和肤色也发生了各种变化。

早在亚里士多德和希波克拉底的时代，他们便提出过，天气状况和气候带会影响人们的健康情况和身材。正如科学家后来所揭示的，迁徙和由此引发的被动变化能够解释那些欧洲人在沙龙和科学协会中提到的多样形态。人们迁往的地方在他们的身体上留下了印记。人们生成了帮助他们消化当地食物的基因，以适应当地的环境，在当地的病菌中存活下来。为了忍受北极的寒冷，那里的人们提高了代谢率，体重与身高的比值变得更高，四肢变得更短，身体变得矮壮，这样能减少热量的损失。人们拥有了不同的肤色。在高纬度，阳光产生的维生素D有限，人们就拥有了能够吸收更多紫外线的白色皮肤，同时具备了消化乳糖的能力，这样就能在牛奶中获取维生素D。那些迁徙到赤道地带的人，拥有了在身体中储存钠的能力，让它不会通过汗水流失。他们的胳膊和腿更长，有助于散热并保持凉爽。很多18世纪的探险家注意到的生物学差异，包括不同的肤色和身材，至少有一部分，源于他们的身体对不同环境的适应。

但是布冯没有因为他预先知道这一点而被铭记。他和林奈都继承了传统的智慧，延续了那些中世纪哲学家和神学家的观点，认为地球上的一切生命都是按照一定等级自发排列的，古人称之为"大生命链"。每种或每个等级的生物或自然物质在链条中都有自己的位置，这一位置由它们的属性是否活跃来决定。链条的最底部是石头。绿宝石和蓝宝石之上是红宝石，再上面是钻石。再往上一些，是植物。相比那些以昆虫为食的鸟儿，比如知更鸟，捕猎的鸟儿等级更高一些。而像麻雀这样以种子为食的鸟儿等级更低。动物之上则是人类。农民的等级最低，然后是牧师、贵族，和帝王。在他们之上，则是最高的一层，那里有天使和上帝本人。

因此，布冯认为，外国人与欧洲人的差异由迁徙造成的观点在道德上并不中立。

布冯得出结论，人种和物种迁出伊甸园后，新的食物和气候使他们"退化"。由于伊甸园位于欧洲附近的某处，所以欧洲人保持着更加完美的状态。他认为非洲人、亚洲人和美洲人并非如此，他们迁往了气候太热或太冷的地区，使他们变成了18世纪旅客眼中怪异、不被道德所认可的生命。

布冯指出，迁徙的退化作用可以解释美洲的"野人"。他们在北美洲潮湿而寒冷的气候中发生了退化。"野人的生殖器官很弱小，"他写道。"他们没有胡子，对女性也没有吸引力……而且不够聪明，胆子也小……他们愚蠢地躺着休息，一睡就是一整天……大自然最珍贵的火焰拒绝了他们。"他认为那些在美洲建立的殖民地也同样很糟糕。他指出，那里没有诗人和天才。连北美洲的动物都很瘦弱。

11世纪的伊斯兰哲学家阿维森纳曾经有过类似的设想,但在他的看法中,欧洲人的智力不如他们中亚人发达。由于缺乏阳光,欧洲人"理解力不够敏锐,头脑不够清晰",他说,而阳光充足的努比亚人和埃塞俄比亚人"缺乏自制力,不够稳重"。他认为,这两类人都适合被奴役。

布冯详细阐述了自己的观点,写成了一本36卷的百科巨著《自然史》(*Histoire naturelle*),其中前三卷在1749年出版。

托马斯·杰弗逊等美国人反对布冯将美国人视为"退化人种"。杰弗逊在他唯一的著作《弗吉尼亚州笔记》中撰写了很长的一章,对布冯的观点进行抨击。(他主要的反例是:魁梧的驼鹿只在北美洲被发现。)但是在其他地区,《自然史》取得了巨大的影响,几乎欧洲每个接受过教育的人都在读这本书。

巴黎、柏林、伦敦以及其他地方的顶级科学协会都对布冯发出了邀请,皇室成员送给布冯许多礼物。国王封他为布冯伯爵,并让雕塑家按照他的样子雕刻了一座半身像。

～

林奈对此并不在意。

"不过是文字化的描述,"他尖刻地评论道,"缺乏观察……没有任何方法。他批判了每个人,却忘了批判自己,虽然他自己的错误最严重。他不喜欢任何方法。"

这些年来,林奈出版了几版内容更丰富的《自然系统》,每一版都比上一版更完善。无论这一分类系统是否"下流",林奈都成功地让生物的命名兼具了独特性和普遍性。在他之前,自然学家们把水栖哺乳动物和鱼划为一类,根据体形为四足动物分类,将蝙蝠与捕猎的鸟类联系在一起,以筑巢的地点来为鸟分类。他们将自己发现的物种,与贵重的手绘、铜刻画册进行比较,来判断从前是否有人见过它们,如果见过,又如何称呼它们。但是有了林奈的分类法,他们不需要这样做了。"无论是一只鸟、一只蜥蜴、一朵花,无论来自巴塔哥尼亚还是南太平洋,或许几个世纪前,它在当地就有了名字,但请用拉丁双名法为它重新命名;看,多简单!"散文作家安妮·法迪曼写道。林奈分类法是"精神殖民和帝国大厦",是欧洲侵略行动中的有效工具,历史学家理查德·福尔摩斯说。任何地方的任何生物都被纳入了这一秩序。

整个欧洲的精英和皇室都来拜访这位著名的自然学家,为他带来奇异的动物,丰富他的动物园,其中包括凤头鹦鹉、孔雀、食火鸡、鹦鹉、猩猩、猴子、刺鼠、浣熊。整个欧洲的学生都涌入乌普萨拉大学,听林奈讲植物学、自然史、饮食与疾病。其中最幸运的一些人还参加了他即兴举办的头骨考试,他以此判断学生们的天分。林奈并不像许多野外生物学家那样,默默地钻进森林收集样本,他对于自己的名声很有信心,和学生们一起游行,一边挥舞旗帜,一边吹号打鼓,高喊:"林奈万岁!"

对于布冯用迁徙来解释人种与物种的分布,林奈并没有什么看法。通过强调迁徙的作用,布冯的结论质疑了自然的永恒性,挑战了完美的造物主。

即使是自然界中最明显的迁徙,也被林奈忽视了。公平地讲,人们当时对于野生动物的迁徙了解得不多。比如,没有人能够轻松地描述出鸟儿越过高山和大洋的移动路线。航海家经常记录,自己看见鸟儿飞过离沙滩很远的海面,并认为这是某种神秘的冬日旅行。有些鸟儿春天唱着歌,从非洲归来——仿佛它们的行李上飘扬着航空公司的标签。还有一些鸟儿被非洲的长枪射伤了,有一只鹳到达欧洲时,整个身体都被一整支长枪刺穿(德国人称它为"中箭之鹳")。

但是,除了迁徙,还有其他的可能性能够解释这种现象。林奈和他的许多同代人将鸟儿在秋季消失的原因解释为,它们为了过冬藏在洞穴中、树中或者水下。亚里士多德曾认为,燕子在湖底冬眠。历史学家理查德·阿姆斯特朗指出,这种看法"在数百年内被当作事实"。林奈也没有提出质疑。

16世纪,瑞典主教奥拉斯·马格纳斯写下了他的自然史著作《北方人的历史与特征》,他描写了一位渔民从水中捞出了满满一网湿透的燕子,它们仿佛刚从昏迷中醒来。17世纪的法国鸟类学家甚至试图观察鸟类的冬眠,他一年四季都在观察自己猎捕回来放在鸟舍中的鸟,想知道它们是否会陷入季节性的沉睡。

如果不考虑冬眠不够现实,另一种观点认为鸟儿每年都会飞行数千英里,跨越大洲和大洋,这与基督教教义中那个一成不变、充满秩序的世界相冲突。赫拉克利特的观点被教会谴责为"异端"和"落后思想",3世纪的基督教神学家希波吕托斯将赫拉克利特的主张称作"亵渎神灵的荒唐想法"。如果生物能够跨越大洲远距离迁徙,造物主又将它们"安置"在哪里呢?既然周围的自然界如此和谐稳定,它们又为何要离开这里,追寻遥远而陌生的气候呢?毕竟,在《圣经》中,动物的迁徙是上帝的惩罚,而不是为了展现上帝的完美。比如迁徙的昆虫,它们在《圣经》中最常被

第3章 林奈:为自然撰写秩序

提到。上帝让它们携带瘟疫，去惩罚早期的埃及人，因为他们没有遵守命令。这是一种灾难的先兆。

对于林奈而言，过去只发生过一次物种的分散。他把伊甸园想象成位于原始海洋上的一座热带、多山的岛屿，适合寒冷天气的生物生活在山顶，适合温暖天气的生物生活在平原。随着海平面的下降，那些最初的动物和植物缓慢地从伊甸园分散到各处，来到它们现在居住的地方，也就是地球上各个寒冷或温暖的地方。从那时起，没有新物种出现，也没有旧物种灭绝。"那些被全知的造物主创造出来的生物，"林奈写道，"是不可能消失的。"它们也不会发生改变。这是根据造物主的完美与全知全能的逻辑得出的推论。

林奈没有理会布冯关于迁徙、变化、适应气候的著作和观点。"他很擅长雄辩，让一切都显得很有价值，"林奈抱怨道，"但是却没有什么学问。"

布冯对自然分类的方法只是一种烦琐的描述，强调动态和流动性，非常浅显，而且自命不凡。更糟糕的是，林奈写道，布冯的百科全书是"用法语写的"。林奈很讨厌这一点，而且他读不懂。对于林奈来说，布冯全部的理论及他描述的方式都散发着炫耀式的巴黎精英主义气息。他用这位伯爵的名字命名了一种散发着恶臭的植物，把它称作"布冯草"。

~

在林奈的第 10 版，也是最权威的一版《自然系统》中，他彻底粉碎了布冯的观点。在这一版中，他命名并分类了 4000 多种动物和将近 8000 种植物。他还发布了明确的人类分类理论，一次性解决了关于外国人与欧洲人之间差异的问题。

虽然流行的观点认为，外国人在生物学上与欧洲人不同，却没有充分的理由。那些没有浮于表面的人种差异，只存在零星的证据。将近一个世纪内，欧洲的显微镜工作者和解剖学家都在寻找对于欧洲人与其他人种形态差异的系统生物学解释。虽然经过了数十年的研究，最好的证据却要追溯到1665年，显微镜工作者马尔塞洛·马尔皮基声称，他发现在非洲人最外层的黑色皮肤和最内层的白色皮肤之间，还有第三层皮肤，他将其称为"表皮生发层"或"马尔皮基氏层"。据马尔皮基所说，只有在非洲人身上，这种新发现的生理结构中存在浓稠、油腻的黑色液体，来源未知。

马尔皮基氏层被当作确凿证据，证明非洲人确实在生物学上与欧洲人不同。"那种位于肌肉与皮肤之间的黏膜，或者说网状物，在我们体内是白色的，在他们体内是黑色或棕色的。"伏尔泰写道。但是经过进一步的调查，马尔皮基氏层被发现是一种空想。1702年。法国解剖学家亚历克西斯·利特雷把非洲人的皮肤浸泡在各种液体中，试图将这一皮层的胶状物质分离出来。他发现，它不可能自己分泌浓稠、油腻的黑色液体。

1739年，一家名为波尔多皇家科学院的法国科学协会对科学界发出挑战："黑人的肤色、他们头发的质地，以及他们的退化是由什么原因造成的？"科学院为能够给出最佳答案的自然历史学家设置了一个奖项。

荷兰解剖学家安东尼·万·列文虎克的调查使他相信，非洲人皮肤的颜色来自黑色的鳞屑。或者，根据医生皮埃尔·巴尔雷对于非洲奴隶的解剖，它的成因是身体内部的黑色胆汁，既存在于细胞组织内,也存在于皮肤内,没有人得出确切的结论。一位波斯解剖学家研究了一个非洲人的皮肤,利用化合物让皮肤起泡,并移除表层。不出所料,他发现了黑色的外层覆盖着白色的内层。这种现象,对于研究欧洲人与非洲外来人种之间最显著差异的起因有什么意义吗?没有。即使是欧洲人,也有很多种肤色。他认为是太阳晒黑了他们的皮肤。

科学院的问题依旧没有答案,但是这终究与林奈无关。在他的论文中,另一种同样难以理解的生理特性将更有效地证明不同的人种来自哪里。

∼

林奈对性器官解剖非常感兴趣。生殖器官的多样性构成了他的分类系统的基础。但是不仅如此。他以拉丁语的"乳房"(*mamma*)一词命名了"哺乳动物",并将乳房作为这一类动物的专有特征,而不是用它们其余的共同点,比如独特的毛发、腭骨,或者另外的特性。一位传记作者写道,当他的动物园里有动物死去,按照惯例,他会解剖它们的生殖器。

人类生殖器官的任何差异都在他的分类学中起到了重要的作用。"小阴唇展长",以及其他欧洲人与外国人的解剖学特征,形成了林奈人类分类理论的分界。他认为,某些人类属于一个独立的物种。他写道,穴居人类"与人不属于同一物种,与我们也没有共同的祖先和血统"。长尾人类是"南极的生物",他们"可以生火,也食用肉类,虽然是生吃",包括婆罗洲和尼科巴群岛(他是从基平的书中读到的)那些长着尾巴的人。那些与他一起度过数个月的萨米人,也被他划分为非人类物种。畸人类则包括矮人和巴塔哥尼亚巨人（根据布冯的退化理论，他认为萨米人是"退化矮人"）。

人类也被划入不同的物种，甚至是亚种——每个具有共性和特性的人种在地理和道德秩序上都有自己的位置。

林奈在他的分类理论中写道，欧洲智人，也就是欧洲的人类"白皮肤、严肃而健壮"，拥有金色的头发和蓝色的眼睛。他们"思维活跃、聪慧，富有创造力。穿着贴身的衣服。受到法律的管理"。

生活在亚洲的人属于另一个亚种，被称为亚洲智人。"黄皮肤，忧郁而贪婪，"他写道，"黑头发，黑眼睛。严肃、傲慢、欲望强烈。身穿宽松长袍。受到思想的管理。"

生活在美洲的人属于名为美洲智人的亚种。"红皮肤，脾气暴躁，适合被征服。"林奈在他的描述中写道，"黑头发，直而密。鼻孔很宽，面部粗糙，胡子茂盛。固执、容易满足、散漫。身上有红色的条纹。受到习俗的管理。"

最后，最特殊的亚种是非洲智人，也就是生活在非洲的人。林奈私下表示，这一亚种并不完全算作人类，而是退化到了人类与穴居人类之间的一种状态。"黑皮肤，冷漠，懒惰。"他的分类理论这样写道。"头发弯曲，皮肤光滑，鼻子扁平，嘴唇很厚。女性有阴门帘，乳房很大。狡诈、反应迟钝、愚蠢。将油涂在自己身上。率性而为。"

凭借人类的分类理论，林奈宣告自然史脱离了教会的教义，使科学与宗教分离，与国家结盟，这一调整使现代科学权威的崛起成为可能。他认为根据生物学的差异，人类被分为不同的人种，定居在不同的大洲上，各有自己的位置——黑种人在非洲，红种人在美洲，黄种人在亚洲，白种人在欧洲，这个观点虽然亵渎了宗教，却符合欧洲政治和经济的利益。如果如布冯所说，外国人与欧洲人具有血脉关联，就会有人要求，他们应该和其他人一样享有同等的权利、特殊待遇和道德关怀，这样的主张会严重妨碍对于外国土地与人口的殖民。从殖民者的角度来说，最好将外国人描述成怪异、与我们无关的人种，或许可以说他们不是人类。比如，荷兰人最初占领南非时，他们将这片被他们入侵的土地上的居民看作动物，而非人类。他们甚至声称偶尔会射杀并吃掉那些人。如今，这种行为得到了世界上最著名的自然历史学家的认可。

第10版《自然系统》的出版，包括准确的人类分类理论，使林奈的地位"迅速超过"了布冯，并取得"历史性胜利"，科学历史学家菲利普·斯隆写道。18世纪具有影响力的作家们摒弃了布冯的退化理论，采纳了林奈关于外国人的概念，认为外国人是人类不同的亚种，每个大洲都以肤色作为特征。

1774年，路易十五世宣布林奈的分类系统被官方采用。让-雅克·卢梭宣称，他认为"世界上没有更伟大的人了"。歌德认为，只有莎士比亚和斯宾诺莎比林奈对他的思想影响更大。1776年，"花间王子"被授予爵位，成为卡尔·冯·林奈。

在林奈的分类系统中，自然存在于各个分隔的部分里，由生物边界定义。每个物种和人种都生活在自己的地方，与其他物种和人种分离和隔绝。迁徙为不同人种和地点带来的关联并未在生物学中发挥作用。它几乎不存在。

随着林奈在历史上的地位上升，成为"现代分类学之父"，迁徙者与迁徙作为自然和历史中的一种力量，隐没在背景里。

～

林奈的分类理论奠定了现代自然研究的基础。后来，分类学家们升级了他的分类理论，但依然基于基本的架构。林奈的系统用名字体现一个物种的地理位置，"这是不可靠的"，他的传记作者利斯贝特·克尔纳写道，因为科学家们发现，大多数物种的分布比林奈想象的"更加分散"，它们会到处迁移。但是他把昆虫分为苍蝇、蜜蜂和黄蜂、蝴蝶、草蛉、虫子和蚜虫，以及甲虫，这样的分类持续了数年，虽然科学家们发现了成百上千种新的昆虫。

他的人类分类理论也同样影响重大，虽然没有那么受欢迎。林奈不够勇敢，没有直接得出异端的结论：各个不同的人种不可能都是亚当和夏娃的后代。反对教会面临着被皇室审查的危险。比如，18世纪莫佩尔蒂的自然学家皮埃尔－路易斯·莫罗，也认为非洲人与欧洲人是不同物种。当被问到"这些怪异的外国人是否拥有同一位母亲"时，他回答："我们不敢怀疑这一点。"

林奈也不敢怀疑，但与此同时，他不介意使自己关于人类亚种的描述与《圣经》相协调。他提出了人类分类法，让其他人来进行解释。

虽然林奈拒绝说出自己的意图，但那些更勇敢的科学家却会说出来。他们说，让人类分散在地球各处的并不是迁徙，人类没有共同的祖先。在生物学上，外国人与欧洲人的差异很明显，就像猫和狗的差异一样。

在林奈的时代，这些观点并没有影响大多数人的日常生活，

第 3 章　林奈：为自然撰写秩序　　71

因为他们不会与出生在其他大洲的人自由接触。当跨越大西洋的航船让大量欧洲人、亚洲人、非洲人在新大陆上相聚时，情况会发生改变。来自各个遥远国度的人们不再只是远远地看着对方，或者在故事中读到对方。他们会在小巷里擦肩而过，在同一家酒吧里喝酒，在工厂的地板上肩并肩工作。他们会彼此相爱。他们会有孩子。

科学家们预言了一场生物学灾难，引发了社会恐慌，这将会影响数十年内的科学研究、法律和政治。

第 4 章

可怕的混血儿

在 20 世纪初的纽约大街上,无论是否愿意,本国人与外国人日常都会发生身体上的碰撞。

曾经,林奈无法让一个外国人靠近他,并接触她的身体。一个半世纪过去了,在这段时间里,欧洲人俘获了 1200 万非洲人,用船只把他们运到了美洲,作为自己的奴隶,如林奈描述的那样,把他们当作人类的亚种。那些非裔美国人被迫越过大西洋后不久,就离开了施行奴隶制的城市和美国南部的城镇。奴隶制废除后,他们由涓涓细流汇成了一条小溪,然后壮大为一条河。

20 世纪的第一个 10 年,超过 50 万非裔美国人逃离美国南部。1920 年代,超过 90 万黑人离开美国南部。1930 年代,又有将近 50 万人离开。最终,共有 600 万人逃离了南方。他们在整个国家内迁徙。芝加哥在 20 世纪初只有不到 2% 的黑人,到了 1970 年代,黑人已经占到总人数的三分之一。底特律的黑人数量从 1.4%

上升到44%。

　　与此同时，来自欧洲、亚洲、加勒比海、中美洲，以及其他地区的人都涌入美国，寻找便宜的农田或工厂的工作、淘金，或者躲避血腥的革命。1880年到1930年，超过2700万人进入美国。每周都有汽船驶入纽约港口，放下成千上万逃离饥荒、贫困，以及爱尔兰、波兰、俄罗斯或其他地区遭遇迫害的人。19世纪70年代，共有300万移民抵达纽约。19世纪80年代的前三年，又有300万人抵达。1890年，为了处理这些移民，埃利斯岛建立了一个新的检查站。

　　这些新来的人找到了兜售旧衣服、鲱鱼或蛤蜊的工作，或者成为鞋匠或码头工人，为他们衣衫褴褛的孩子缝制了冬衣，夜晚住进了城市里没有窗户的公寓或移民寄宿处。在城市肮脏、鱼龙混杂的街道上和舞厅里，从南方到来的非裔美国人和跨越大西洋的移民们擦肩而过，创造出了一种拥有自己舞蹈形式的全新混血文化，比如踢踏舞——爱尔兰快步舞与非裔美国人曳步舞的结合。

　　旧时纽约精英们生活在曼哈顿南部的豪宅中，夏日去邦克山野餐的生活方式消失了。开发者们推倒了那些老式大房子，为出租屋腾出位置。亨利·费尔菲尔德·奥斯本（Henry Fairfield Osborn）以及麦迪逊·格朗（Madison Grant）所在的家族人口众多，曾在文化上处于支配地位。他们的祖先到来时，这里还是一个沉睡的海港小镇。此时他们的地位已经瓦解。到了20世纪，移民和他们子孙的数量已经超过了父母双双出生于本国的人。在纽约的180万市民里，有140万人的双亲中至少有一位在国外出生。

　　奥斯本和格朗属于受过教育的纽约贵族精英。奥斯本是铁路巨头的儿子,肩膀宽阔,留着整齐的胡子,长着一双深邃、敏锐的眼睛。他毕业于普林斯顿大学,立志成为地质学家和古生物学家。他在城市里生活,经常到远方进行豪华旅行。他的一项古生物学研究很有名,让他成功地命名并描述了雷克斯霸王龙和迅猛龙。他的朋友格朗的贵族血统要追溯到17世纪来到美国的胡格诺派和清教徒,格朗喜欢和希欧多尔·罗斯福这样的伙伴一起举办大型打猎比赛。作为野生动物爱好者,格朗最终建造了冰川国家公园和德里纳国家公园,他甚至以自己的名字命名了一种北美驯鹿——格朗敖鲁古雅驯鹿。

城市的变化无疑让格朗和奥斯本在许多层面上很痛苦。但这两位朋友为自己的"科学人"身份而骄傲,在科学研究这个越来越拥有声望、由男性主导的世界里,他们拥有资金和资格。正是移民带来的生物学影响促使他们采取行动。

∼

格朗和奥斯本对20世纪初美国人对于生物科学的理解产生了巨大的影响。除了"科学人",他们还是科学推广者。格朗协助建立了布鲁克斯动物园,并且加入了众多具有影响力的科学与环保团体。奥斯本主持创建了美国自然史博物馆。他因为那些展览在世界范围知名——壁画、立体透视模型以及组装好的骨架——这些吸引了数百万人进入博物馆那宽阔的展厅。

和20世纪其他的科学人一样,格朗和奥斯本意识到,非洲、爱尔兰、波兰和俄罗斯的人们涌入纽约的公寓和贫民窟,带来了生物学上的挑战。

在19世纪,顶级的科学家们升级了林奈的人类亚种理论,虽然他们把二手八卦、民间传说和编造出来的身体部位混入了科学事实。1850年，一位在这一领域最有影响力的科学家，哈佛大学动物学家路易斯·阿加西（Louis Agassiz）——他成立了剑桥的哈佛大学比较动物学博物馆，那里的街道和学校都以他的名字命名——公布了如下观点。"从动物学的角度，"他告诉美国科学促进会的成员们，"人类的各个种类……特征显著，差异很大。"阿加西和其他科学家把林奈的理论中关于人类亚种的内容编进了课本，比如1853年的畅销书《人类的类型》，并在摄影作品集中展示不同的人类亚种，就像用图表展现不同的动物种类一样。阿加西本人出版了一些照片集，里面是南卡罗来纳州被奴役的美国人和巴西工人的裸体，他认为这纯粹是世界上不同"种族类型"的视觉档案。

自然学家们十分确信，由于生物学差异，人类亚种作为一个全新的探究领域正在崛起——也就是"人种科学"。正如爬行动物学者细化了爬行动物的生物特征，昆虫学者细化了昆虫的生物特征，人种科学家也细化了人类亚种或种族的生物特征。他们意识到肤色可以作为种族之间的生物边界，并开始寻找其他可以用来区分各个人类亚种的生物学特征，正如蝴蝶翅膀的不同图案可以用来区分王蝶与副王蝶。他们认为每个亚种都有不同的"头颅指数"，也就是将头颅的最大长度与最大宽度的比值乘以100得出的数值。他们还认为，每个亚种都有独特的"坐高指数"，这一数值可以通过中位坐高与中位身高相除算出。根据他们的数据，非洲人的平均值为50.5，美洲人则为53.0。1900年，科学家们发现人类的血液中存在多种血细胞，并且发现各个人类亚种在这方面具有一定的差别。

　　这些研究的政治和经济价值非常明确：为种族等级制度提供科学依据，使国内的种族隔离制度和海外的殖民侵略具有合理性。但是人种科学家们面临着大量矛盾数据的冲击。正如后来的科学家所证明的，由于我们拥有共同的祖先，并且具有跨越边界的倾向，人类之间的差异是浮于表面，而且不断流动的。通过贸易、占领和侵略，来自不同文化、不同大洲的人类一直在不断碰撞，促使文化融合，基因共享，模糊了我们之间的差别。人种科学家们找到的都是最模糊的边界。即使是"头颅指数"，他们认为最权威的人类亚种区别方式，在许多方面也都失败了。比如，来自土耳其、英国、夏威夷的人通常拥有同样的头颅指数，虽然根据人种科学，他们属于不同的人种。那些纯种人相较于混种人，头颅指数并没有更加统一，而根据人种科学，结果应该如此。

　　这些异常的结果让人种科学家们无法获得更多数据，也无法为人类之间的生物边界提供更多标准，虽然他们认为这些标准一定存在。他们没有修正航向，那个将引发生物学变革的科学家也没有做到这一点。

　　查尔斯·达尔文（Charles Darwin）在他1859年出版的《物种起源》（*Origin of Species*）中故意没有提到人类的进化。他和林奈一样，不敢表达关于人类社会的观点，因为担心会点燃政治的大火。他关于进化的理论还没有找到明确的受众。达尔文关于进化的论文被伦敦林奈协会阅读后的一年，协会主席宣布这一年里并没有革命性的发现。阿加西称这本书是"科学错误，事实不准确、方法不科学、研究方向也不恰当"。

与阿加西的看法相反，对达尔文而言，人类之间的差异与动物之间的差异不同。达尔文指出，任何孩子都可以讲出狗和猫之间的差别。但他们只有被人指导，才能看出不同种族的细微差异。达尔文说道，如果如阿加西和其他人所说，人类亚种的区别在生物学上非常明显，它们会类似于老虎的尾巴或者蝴蝶翅膀的花纹——从生物学的角度来看，每个亚种的特征都是固定的。可并非如此。总之，真正的亚种在分享同一片领地时不会不经意间融合，可是这种事情却一直发生在人类"亚种"身上，最典型的例子是巴西、智利、波利尼西亚，还有其他地方。和布冯一样，达尔文认为人种之间微小的差异源于对当地环境的适应，比如饮食和气候。他认为，这些差异可能会被当地的性偏好放大。

随着人种科学家们越来越自信，达尔文变得越来越不自信，写作成了他的一种困扰。他开始"歇斯底里地哭泣"，内心产生"死亡的感觉"，他的传记作者写道。他越是推迟发表自己关于人类多样性的看法，情况就越糟糕：人种科学变得更有权威，而他关于人类属于一个大家庭的观点就显得很危险。更糟糕的是，达尔文努力从东印度公司和英国殖民地的各个外科医生那里获取数据，但由于这些数据破坏了人类亚种理论，因此他失败了。

1871年，达尔文出版了《人类的由来》(*The Descent of Man*)，表达了自己对于人类亚种概念的反对，此时距离《物种起源》的出版已经过去了十多年，而且也太迟了。达尔文在科学上的影响力已经跌入了谷底。19世纪领头的科学家们认为他的观点边缘化，而且非常混乱。德国医生鲁道夫·菲尔绍说，达尔文是个"无知的家伙"。"这男人真的疯了。"约西亚·克拉克·诺特说，他是著名的黄热病研究者，也是亚拉巴马州医学院的创始人。其中一篇抨击达尔文观点的文章名为"达尔文主义的临终床榻"。

数十年后，达尔文的《物种起源》得到了复兴。但是这位著名生物学家认为人类亚种并不存在的想法却始终默默无闻。他的传记作者们将《人类的由来》称作达尔文被阅读最少的一本书。

因此，奥斯本和格朗这样的科学推广者显然将人种科学的各项发现作为显著的成就，而不是那些相反的理论。在自然历史学博物馆，馆员们设计了"人类年代展厅"，访客们可以亲自走过进化的历程。在展览的最后，是关于人类生物学差异的内容，以及不同人种之间的等级关系，这个主题名为"人类的种族"。在布朗克斯动物园，格朗基于人种科学的观点，比如林奈认为非洲智人只是某种程度上的人类，展出了更多通俗的内容。其中一项展览中，官员们把一个名为澳塔·本嘎的刚果人放在了猩猩的房间里。游客们从栏杆另一侧，可以看见他跟一只猩猩一起跳起来，困惑地看着一双帆布鞋。随着那些迷惑的访客发出"咯咯"的笑声，我们作为一个迁徙物种共同拥有的历史，以及我们之间差异的表面性，沉入了地平面以下。

～

除了宣传人种科学的观点，格朗和奥斯本还推动了关于生物遗传的新观点。当时的社会革命家开始促进卫生、营养、教育，以及医疗保健方面的完善，他们表示这将会增强人类的体力和智力。格朗和奥斯本却认为，关于生物遗传的最新发现表明情况并非如此。他们还加重了科学界对于迁徙引发生物风险的担心。在19世纪的大部分时间内，专家对于遗传性状并没有合理的看法。

所谓的混合假说认为,父母双方的特征会在后代身上"混合出现",就像融入了原味咖啡的巧克力牛奶。这样的情况确实在发生,但与此同时,并不完全如此。按照性状混合的情况,高个子的母亲和矮个子的父亲会生出中等身高的孩子。但如果混合是遗传的唯一过程,数代过后,就不会有高个子和矮个子的人了,情况显然不是这样。还有些人相信,从一代人传到下一代人的特征会随着生命阶段的不同而变化。布冯的徒弟,让-巴普蒂斯特·拉马克假定,长颈鹿只是花很多时间去够树顶的叶子,就能进化出长脖子。

1899年,胚胎学家奥古斯特·魏斯曼(August Weismann)通过系统地去除五代白鼠的尾巴,否认了这两种观点。

如果像混合假说所说的那样,父母的特征在后代身上混合,或者如同拉马克或其他人所说的,环境对于从一代传到另一代的性状有所影响,魏斯曼会发现白鼠的后代会遗传这种仪式化的割尾。在数代后,没有尾巴的白鼠会生出没有尾巴的后代,或者至少是短尾巴的后代,但是并没有。后面的每一代都生出了有正常尾巴的白鼠,没有受到混合效应或环境的影响。

此后没过多久,欧洲的一些植物学家发表论文,重新提及一位名叫格雷戈尔·孟德尔的奥地利修道士在数十年前完成的某些默默无闻的实验。孟德尔用豌豆试验过上万次,仔细记录了不同性状在各代之间是如何传播的,比如豌豆是起皱还是光滑的。他也发现,这些性状不会与其他性状进行混合,或者随着环境的变化而变化,而是一代又一代保持不变,根据一种单一、固有、稳定的因素展现出不同的形式:这种性状是"显性"还是"隐性"。

孟德尔的实验证实了魏斯曼得出的精确结论。一个名为"魏斯曼氏遗传学说"的新理论诞生了,这一理论认为遗传性状在各代之间的传播就像是石头经过水槽,不受外部环境和其他性状的影响。

魏斯曼的实验本身并没有证实在各代之间遗传性状会以怎样的复杂方式做出改变,也没有证实环境会在这个过程中产生什么影响。事实上,遗传性状以及塑造它们的基因会以各种不同的方式混合、配对、重组、再次分类,而且很多环境因素会影响它们在我们身体中呈现的方式,遗传学家后面会得知这一点。孟德尔的实验聚焦在一种遗传形式上,所以只是整体情况的一小部分。基因会做出各种不同的事情,也会以各种不同的形式表现出来,而不只是魏斯曼发现的基本机制。

不过,科学家们收集到的数据,证明"魏斯曼氏遗传学说"也可以应用于人类。

在人类身上,一些性状会遵从孟德尔的模式,比如眼睛的颜色;还有一种由于缺乏尿黑酸氧化酶导致的疾病,会使尿液的颜色变黑。在某种程度上,发色和肤色也是如此。这并不是说,学术能力、运动天分、经济财富这些复杂的性状不会从一代人传到下一代。它们会以文化和经济的方式传到下一代,而不是通过生物遗传。虽然科学家们没有区分通过社会传播的性状和通过生物遗传传播的性状,但他们声称在那些复杂性状的传播过程中,也能发现"魏斯曼氏遗传学说"的过程。他们使用了一个简单的办法:科学家们选择一种性状,找出谁拥有它,然后或是在现实中,或是通过宗谱记载,在各代人之间追溯传播的进程。

比如，达尔文的表弟弗朗西斯·高尔顿（Francis Galton），研究了1000名"优秀"的人才，以及他们的亲属，发现"优秀"这一性状可以在各代之间传播，和孟德尔豌豆实验中"起皱"这一性状的传播一样。动物学家查尔斯·达文波特（Charles Davenport）针对这个主题，写了一本很有影响力的教科书，声称根据他的宗谱研究，"在运动中敏捷性高"，"说话流畅"及拥有学习新语言能力的人聚集在特定的家庭中，还有"不费什么力气就能用口哨吹出一段旋律，或唱出一首歌"的人，他以此作为证据，认为这些性状都能通过生物遗传在各代之间传播。

"魏斯曼氏遗传学说"震动了科学界。传统的观点虽然不够完善，但是将遗传看作一种神秘、多变的过程，几乎无法完全控制。"魏斯曼氏遗传学说"却暗示，科学家不仅可以破译遗传的过程，还可以掌握规律，从而塑造一个国家的命运。

"魏斯曼氏遗传学说"认为智力、品格、音乐才能，以及其他对社会有益的特性并不像社会改革者认为的那样，需要通过好的营养、开明的教育或道德教化来努力培养。从生物学角度，这是一种赐给后代的礼物，就像硬挺的鼻子或窄下巴。只要那些拥有最佳性状的人拥有最多的孩子，就可以确保这个社会上充满优秀、漂亮、正直的人。

高尔顿发起了一项新的运动，主张决策者们应该根据新的遗传科学重新规划社会改良计划。他把这称为"优生学"，也就是寻找好的遗传基因。优生学家们认为，决策者们无须投入资源，改善学校或者营养，而是应该关注谁和谁发生性行为。奥斯本和格朗认同这一观点，成立了高尔顿协会，在美国传播优生学的信条。

当时，没有人知道代代相传的神秘物质是由什么组成的。数年后，科学家们才指出 DNA 是生物遗传的源头，并开始理解它作用于人体的多种方式，以及它与环境的关系。奥斯本和格朗这类人只知道那是一种神秘元素，他们用各种方式称呼它，比如"孟德尔因子"或"种质"。奥斯本将它称作"有史以来发现的最稳定物质形式"。

~

奥斯本和格朗一年两次穿着燕尾服，系着白色领带，到高档的半月俱乐部参加聚会。他们和成员们一起品尝杜松子酒，听那些嘉宾发言人谈论他们在科学领域的最新探索。

在一次聚会中，他们听到了麻省理工学院的经济学家兼人种理论家威廉·里普利的演讲，名为"人种的迁徙"。

演讲中，里普利详细解释了"魏斯曼氏遗传学说"和人种科学对于正在经历大规模移民的社会的影响，比如美国。并不只是因为这些新来的人在数量上会占据优势，移民的身体里还携带着微小的定时炸弹。如果他们的种质流入人口，那些不良的性状会造成长期的污染。

内战之后的几年里，科学开始对具有生物差异的人种之间的性关系产生担忧。假设奴隶制阻碍了欧裔美国人与那些被他们奴役、被迫从非洲迁徙而来的人之间的关系（虽然很少会有人公开承认这一点），科学家担心，废除奴隶制会让非洲与欧洲的血统更加自由地结合。哈佛大学生物学家爱德华·默里·伊斯特写道，拥有不同生物特征的亚种结合在一起，会"拆散那些相容的生理和心理特质。经过数百代的自然选择，这些特质让每一个种族都

第 4 章 可怕的混血儿

建立了稳定的秩序"。反对种族融合的法律在19世纪60年代通过，禁止跨种族通婚，保护自己的国家免于出现这样的后果。但是这样的法律并不能保护这个国家中更先进的亚种免受更原始的亚种干扰，他们每天都坐着汽船，从俄罗斯、波兰或者其他地方抵达美国。里普利并不是唯一发出警告的人。那些顶尖的优生学者，比如哈佛大学动物学家、冷泉港实验室优生学档案馆的创建者查尔斯·达文波特，他的行政董事哈里·劳克林，以及其他顶级的公共卫生专家也都同意这一点。

种族杂交的具体结果尚不明确。某些优生学家担忧，如果高个子的种族与矮个子的种族进行杂交，会生出高个子但身体器官较小的后代，或者矮个子但身体器官很大的后代。这样的组合或许会导致后代退化到父母双方中形态比较原始的那一方，就像杂交的植物回归到野生类型一样，从而失去了父母中的另一方比较先进的属性。

达文波特警告道，美国人"肤色很快会变得更深，身高更矮，性格更加善变，更喜欢音乐和艺术"，更容易"盗窃、绑架、殴打他人、谋杀、强奸和性骚扰"。无论生物学上的结果如何，这些混血儿"几乎会毁掉"美国社会，医生沃尔特·阿什比·普莱克在美国公共卫生协会的演讲中说。他的同事们表示赞同，在《美国公共卫生报》刊登了文字版的评论。

作为大型打猎比赛的选手，格朗曾悲伤地注意到这个国家最大型的哺乳动物们正在减少。他和奥斯本开始关注移民的生物学影响后，发现他们自己也同样面临着被替代的命运。

"跨种族通婚，"格朗写道，"是走向灭绝的第一步。"移民们用他们劣等的种质污染了这个国家，会导致那些高级人类亚种灭绝。半月俱乐部那些上流社会的成员们在他们宫殿般的宴会厅中皱起了眉头，与此同时，纽约的大街上，那些外来者创造了一个充满混血怪物的国家。

第一次世界大战之前的几年里，大多数美国人渐渐习惯了那些人——比如亚洲人和非洲人，他们天生"智力低下"、落后且不受欢迎，应该与他们保持距离。

1882年，美国议会对任何患有精神失常或智力障碍的人关闭了国界。许多州禁止"智力低下"的人结婚，担心那些"弱智"的后代会污染人口。还有些州将这些人的结扎合法化。"社会不允许那些劣等人生出同类。"希欧多尔·罗斯福总统在1913年给达文波特的信中写道。在布朗克斯动物园中，人群总是汇聚在奥塔·本嘎的笼子前。《纽约时报》记载："他们大多数时候都在叫嚷和大笑。"

但人种科学和"魏斯曼氏遗传学说"的精髓却被他们忽略了。他们忽视了墨西哥人带来的生物学危险，那些人很容易便越过了美国边境。也没有谁在意欧洲人，他们几乎可以自由进入这个国家。

当科学精英们忙着细化迁徙带来的生物学威胁时，流行文化却拥抱了它。工人们在纽约港口立起自由女神像，千万人欢呼雀跃。女神像的底座上刻着难民支持者艾玛·拉扎勒斯的诗句："疲惫的、贫穷的、拥挤的群众渴望自由呼吸。"为了安置新来的人，整个城市中建造了许多社会服务所，组织烹饪课、辩论协会、缝纫指导，帮助他们摒弃本国习俗，适应美国的习惯（比如让他们食用奶油、鳕鱼和玉米粥,而不是典型的地中海式肉食、蔬菜和面团,19世纪末的美国专家认为这些食物热量过高,不易于消化)。

1908年的音乐剧《大熔炉》(*The Melting Pot*)赞扬了移民造成的同化现象。在剧中,主角是一位来自俄罗斯的犹太教难民,他与一位基督教难民相爱并结婚。他认为美国是一个混血人种的国家,是文化融合的国家。"美国就像是上帝的大熔炉,将欧洲所有的人种融合在一起,创造新的世界!"他说。

善良的人们,当我在埃利斯岛看见他们时,我想到你们属于55个人种,拥有55种语言和历史,55种仇恨与敌对。但是兄弟们,你们不会永远这样,因为你们会遇到上帝的火焰——那是上帝的火焰啊。你们的宿怨和仇恨都不算什么!德国人和法国人,爱尔兰人和英格兰人,犹太人和俄罗斯人——都会被放进大熔炉!上帝创造了美国人。

罗斯福总统和他的内阁成员们出席了公映。"罗斯福对这幕剧很感兴趣,"《泰晤士报》写道,"他在适当的时刻呐喊,表示某些台词'说得对!',他在包厢中身体前倾,在第二幕结束时带头鼓掌。"

移民带来了积极的经济和文化作用——而且他们有能力在选举中赢得选票——这比他们在生物学上造成的影响更让政治家们印象深刻。对于战前的美国政治家而言,"移民越多越好"。

另外,国会在20世纪初组织了一项研究——至今,这依然是美国关于移民规模最大的研究——他们发现,那些让奥斯本和格朗,以及其他科学家担忧的生物学风险并没有出现。一个汇集了两个党派,9位成员的委员会采取了所有最先进的社会科学研究方法,调查移民对于犯罪率、教育以及公共卫生等各个领域的影响。他们收集了各地区对劳动力的需求量,以及刑事罪犯和慈善机构中出生在外国的人口比例。他们调查了移民船只的情况,秘密派人记录下食物的质量。他们分析那些移民是如何被美国的社区接纳的。他们是否加入了商业联盟?联盟会接受他们吗?他们会影响本国工人的就业率吗?相较于其他的工人,他们的工资水平如何?他们从事怎样的工作?他们造成的事故比本国工人更多吗?他们的孩子能上学吗?他们是否会讲英语?他们的犯罪倾向如何?他们的医疗状况怎么样?他们常常发疯吗?人类学先驱弗朗茨·博阿斯,一位著名的人种科学批判者甚至从委员会中拨出几千美元,为数千名移民学童测量身体尺寸,想要弄清迁徙是否会改变他们的身体形态。

委员会写出了2000多页的报告,共分为41卷。他们并未发现任何与移民有关的生物风险(或者任何风险)。他们表示,科学家总是认为外国人存在身体缺陷,并因此对移民带来的生物风险提出警示,这样的观点是错误的。

博阿斯的研究发现,移民们并没有保持原有的种质,他们和他们的孩子一到美国,身体的尺寸便开始发生变化。正如《大熔炉》中所展现的,新的食物和环境改变了他们的身体状态。

虽然并没有刻意验证"魏斯曼氏遗传学说"和人种科学,博阿斯的发现却以某种方式直接违背了这些预测。格朗私下里嘲笑博阿斯的结论"很愚蠢"。他粗鲁地指出,更有可能的是,那些移民孩子的妓女母亲和"真正"的美国人私下勾结，为他们注入了新的种质。但事实是，委员会努力寻找，也没有发现曾令他、奥斯本以及其他顶尖科学家担忧的任何影响。

格朗写下报告，希望委员会的发现能促进立法，"禁止那些没用的犹太人和叙利亚人涌入我们的城市"。然而，报告并没有奏效，唯一的立法请求被威廉·霍华德·塔夫脱总统立刻否决。

∽

随着美国加入第一次世界大战，移民带来的生物学风险开始吸引公众的注意。

1916 年，格朗出版了《伟大种族的消逝》(*The Passing of the Great Race*)，他在书中表示，种族等级制度拥有深厚的生物学与历史学传统，迁徙会导致它的瓦解，并带来危险。这本书慢慢成为畅销作品。罗斯福声称他为这本书感到兴奋，不仅要阅读它，还要"研究它"。普利策获奖记者们在文章中引用这本书，并进行议论，肯尼斯·罗伯茨也在《周六晚报》发表评论文章，认为移民会把美国人口变成"一个杂交人种，和中美洲以及欧洲东南部那群一无是处的杂种一般毫无价值"。还有上百本别的书，向广大群众介绍了非欧洲人拥有缺陷的科学依据。

在全国的大学中，科学家们开设了生物遗传课程。1914 年到 1928 年，开设优生学课程的大学从 44 家变成了 376 家，包括哈佛、哥伦比亚和布朗这些顶尖大学。在群众运动中，美国优生协会这一类著名的科学教育团体组织了"更好的婴儿"主题比赛，"更健康的未来家庭"主题竞赛，引起人们对于良好种质的关注。影迷和读者通过人类学戏剧和修正主义历史了解了"魏斯曼氏遗传学说"的核心概念。比如,好莱坞电影《黑鹳》讲述了一对种质不匹配的夫妇并没有接受提醒,生下了一个"有缺陷"的孩子,因此非常痛苦,只能让孩子死去。

反德国的宣传活动,以及对于1917年俄国革命促使共产主义者崛起的担忧加重了美国人对外国人的顾虑。关于移民的最新社会科学调查目的在于揭示他们在生物学意义上的落后性。1917年,他们对到达埃利斯岛的移民进行了新的智力测试,结果表明83%的犹太人,80%的匈牙利人,79%的意大利人,87%的俄罗斯人"智力低下"。一项研究调查了精神病院患者的国籍,发现近期到来的移民占据了极高的比例,他们在普通人口中只占13%,在患有精神病的人口中却占了19%。"疯癫的外来人口不断涌入",《纽约时报》在报道以上发现时使用了这样的标题。"每50个外来人口中就有一个疯子,"《哈珀周报》声称,"而每450个本土美国人中才有一个疯子。"战争期间,政府官员对将近200万军人进行了智力测试。他们发现89%的黑人士兵都是"傻瓜",外来人口的智力呈现从西方到东方稳步下降的趋势,英国人和荷兰人得分最高,俄罗斯人、意大利人和波兰人得分最低。

研究方法中的偏见影响了这一结果,虽然当时几乎没有人发现。智商测试本应衡量人们的智力,却包含了一些只有处于特定阶层和文化群体的人才会知道的问题:《鲁滨孙漂流记》的作者,莫比尔湾的联合指挥官是谁,由维莱特·乔做广告的产品名称,一流击球的标准是什么。任何位于主流中产阶级文化边缘的人都注定失败。

在埃利斯岛,工作人员用具有文化偏见的试题对那些新来的人进行测试，他们不太会讲英语，又面临着来到一个新国家的恐惧与困惑，而且刚刚经历了持续数日的艰苦旅行。这些人都很疲惫，即使没有针对他们的偏见，这也会影响他们在测试中的发挥。而且，对于精神病人中移民比例的研究没有根据年龄分布进行校正。事实表明，作为一个整体，移民群体要比美国本土居民年轻，这完全可以解释为什么结果如此不成比例。

虽然许多不完善的调查都展现出移民在生物学上具有缺陷，他们为这个国家带来的最紧迫的威胁——种族杂交引发的灾难——却几乎只是一个理论。

各种互相冲突的证据开始出现。亚种理论认为，混种人的生育能力不如纯种，甚至可能和骡子一样没有生育能力，但是关于混种夫妇后代的研究表明情况与此相反。博阿斯调查了577位美国本土女性，发现她们平均生育了5.9个孩子，而141位混种女性平均生育了7.9个孩子。德国的人类学家尤金·费舍尔的研究后来会成为纳粹党纽伦堡法令的科学依据，他也记录了自己研究的种族杂交情况——布尔人殖民者与非洲西南部"霍屯督"人的孩子似乎有很强的生育能力。瑞典医生赫尔曼·伦德伯格拍下了一些照片，并测量了拉普人、芬兰人和瑞典人后代的身体。他惊讶地发现，混种人似乎更高、更强壮，举止也比他们的纯种祖先更加优雅。博阿斯也发现混种的孩子要比纯种的孩子长得更高。

然而，关于种族杂交的嘲讽和臆测依然很普遍。许多科学家确信，所谓的白黑混血儿（父母一方为黑人，另一方为白人）展现出了机能障碍。他们"牙齿很不规则"，达文波特声称。他们

"被其他人讨厌",他写道,因为他们从生物学意义上更优越的白人家长那里遗传了野心,却从黑人家长那里遗传到了"智力缺陷"。费城县医学协会的会长表示,白黑混血儿的头颅内没有矢状缝,这让他们的大脑无法向侧面扩张。

还有一些科学家关注海地的情况,1791年,那里发生了一场对抗法国殖民统治的革命,达文波特的同事哈里·劳克林认为,这场革命导致了"非洲野人的重现"。关于那个岛屿,他们听到了一些可怕的传言,比如嗜食同类或者更糟糕的事情,他们声称,这可能是因为白黑混血儿的数量过多。

关于这一紧迫问题的调查存在一些现实上的困难。科学家们无法像杂交不同血统的兔子或狗那样,让不同种族的人进行杂交,从而观测他们的健康状况。他们只能依靠那些社会上真实存在的混种夫妇的数据。首先,他们要找到混种的人类。考虑到社会对他们的歧视,这并不容易。博阿斯曾派一些研究生,比如人类学家兼作家佐拉·尼尔·赫斯顿,站在纽约的黑人住宅区街头,手里拿着卡尺,希望能够拦下一位路过的"白黑混血儿",测量他的身体。

通过种族历史找出一个混种人血统"纯正"的祖先,还面临着另一项挑战——很少有人知道他们祖先的历史,就算知道,也不愿分享出来。那些保存在教会中的记录也同样不可靠,它们通常不会列出生父,而是其他养育者。

另外,发现混种人身体上的退化需要敏锐的观察力。在关于兔子的杂交实验中,科学家们可以通过它们生下幼崽的数量来评估这些兔子的健康状况,或者记录下它们的耳朵是竖着还是垂下来。但是发觉混种人的生理退化需要进行数十次精密的测量。迁徙产生的混种人并不是显而易见的怪物，要发现他们的怪异之处，需要关注细节。

调查者们希望在那些不同人类亚种共同生活，不存在社会偏见的地方进行研究。许多人种科学家认为，最佳的地点是夏威夷这类太平洋群岛。1898年，美国吞并了拥有众多火山的夏威夷群岛。后来的数十年里，来自美国、日本、中国和其他地方的迁徙者涌入这里，改变了当地的人口结构。白人和夏威夷人结婚，夏威夷人和中国人结婚，中国人又和日本人结婚。他们的混种孩子又和其他的混种孩子结婚。《泰晤士报》记载，这片拥有混乱杂交形态的太平洋群岛提供了"一处实验场所"，在这里"我们目睹大自然创造奇迹，将各种异类融合在一起"。这里没有相关的社会偏见，人口记录和死亡证明能够追溯整个过程。"也许世界上没有另一个地方，能够提供更加有趣的人种样本。"公共卫生统计学家弗雷德里克·霍夫曼兴奋地说。

奥斯本的自然历史博物馆经常组织科学考察，把探险者送往北极、西伯利亚的未知区域、蒙古国，以及赤道地带的非洲雨林。随着种族混合成为这个国家最紧迫的科学及政治问题，博物馆组织了一次新的考察，对这个主题进行权威的研究。1920年，奥斯本派出了路易斯·苏利文（Louis Sullivan），一位来自哥伦比亚大学的博士，到夏威夷进行必要的研究工作。奥斯本正在组织一场重要的国际会议，内容关于"魏斯曼氏遗传学说"和人种科学，他希望能够彻底加深公众反对移民的印象。种族杂交的生物学影响在议程中非常重要。如果幸运，苏利文会为他带回一些权威的结果，以达成这一目的。

∼

　　1921年9月末,来自美国、欧洲以及其他地区的顶尖科学家们汇集在纽约,参加第二次国际优生学会议。美国自然历史学博物馆的第四层被全部清空,用于这次集会。发明家兼科学家亚历山大·格雷厄姆·比尔参加了会议,还有达尔文的一个儿子伦纳德·达尔文少校,皇家地理协会的主席,以及当时其他的科学精英。

　　在公开演讲中,奥斯本解释了这次会议的政治目标。上百家报纸和展览将会发布人种科学及"魏斯曼氏遗传学说"的最新发现,并表明从科学的角度,终结移民和种族间的混合非常紧迫,他解释道。"我们面临着严峻困境,"他对参会者们说,"为了保护我们的历史……政府机构应该禁止那些身体不健全的人进入我们的国家。"

　　博物馆的展厅中陈列着100多种展品。麦迪逊·格朗那本畅销书中的地图被放大,还有许多恐怖的胎儿石膏模型,为了展现出非裔美国人胎儿的大脑比白人胎儿更小。还有一组放大的对比照片,上面是罪犯和"智力低下"者的大脑。表格显示,移民的生育能力很强。

　　统计局提供了许多图表,用来强调与种族和迁徙相关的特定内容,比如一张图表对比了精神病院的患者中的白人数量和非白人数量。达文波特提供了10张族谱,内容是"天分与才能在美国家庭中的遗传",其中包括海军军官世家佩里家族,演员世家杰弗逊家族,科学家世家阿加西家族,等等。并展示了61张照片,内容是埃利斯岛近期移民的"种族类型",名为"未来美国人口的种质载体"。

　　一周的时间内,那些参会者聆听了各种演讲。伦纳德·达尔

第4章　可怕的混血儿

文少校表示,"文明群体中天生拥有的特质正在消亡。"来自冷泉港的科学家们解释了音乐、文学、艺术才能是如何进行生物遗传的,另外一些人则在争论,是否有可能繁育天才,为什么红头发的人"互相讨厌",为什么高个子的男人会选择矮个子的妻子,矮个子的男人会选择高个子的妻子。科学家们解释了为何社会地位高的父母生出智力超群的孩子的概率是其他人的5倍,以及"那些支持民主的人"如何用一些"仁慈的陈词滥调"反对自然界的科学事实。

但是会议最关心的核心科学问题是,移民带来了最基本的生物学危机——种族混合。参会者们焦急地等待着来自夏威夷的调查结果,苏利文确信他会有所发现。

"我执迷于波利尼西亚的问题。"苏利文写信给他的赞助者们。他希望自己很快就会发现"种族关系的最终解决方案"。他测量了将近1.1万夏威夷人的身体数据,分析了300多个头骨。他还测量了那些混种儿童的各个身体部位,抽取了他们的血液,收集了毛发样本,拍下了调查对象穿着衣服的照片,但奥斯本却要求,拍下他们的裸体照片,用于展览。种族混合"无论站在白人还是其他人种的立场上",他在私人信件中满怀信心地写道,"当然都是一种失败。"但是为了更清楚地展现出来,他需要更多的时间来筛查堆积如山的数据,并记录在索引卡上,它们数量庞大,又神秘莫测。虽然苏利文没有参与会议,却送来了照片、面部石膏像、图表,馆员们把这些内容集中在一起,布置成名为"夏威夷人种问题"的展览。这些数据和照片对"纯种的"夏威夷人、中国人、葡萄牙人和他们生下的"混血儿"进行了对比。

一位参会的同事展示了一些来自夏威夷的初步证据,向参会者们保证苏利文即将得出他的"权威性解释"。与此同时,大会发言人们提供了一些关于种族杂交的研究结果,大多数是非结论性的。一位来自卡内基研究所的科学家展示了关于混种老鼠的实验,得出的结论是,混种老鼠比它们纯种的父母拥有更强的力量,也更加擅长穿越迷宫。另一位发言人发表了一篇关于异族婚姻的论文,指出相较于种族杂交程度较低的地方,比如中亚和非洲的国家,那些种族杂交程度更高的国家,比如美国和英国,"心智进化"的程度也更高。

然而,奥斯本最喜欢挪威生物学家乔恩·阿尔弗雷德·乔恩的演讲,他汇报了自己关于人类以及啮齿动物的种族杂交研究成果。奥斯本称赞乔恩的论文"做出了杰出贡献"。乔恩将不同血统的兔子进行交配,再让它们的混种后代进行交配,这样持续了五代后,产生了一群退化、生育能力差、病弱的兔子。他告诉参会者们,死亡率从第一代的11%上升到第五代的38%,而那些兔子的缺陷已经太严重,它们无法交配,其中有些兔子一只耳朵竖起来,另一只耳朵垂下去。兔子们被限制在一小群同类之内,和自己的亲属交配,因此基因受到了损害。乔恩却认为,它们的身体出现异状——比如两只不一样的耳朵——是受到了种族杂交的影响。他怀疑,这只是最明显的负面影响,还有一些潜伏在它们毛茸茸的身体中。"为什么只有耳朵会受到影响?"他询问参会者们。"我们有理由怀疑,每个身体部位都受到了影响:心脏、肺、肾脏、骨骼。事实上,当我们看到最明显的异常后,应该对整个杂交机制产生怀疑。"

乔恩声称,他在人类身上也发现了类似的结果。和早些年的林奈一样,他研究了拉普兰人,更确切地说,是拉普兰—挪威混种人,并评估了这些人的生理和心理缺陷。他发现大多数混种人属于"M.B.型",也就是"缺乏平衡能力"的类型。他认为,他们脾气很好,性格积极,但是缺乏平衡能力,而且并不可靠,杂交导致的主要症状是盗窃、撒谎和酗酒。为了证明这一观点,他展示了一张照片:三个男孩坐在一栋小木屋前皱巴巴的地毯上,他认为这些混种孩子的智力有所退化。当代人一定看得出,这张照片显然被粗糙地篡改过,但是乔恩并没有说出这一点。

乔恩承认,他的研究没有能够证明种族杂交危险性的明确证据,还要等待苏利文的结果。但基于种族杂交引发的明显危机,他对听众们说,即使没有确凿的证据,审慎的政策制定者们也应该"培养出强壮而健康的种族本能"。语言培训以及其他帮助移民融合的服务应该被取消,因为它们在不同的种族之间搭起了桥梁,结果是"我们会后悔,并发现太迟了"。

会议接近尾声,参会者们离开这里,利用周日前往布朗克斯动物园,进行一场特殊的旅行。随后,奥斯本将会议的展品送往华盛顿,在美国国会大厦的走廊中展示。

同时,格朗、奥斯本,以及参加会议的其他科学家建立了一个新的组织,把最新的科学发现变为具体的政策。格朗担任主席,他们起草了新的移民法。他们的一位同伴,议员阿尔伯特·约翰逊(Albert Johnson),将把这项法案递交到国会。

~

作为众议院移民与归化委员会的主席,约翰逊提升了他的立法者同行们对于迁徙带来的生物学影响的认识。约翰逊将达文波特的同事哈里·劳克林任命为众议院的"优生专家代表",让他证实那些"怪异的外来混种人"应该被拒绝在这个国家之外。哈里的证言以小册子的形式出版,被约翰逊称作"国会成员起草的最有价值的文件"。1923年底,约翰逊把格朗所在的协会起草的移民条例递交给了国会,他在私人信件中写道,他确信关于移民的科学问题"已经在参议院和众议院成员的心中扎根"。格朗对此表示赞同。"你背后是我们的国家,以及一个最为流行的理由。"他向约翰逊保证道。

他背后还有一个刚刚上任的总统。几个月前,总统沃伦·哈定意外去世后,卡尔文·柯立芝才当选总统一职。在1921年《家政》杂志的一篇文章中,柯立芝写道,"生物学法则告诉我们,那些具有差异的人不应该杂交和融合。"

议员们针对条例展开辩论时,显然,相比振奋人心的《大熔炉》上演那段时间,各个政治集团对于移民融合的价值已经有了截然不同的看法。选举前的几个月里,格朗的书卖得很快,每半年就要重印一次。

一位国会议员声称,美国人的血统需要"保持纯正"。"我们属于不同的种族。"另一位补充道,移民会"污染我们的人口"。至于已经进入美国的外国人,一位国会议员指出,根据智商测试,他们中将近半数"拥有缺陷"或者"拥有严重缺陷"。"我们可以清楚地看到,这些心智低下的人入侵我们的国家,对美国人产生了怎样的影响。"由于受到外来劣质生物特性的污染,我们的后代将会永远消失。

他们没有考虑汽船公司、移民支持者以及少数支持移民的议

第4章 可怕的混血儿

员的不满——其中有一位议员能言善辩,表示格朗关于高级种族的观点是"毫无意义的废话""一堆胡言乱语""武断的胡扯"——条例被大多数的参议院和众议院成员通过。

关于暂时及部分限制移民的法律已经在1914—1918年的战争期间确立。格朗和奥斯本的协会起草的条例,将会扩大这些限制的范围,并将其时效延长,无论是否存在战争。柯立芝总统果断地签署了这一条例。"在美国,"他表示,"只能有美国人。"

∽

苏利文没有完成关于种族混合的"权威性"研究。他得了肺结核,只能放弃。他于1925年去世。美国自然历史博物馆派哈佛大学人类学家哈里·夏皮罗(Harry Shapiro)接替他未完成的工作。

如果有人能够完成这项研究,那就是夏皮罗。他的目标非常明确。有一次,夏皮罗听说墓地里有一具最近埋葬的头骨,便在夜晚悄悄潜入,把它偷出来,藏在自己的实验室里。还有一次,他听说塔希提岛的山上有一片坟地,就和同事一起进行了一次危险的掘墓旅行,秘密地挖出了尸体。他们手里拿着斧头,背上的背包很重,装着偷来的颅骨,小心翼翼地爬下陡峭、遍布雨林的山坡。"我有一种随时准备冲锋的感觉。"他回忆道,"我们终于到了山下,透过眼镜,我几乎什么都看不到。"因为它覆盖了一层泥土和汗水。调查员们兴奋地把骨骼送往博物馆,用一顿大餐庆祝那一夜的胜利。

然而,随着调查的进行,对于这次研究的基本前提,夏皮罗的信念动摇了。他的任务是为迁徙带来的最普遍结果——异族通婚——导致的危险寻找证据。然而,不知为何,他被自己的研究对象吸引，并不仅是出于科学上的好奇，也是出于激情和渴望。他住在当地夏威夷人的房子里，接受他们的礼物：贝壳、篮子、食物，还有他们友好的亲吻和握手。他喜欢他们"水汪汪的眼睛"，以及"温柔、疲倦的神情"。从某一时刻起，夏皮罗开始与他的研究对象们发生性关系。

夏皮罗感到越来越困惑，他决定离开夏威夷，到别的地方研究这一问题。他相信，相比夏威夷，皮特凯恩岛是进行种族混合研究更好的地点。1789 年，9 个皇家海军军舰"赏金号"上的英国叛变者，以及一群波利尼西亚女人在这个岛上定居，两个不同种族的群体创造了混种的人口环境。但是皮特凯恩岛是广袤太平洋上的一个小斑点，很难到达那里。1923 年，夏皮罗试图前往，他搭乘了一艘从巴拿马开往新西兰的船，打算在靠近皮特凯恩岛时跳下甲板。可是，当船靠近岛屿时，一阵热带风暴让船长被迫改变了航向，毁掉了夏皮罗的计划，他只能乘坐一只小船，慢慢划向岸边。

1934 年，夏皮罗终于到达了皮特凯恩岛。在这里，他希望找到种族杂交导致退化的"确凿迹象"。由于皮特凯恩岛居民父母双方的种族差异巨大，他期待在这些混种后代身上看见各种各样的影响，包括健康状况、遭受的疾病、身高、肤色，以及生育能力的改变。

但是当夏皮罗看见那些岛民时，他发现他们不是怪物。他认为他们"更像一群英国的码头工人"，"丑陋的手上长着茧，双脚因劳作非常粗糙"。他详细地测量了他们的身高，头的长度和宽度，鼻中隔与鼻腔之间的距离，以及嘴唇的厚度。他记录了他们眼睛、头发以及皮肤的情况。即使经过数十次的测量，他也无法找出皮特凯恩岛的岛民与正常的人类之间存在的任何差异。岛民的身体强壮，很少生病，智商和普通人相似，生出了许多健康的孩子。

"皮特凯恩岛的岛民，"他记录道，"并没有因为数代的跨种族婚姻而产生不良的影响。他们更高，而且至少在某些方面，身体发育比英国人和波利尼西亚人更好。"

他发现的唯一问题是，他们的牙齿比较糟糕。

其他调查者关于种族杂交的研究也得到了类似的结果。1929年，达文波特出版了他在牙买加研究种族混合的成果。在黑人、白人，和他们的混种后代身上，他并没有发现多少区别。"从身体上看，这三个群体之间没有什么差异。"他承认道。最可怕的影响是，这些混种人的智力在他看来都很"平庸"，而且其中一些人拥有"黑人的长腿和白人较短的手臂"，他表示，这使得他们"不便于从地上捡起东西"。（即使这样的说法也很夸张，一位同事后来重新分析了达文波特的数据，发现：相较于纯种的父母，那些混种研究对象的胳膊最多短了1厘米。）

夏皮罗回到美国后，变化很大。在职业生涯的大多数时间里，他一直在努力记录杂交带来的危险生物学影响。而他意识到自己追随的只是一种幻象。

当他把前往皮特凯恩岛的经历——一次让他产生重要变化的旅行写进书中时，他只将一小部分注意力聚焦在种族杂交的生物学影响上，反而更在意迁徙者与当地人共同创造的文化传统。他继续进行了开创性的研究，调查迁徙（而不是种族或亚种的固定特性）如何影响我们的身体。研究中，他比较了迁徙到夏威夷的日本人、他们出生在夏威夷的孩子，以及他们没有迁徙的日本亲属。正如博阿斯数十年前所发现的，迁入的地方改变了他们的身体状况：日本迁徙者的孩子比他们未迁徙的日本亲属的孩子更高。他们共同的"种族"在这方面并未起到作用。

"人类是动态的有机体。"夏皮罗写道，"在某些情况下，仅一代人的时间就能发生非常显著的变化。"由于迁徙的悠久历史，人们已经不会再固定在任何一个地方，或者属于固定的类型、亚种或种族，也不会再机械地被种质所掌控。

20世纪30年代中期，对于那些影响了一代科学家的研究、联邦政府的移民政策，以及他自己数年调查的猜想，夏皮罗给出了新的答案。来自不同地区的人彼此混合，不会产生危机。情况正好相反：这种现象为文化发展注入了变化和创造力。他的一位传记作者这样写道：迁徙是"人类文明史中不可或缺的因素"。可是已经太迟了，关于种族混合的生物学引发了爆炸性的效应。

～

国会深信移民会带来生物学意义上的危机，因此通过了格朗成立的优生学协会起草的移民法案。在约翰逊—里德法案中，那些严格的新条例保护美国免受科学家眼中劣等种族的干扰。根据这一法案，每年超过80%的移民名额都留给了来自西欧和北欧的人。大量来自东欧和南欧的非白人移民被禁止进入美国。一支新成立的边境巡逻队将确保这些规定在边境实施。

美国的移民数量从1921年的80万下降到1929年的28万，一年后，又下降至不到10万。由于闸门紧闭，外来者的流入变成了涓涓细流。1954年，埃利斯岛移民检查站关闭，美国不再需要它的服务。那个几乎为欧洲敞开国界的时代结束了。

关于新近出现的"美国堡垒",以及作为其基础的科学依据的言论在全球范围内流传。1925年,德国一家支持纳粹的出版公司出版了格朗的书。阿道夫·希特勒在巴伐利亚的监狱中阅读了这本书。"这是我的《圣经》。"他在一封信中告诉格朗,他开始构建自己的计划,为德国驱赶那些所谓的外来者。

他的种族灭绝政权迫使大量犹太人,以及其他不受欢迎的外来者逃离了那个国家,美国也没有动摇关闭国界的承诺。"我们必须忽略那些感伤主义者和国际主义者的眼泪,"众议院移民委员会的一位成员说,"对新的移民潮长期关闭大门,把门锁好,再把钥匙丢掉。"在20世纪30年代末的民意调查中,有三分之二的美国人对此表示赞同。

1939年2月,一份两党联立的法案被引入国会,其内容是为2万名犹太儿童提供庇护,使他们远离纳粹政权。但总统富兰克林·德拉诺·罗斯福明确表示不支持,他的妻子埃利诺·罗斯福也是如此。反对移民的议员们否决了这项议案。2万个"可爱的孩子很快就会长成2万个丑陋的大人。"一位法案提倡者、美国移民委员会主席的妻子,证实他们曾这样说。

几个月后,一艘远洋轮船将900多名恐慌的寻求庇护者从德国带到了迈阿密。美国政府禁止轮船停靠,并联络了海岸警卫队。在几天的时间里,轮船在佛罗里达州的海岸徘徊,乘客们在甲板上哭泣。最后,船长驾驶轮船穿过大西洋,又把他们送回了饱受战争困扰的欧洲。这艘船上的一些乘客去往了英国,大多数人则到达了荷兰、比利时和法国,那些地方很快也被纳粹占领。超过250人在大屠杀中死去。

第 5 章

自杀式迁徙

虽然格朗和奥斯本已经提醒过,如果人类的迁徙跨越地理上和生物上的界限,将会造成混乱,但英国的科学家们认为人口增长带来的挑战只会局限在这些界限之内。从自然秩序的角度看,他们觉得迁徙起到了非常可怕的作用。顶尖的科学家表示,迁徙之行最恰当的结局便是死亡。

关于迁徙造成死亡的言论最早出现在北极,在那里,科学家们第一次了解到一种毛茸茸的北极生物——旅鼠的故事。1924 年,查尔斯·萨瑟兰·埃尔顿(Charles Sutherland Elton)24 岁,是牛津大学动物学专业的本科生。他来到斯匹次卑尔根岛,担任一系列探险项目的助手。斯匹次卑尔根岛位于挪威和北极之间,当时尚无人居住。他协助项目,对北极熊、海象、驯鹿、旅鼠,以及其他生活在雪地中的北极动物进行了生态学考察。

这次探险为这位有野心的年轻科学家提供了宝贵的机会。几周的时间里,埃尔顿和牛津一些著名的科学家共同探险,共同起居。他们是:奥尔德斯·赫胥黎的哥哥、遗传学家朱利安·赫胥黎;社会学家亚历山大·卡尔-桑德斯,他后来成为伦敦经济学院的董事;罗兹奖学金获得者霍华德·弗洛里。斯匹次卑尔根岛为卡尔-桑德斯的著作提供了写作背景——埃尔顿认为这本著作"充满了对自然的奇妙想法"。弗洛里将继续研发青霉素,但埃尔顿利用在斯匹次卑尔根岛的调查开展自己事业的希望非常渺茫。他没有观察到不同寻常的动物,也没有观察到从未见过的行为,这让他无法在自然史上留名。最低迷的时候,他甚至踩碎冰面,掉进了湖里,水淹到了他的脖子。

直到离开岛后,埃尔顿才迎来自己的机会。乘船回牛津的路上,他和其他人在挪威北部城市特罗姆瑟短暂停留。埃尔顿来到城镇中,穿过那些历经数个世纪、夜晚会被极光照亮的木房子,最终找到了一家小书店。在书店浏览时,他发现了挪威动物学家罗伯特·科利特的一本书,名为《挪威的哺乳动物》,出版于1895年。他从书架上取出这本书,大致翻阅了一下。这是书店中唯一一本关于自然史的书,他对这个主题很感兴趣,可它完全是用挪威语写成的,他一个字也读不懂。如果其中几页没有包含某些埃尔顿能读懂的内容,那么他大概会把这本书放回书架。那是一些图表,上面有几列数字。

埃尔顿不知道这些数字是什么意思,于是他把书拿给店员,向他询问。"旅鼠数量的高峰年份。"店员回答。

∽

埃尔顿虽然在动物学方面很有研究,但是对传统自然史没有太大兴趣。他认为,自然史是那些古怪的动物爱好者们写成的,专门描述某些动物个体。这和当前一些紧迫的问题没有太大关系,比如饥荒、战争,以及由害虫和病原体引发的传染病。他希望对自然史进行改革,就像20世纪初物理和化学所进行的改革那样,使这门学科变得更加强大、更有影响力、更贴合实际、更具备经济发展的视角。

埃尔顿认为,动物学家不应该只观察动物个体的行为,而应该研究"动物的社会学和经济学",比如,动物的数量在互相影响及环境的影响下会发生哪些变化。所以,他虽然对科利特在书中介绍的挪威哺乳动物没有太大兴趣,但是对图表中的数字很感兴趣。他发现"旅鼠数量的高峰年份"是间歇性出现的,也就是说旅鼠数量的增加和减少有一定的时间周期性。当时,动物学家们对这样的数量变化感到困惑。其困惑在于,他们认为自然被划分为不同的生物栖息地。自然学家将这些野生动物居住的地方称作"生态位"(niches,来自中古法语中nicher一词,意思是"穴居"。这个词最初的含义是,在墙上凿出一个洞穴用来放置雕像)。动物学家们设想每种野生动物的生态位都很独特,刚好适合那个物种。在自然中,每个物种都生活在自己的位置上,被生物界限所包围。

然而,这个概念是一个悖论。科学家对生态位的理解,源于实验室中的研究。如果生态位是一个封闭空间,包含了这一物种生存的必要元素,那么便可以很容易地在实验室中复制。比如,我们可以在试管中装入糖水,培育一个酵母细胞群。但是现实世界中的生态位与实验中的并不相同。实验中,酵母细胞群生活在试管内,它们的数量与试管中水的容积直接相关。如果科学家们持续向里面加糖,酵母细胞的数量就会增加;如果他们停下,酵母细胞的数量便不再改变。

如果如科学家们想象的那样,野生动物都生活在封闭的生态位中,那么它们数量的增加和减少应该与食物和水的量直接相关。但是在野外,动物学家的观测结果并非如此。动物的数量不会一直增长到食物开始短缺,然后被饿死。它们的数量增长到一定程度就仿佛达到了某个隐形的上限,开始减少,并出现无休止的周期性增减。食物和住所并不会造成影响。这种现象很神奇,就像酵母细胞在充满燃料的试管中,前几天数量会增加,然后会减少,接下来还会增加。

林奈曾经发现了这个被称作"物种数量循环"的神秘现象,但他认为这和上帝有关。到了埃尔顿的时代,动物学家们已经不再受到神学的干扰。但如果不用上帝来解释此事,动物学家们观测到的外部因素也都无法解释,比如:食物供应、环境影响、捕食者、疾病。似乎有某种神秘的隐形因素,暗中影响着动物数量的增长,就像一根按在天平上的手指。可那又是什么呢?

这一神秘的数量循环并不只是动物行为的怪异现象,它还具有重大的经济意义。当毛皮动物,比如狐狸的数量位于低点时,猎人们收益惨淡,毛皮的价格飙升。当田鼠和蝗虫的数量位于高点时,它们会毁掉本该获得利润的伐木场和农田。由于我们不清楚影响动物数量循环的因素,因此这些事情便无法预知,也无法控制。

埃尔顿很年轻,充满抱负。1905年,爱因斯坦在他的奇迹之年对物理学做出改革时,他不是只有26岁吗?如果科利特的书让埃尔顿准确地得知，旅鼠的数量为何增加或减少，他便能找出那个神秘的因素，同时解开这个长期以来的谜题。也许他还能将动物数量的循环提取为一个数学公式，把陈腐的传统自然史变革为一门稳固的量化科学。他甚至可以预测和控制动物数量的增减。哈德逊湾公司、英国石油公司，以及其他一些大公司一定有兴趣赞助这样的研究。

他买下了那本书。回到牛津后，他找到了一本挪威语—英语字典，开始粗略地翻译。

～

从这本书中，埃尔顿得知了旅鼠奇怪而神秘的行为。

这本书描述了旅鼠们大量聚集在一起，朝着北极的悬崖行进，从那里跳入大海。一位名为杜帕赫·克罗齐的观察者每个夏天都在挪威度过，他不止一次见到了这样的现象。他的记录成为1891年《自然》杂志的一项议题。当他看见水里的旅鼠时，便把小船划过去，挡住它们的路。他写道，它们坚定地绕过了他的船，直奔水中的墓地。"我认为在自然史中，没有比这更震撼的事情了。"

1888年，大量的旅鼠聚集起来，"整片土地都是黑压压的"，然后它们开始"朝着前方10英里远的海边移动"，这需要4天时间。"它们继续在海洋的冰面上行走，最终跳入水中，开始游泳，直到沉下去。"另一位观察者写道。19世纪的水手们声称他们看见上百万只旅鼠跳入挪威窄而深的峡湾。"很多游到了特隆赫姆峡湾内部。"一位水手讲述道，"汽船经过它们，需要花15分钟。"大迁徙的结局很糟糕。人们看见了大量的旅鼠尸体浮在结冰的湖面上。它们是被冻死的。

第 5 章　自杀式迁徙

这一切意味着什么？根据古老的拉普兰传说，旅鼠的发源地是雄伟的高山，它们忽然从天而降，然后聚在一起，想办法回去。有人说，接触它们会中毒。克罗齐认为，旅鼠向着大海中迁徙暗示了亚特兰蒂斯曾经存在。他猜测，"由于它们看不见，有时甚至盲目地继承了从前的经验"，因此会朝着大海迁徙。他推断，它们的终点曾经是干燥的陆地：隐藏在挪威北部某处的亚特兰蒂斯。

对于科利特的故事，埃尔顿却有着不同的见解。他猜想，也许旅鼠奔向大海，并不是因为它们想要到达某处，而是出于相反的原因：它们知道自己哪里也到不了。这种行为与埃尔顿的导师亚历山大·卡尔-桑德斯的畅销书中的描述很相似，埃尔顿曾"如饥似渴地"阅读那本书。卡尔-桑德斯写道，在太平洋上的岛屿富那富提，每隔一个婴儿，人们便会仪式性地杀死一个婴儿，直到每个女人都有 4 个活着的孩子，在那之后，她们生下的所有婴儿都会被杀死。卡尔-桑德斯写道，这种文化传统，虽然很粗鲁，对于控制人口却很有效。他警示道，如果感性的外来者介入，将会破坏人口平衡，导致人口爆发式增长。

通过走向确定的死亡，旅鼠们也实现了与富那富提同样的结果。它们控制了数量，保护自己免遭食物短缺带来的灾难。埃尔顿推测，也许旅鼠的自杀式迁徙并不是一种失误，也没有人为的干预，而是由于这个原因才出现，并持续存在。当旅鼠的数量达到特定值，它们进行大规模自杀式迁徙后，便会下降。这便能解释，为什么它们神秘的数量波动与饥荒或灾难并不同步。

埃尔顿在一篇科学论文中写下了自己对科利特的发现的新看法。这篇论文于 1924 年发表在《英国实验生物学杂志》上。论文开篇客观地介绍了这种现象。"许多年来,"埃尔顿解释道,"挪威南部的旅鼠总会定期引起人们的注意,它们秋天成群地迁往低地。在许多案例中,它们的行进速度很快,而且目标是大海,试图游过大海,却死掉了。"作为一位文学学者和一位儿童书籍作家的儿子——以及一位诗人未来的丈夫——埃尔顿难以抵挡抒情的诱惑,尽管他从未见过一只旅鼠,更没有见过旅鼠的迁徙。他写道,旅鼠们"欣喜若狂地跳下铁路桥","不顾危险,穿过拥挤的车流",海上"满是死去的旅鼠,就像暴风雨后遍布落叶的土地"。

这些生动、丰富的描写吸引了他的动物学家同行们。更重要的是,埃尔顿针对旅鼠自杀行为的原因给出了清晰的解释,以此揭示了物种数量波动的根源——这个问题更加宽泛,在经济上也具有更紧迫的意义。"这一现象,"他解释道,"与人类的杀婴现象类似……迁徙的直接原因是数量过剩。"

埃尔顿发现了可以解释动物数量循环上升及下降的神秘原因:某种隐秘的力量正在控制着动物的数量规模。埃尔顿的论文被认为"有远见""有创意",并激发了动物学家对物种数量波动这一议题的兴趣。2001年《生物学研究》上的一篇论文将它称作"现代生态学的基础之一"。牛津大学成立了一个新的研究机构——动物数量研究所,并聘请埃尔顿为所长。科学家们组织了完全针对动物数量循环的会议,在欧洲各国和美国成立了实验室,进行田野调查,寻找能够描述并解释动物为何会控制自身数量的数学模型。

生物学家们发现,拥有隐秘目标的自杀式迁徙也出现在旅鼠之外的其他物种身上。比如,密歇根大学的动物学家马斯顿·贝茨,记录了南美洲蝴蝶的"大规模自杀行为"。"数量过多带来的压力似乎会导致爆炸性的迁徙,它们前往新的地区,然后在那里死去。"他解释道,"这是一种大规模自杀行为。"他曾看见上百万只南美洲蝴蝶飞向大海,"拥抱注定的死亡",这是"自然平衡"的结果。科学家们还注意到,鱼群会故意撞击船体死去,想要自杀的鲸鱼会在岸上搁浅。也许它们这种自我毁灭的行为,也是因为意识到这一物种的数量过多,于是为了同胞的利益牺牲了自己。

令人震惊的是,知名且训练有素的科学家们立刻接受了这样的猜想:人们故意杀死自己的孩子,野生动物也是故意选择了自杀。他们相信迁徙不存在于这个世界上,边界将各个区域封闭起来。事实上,物种并不会局限于自己的生态位,被不可跨越的边界所环绕,就像被困在玻璃试管中的酵母。个体可以加入或离开种群。

栖息地内的环境也是动态的,动物会对此做出特殊的反应。有些个体有时善于应对环境变化,在其他的时候,会有其他的个体不善于应对环境变化。动物数量增减的原因在于,它们的组成结构和居住环境一直在发生改变。

科学家们认为动物的数量循环存在矛盾,只是因为他们不知道栖息地周围的边界可以穿越,这样便促进了迁徙。他们接受自杀式迁徙的观点,是因为当时达尔文的自然选择理论还没有被广泛接受。它并不允许动物进化出自杀式迁徙的机制。那些成功养育了更多后代的动物会统领种群,而非那些故意毁灭自己的动物个体。如果自杀的旅鼠的确存在,它们会杀死自己,被那些没有不顾一切跳下悬崖的旅鼠所取代。换句话说,反复的大规模自杀行为在自然界中并不存在。

　　但是当时的动物学家认为，特定的物种生活在固定的生态位之内，因此迁徙作为一种控制数量的方式是可行的。迁徙本是一种会为生态系统和社会带来生物与文化多样性的行为，20世纪的动物学家们却将它看作一种死亡的行为。

～

　　与林奈一样，埃尔顿对迁徙的反对与过去有关。对他而言，自然永远处于静止状态，地理是永恒的。"那些主要的陆地和海洋，"他写道，"在任何时期都基本以现在的形态存在。"随着时间的流转，这些不变的土地上开始拥有野生动物，每个物种都生活在自己的生态位之内。"几乎所有的动物，"埃尔顿在他的一本书中解释道，"多多少少都集中在有限的环境中。"它们永远生活在自己的栖息地，拥有独特的生态位。

　　这一关于过去的观点促使人们普遍认为本土生物优于外来生物。整个社会都表现出，人们确信植物和动物定居在一个地方，与它们的栖息地建立了特殊的关系。在博物馆中，馆员们介绍收藏的物种时，除了出产的国家，几乎不会提及其他内容，仿佛这一细节便足以解释访客们想要了解的一切。在英国的习惯法中，人们生活在自己出生的国家，便自动拥有了作为公民的权利，这一条款被称为"*jus soli*"，也就是拉丁语的"本土权利"。无论迁徙者是否被认为拥有劣等种质，根据历史的潜在观点，他们都在生态学意义上制造了麻烦。

　　根据埃尔顿的观念，自然并没有为新来的物种准备空间，也没有"多余"的生态位。能够证明这一观点的最著名的实验出现

第 5 章　自杀式迁徙　　　　　　　　　　　　　　　　　　　111

在 20 世纪 30 年代。1932 年，俄罗斯生物学家格奥尔治·弗兰采维奇·高斯在一支装有糖水的试管中放入两种不同的酵母：一种是酿酒酵母，另一种是裂殖酵母。他不时摇晃试管，确保它们充分混合。他为它们添加需要的营养物质，为它们添水。他在试管中放入了足够两种酵母食用的食物——但是都在同一支试管中，它们只能分享。

起初，由于持续地注入充足的营养物质，两种酵母的数量都有所增加。但是后来，虽然拥有充足的食物和水，但是其中一种酵母的状况开始恶化。它的数量减少了。很快，随着对手的数量增加，这种酵母的数量急剧减少，它们被同伴产生的排泄物中的乙醇毒死了。这种现象被称作"竞争性排除"，更简单的叫法是高斯假说。

根据高斯假说，我们俗话中的"分享"并不存在。即使拥有充足的资源，从生物学的角度，两个物种也无法共享同一生态位。新来的物种和本土物种将有一个被毁灭，就像试管中对酒精过敏的酵母一般，走向灭绝。

多年的实验和数学模型证实了高斯的发现。在某种程度上，这是因为相反的结果很容易被忽略。生物学家将两种拥有相似特性的物种集中在同一地点。有时，一方繁荣生长，另一方状况恶化，他们便得出结论，认为这证实了高斯假说。还有些时候，二者都能繁荣生长，他们并不会推断两种相似的物种其实可以共享同一生态位，而是声称它们一定不相似——存在某些尚未发现的生态学差异。也就是说，它们可以共存，是因为它们其实并没有共享同一生态位。

美国和英国的专家相信自然本质上已经"被填满",他们将迁徙的野生动物看作危险的入侵者。对他们而言,正如高斯假说所阐明的,新来的物种注定会导致本土物种的灭绝。根据埃尔顿的看法,迁徙在生态学上并没有正面的作用。迁徙者的旅程只是徒劳地想要逃离,而不是想要到达某处,埃尔顿说。"许多动物大规模迁徙,"他写道,"是为了离开某个特定的地方,而不是抵达某个特定的地方。"如果它们没有"和谐地适应"新地点,便会引发"灾难性的后果"。在欧洲,动物学家们为美国灰松鼠和其他北美洲物种的到来而抱怨(一位专家曾在20世纪30年代初的英国广播公司广播系列中说,这是"外来物种的恐怖入侵")。在美国,动物学家们抱怨英国麻雀和欧椋鸟的闯入(这是"欧洲对美国的入侵",一位动物学家在《纽约时报》的文章中写道。政府官员认为,欧椋鸟是"糟糕的居民","不受欢迎的外来者")。埃尔顿的朋友、生态学家奥尔多·利奥波德反对人们"轻率地进口墨西哥鹌鹑",认为它们"冲淡了马萨诸塞州北美鹌耐寒的血统",一篇名为"游戏系统遗憾地成为大熔炉"的报纸文章写道。

在德国,人们清除了外来植物。纳粹领导人要求当地居民将"外来"植物从花园中清理掉,采取新的景观设计,与他们优越的血统相配(纳粹园艺师威利·兰格声称,许多人家的传统花园体现了劣等的"南美洲"风格)。海因里希·希姆莱除了策划涉及数百万人的种族大屠杀,还制定了景观设计的规则,禁止使用任何"非本土"的植物。帝国中心办公室"植物规划部"的头目认为拥有精致花朵的凤仙花是一种"蒙古入侵植物",并建议将其灭绝。纳粹积极保护那些"本土"的野生物种。在他们的政策下,杀死一只老鹰足以判处死刑。

埃尔顿并没有明确地将野生物种迁徙带来的危险延伸到人类迁徙者身上。但是，总体而言，他认为自己关于物种数量变化和循环的普遍原则不仅适用于那些他发现的野生物种。对埃尔顿而言，正如历史学家托马斯·罗伯森所说，自然与人类社会之间的界线"通常很细"。他认为自己明确地用来描述动物行为的方式也基本上适用于人类。比如，他将旅鼠的迁徙比作"非常惨烈的难民潮，一个不受欢迎的异类来到人口众多的土地上，便会出现全部这些迷乱行为"。

埃尔顿的观点"充分证明，人口数量需要得到控制"，一位穿着考究的埃尔顿粉丝轻蔑地说。高斯假说一类的法则"适用于许多学术研究领域"，加利福尼亚大学的生态学家加特勒·哈丁补充道。接受这一假说将带来"理解力的复兴"。

20世纪30年代，美国不再流行优生学，虽然在德国和欧洲其他国家，它的势头正猛。对于新来者的忧虑导致了国界线的关闭，大萧条使他们不再热情地提起种族优越性和他们必然更加优越的生活。但是科学家们以林奈描述的边界封闭的世界为前提，并没有放弃对迁徙的怀疑，认为这是一种不正常的行为。纽约动物学协会资助了埃尔顿在牛津大学的研究。1925年，麦迪逊·格朗开始担任这一协会的主席。

∽

科学家将迁徙的野生动物描述为自杀式的僵尸以及怀有恶意的胜利入侵者，这只是大致的表述，因为迁徙的真正规模和范围在当时还非常模糊。

这些拥有明确目标的动态行为遍布各处，有的稳定而缓慢，有的壮观而引人注目。小小的黑脉金斑蝶体重不足 0.5 克，却能在北美洲东部和墨西哥中部之间飞行 3000 公里，它们大量聚集在冷杉林中。在夜晚稀薄而寒冷的空气中，斑头雁飞过喜马拉雅山脉参差不齐的山峰，以每小时 1 公里的速度从海平面飞到海拔 6000 米的地方。马尾藻海的鳝鱼会变成难以辨识的形状和颜色，这是为穿越大西洋的长途旅行做准备。

但是科学家们无法在实验室里研究迁徙行为。将老鼠关在箱子里，让它通过拉动控制杆来获取食物，可以研究它的学习能力。把猴子关在铁笼中，用一瓶牛奶和一个用布盖住的雕像，可以研究它的母性倾向。但是一种生物的迁徙行为无法在箱子和笼子中复制。对于野外观察，科学家们没有太多技巧。

每年，在夜晚的掩护下，数十亿的飞行动物跨越大洲和大洋进行迁徙。只有在正确的时间和地点，它们才能被观察者看到。在安大略湖的皮利角，有一片狭长的沼泽地延伸至伊利湖，人们能短暂地看到数百万只黑脉金斑蝶飞往南方。巴拿马运河沿岸，人们能看到超过 50 万只迁徙中的猛禽在头顶飞过。在瑞典法尔斯特布的一条 5 公里长的暗礁，观察者们可以看到将近 200 万只分属 25 个不同品种的候鸟在空中飞翔。在特定的隐秘地点，如果抬头望向夜空，会看见数千万只迁徙的候鸟飞过月亮的表面。一个晚上，会有 5000 万迁徙中的动物经过头顶，前往 200 公里以外的目的地。

地理的特殊性促使迁徙的动物们短暂地汇聚在一起，大多数这样的壮观场面都和洞穴尽头的热带海滩一样隐蔽。传统的观点认为世界是静止的，因此甚至很少有人注意。

英国工程师们研究出如何向大气层发射无线电波，并分析它们在遇到物体时产生的回波，这使情况发生了改变。他们可以通过使用这种技术——学名为"无线电探测与定位"，俗称"雷达"——追踪各种隐秘的行动。在第二次世界大战期间，英国在整个海岸都建立了雷达站，用来追踪敌军战机和船只的动态。

1941年3月的一个晚上，炸弹如雨点般降落在伦敦，一座雷达探测器发现一大群物体正缓慢地飞过英吉利海峡。军事当局以为这是德国军队正在入侵，命令英国空军进入红色警戒状态。光点继续靠近。当它们距离多塞特郡的海岸不到40英里时，英国飞行员们爬入驾驶舱，飞向黑暗的海峡，奉命拦截并击落这些入侵者。

可是当他们到达雷达信号发出的地点后，水面上只有他们自己发动机的声音。夜晚的天空很晴朗，视野中没有一架敌机。困惑的飞行员们回到基地，得知那些光点神秘地分裂成单一的回波，然后消失了。

随着战争的进行，奇怪的信号依然困扰着雷达装置。军队会随时进入高度警戒状态，而那些信号会莫名地变成环形或同心圆，然后慢慢消失不见。《纽约时报》记载，无论是什么东西导致了信号的出现，都"违背了所有已知的空气动力学定律"。信号在白天和夜晚都会出现。它们逆风而行，有时它们移动得比风速还快。

鸟类学家大卫·拉克（David Lack）对这些奇怪的信号得出了结论。拉克和埃尔顿都在朱利安·赫胥黎门下学习，分别成为牛津大学两个相邻研究机构的顶级人员。但这两位科学家在工作和生活上就像是两条平行线，从未相交。拉克是一名虔诚的基督徒，同时又是热爱音乐的观鸟者，总是开着一辆布满青苔的破车到处游荡，而埃尔顿一般骑摩托车或搭飞机。他们的研究机构相邻，他们的私人住所相隔只有100码。虽然在专业和地域上非常靠近，拉克和埃尔顿却没有来往。在牛津，他们总是锁着两个相邻机构之间的门。他们关于迁徙以及它在自然中作用的看法也同样相差甚远。

和其他科学家一样，拉克也被征召加入战争，作为特殊专家从事雷达技术工作。他利用自己的鸟类知识来解决遇到的问题。数年来，他一直在观察鸟类。在学生时代，他坐在床上，一边弹吉他，一边吃掉整只水煮蛋，用蛋壳来补钙。作为牛津大学的研究人员，他大多数时间都穿着一件长长的、破旧的雨衣，躲在树林中，偷偷观察他最喜欢的生物。由于长时间观鸟，他知道成群的鸟儿的飞行速度可以与一艘快船相当。即使是一群欧椋鸟也能带来回波，干扰雷达探测器。为了坚持自己的科学发现，拉克并不害怕颠覆传统的智慧。他曾遭遇一位老年观鸟者的怒骂。那个人认为同一只知更鸟在她的后花园住了17年。当拉克解释说，这不可能是真的，因为知更鸟活不了那么久时，她用雨伞打了他的头。

拉克认为奇怪的雷达信号可能是飞鸟所致，军方嘲笑了他的看法。和大多数人一样，他们相信鸟儿不怎么在夜晚飞行，因为它们会撞到树或者其他的东西。而且鸟儿很小，又很柔弱，和雷达追踪到的1200马力的戴姆勒-奔驰德国战斗机没有任何共性。这些又小又不起眼的动物，怎么能和战争时期的工程奇迹相提并论呢？

他们认为,这些幽灵般的信号一定来自死去的士兵,他们短暂地从天堂复活了。人们称这种信号为"雷达天使"。

数年之后,拉克证实,雷达天使其实是飞行中的鸟儿。一天夜晚,他和同事冲出去,探索雷达天使信号,发现了一片落满了欧椋鸟的树林。他们发现,鸟儿们忽然一齐起飞,落在了另一片树林中,与第一片树林形成了同心圆——正是那些无法解释的雷达信号记录下的形状。

拉克对鸟类研究进行了改革,利用雷达技术揭示了它们长期以来隐秘的行动。但有些时候,想要一瞥这个迁徙中的世界,只要肯看一看就足够了。

战争结束后的一个下午,拉克和他的妻子外出远足,来到了比利牛斯山脉一处稀有的高山山口,这里将法国和西班牙分开。他们并没有期待见到许多飞行的候鸟。鸣禽这类动物会避开山口,而蝴蝶等弱小的生物又无法忍受山顶的风。

这对夫妇花了 4 个小时登上了 2300 米的高山。几年前,拉克曾患贝尔氏麻痹,导致一侧面瘫。评论家描述道,他仿佛永远在冷笑。但是毫无疑问,那个下午,他的表情改变了。两人当时正在山口休息,看见天空中有大量的生物飞向他们。他们十分震惊,也十分喜悦,上千只蝴蝶和上百只鸣禽匆匆飞过。它们逆风飞行,越过了高山。

即使拉克拥有丰富的知识,又非常了解迁徙中的动物与迁徙行为,可他还是低估了这些动物在迁徙时的体力和毅力。

~

战前,埃尔顿不再那么担心迁徙者会带来生态威胁,因为他认为大多数物种都会待在原地。但是随着大量的士兵在欧洲来来往往，并且借助了新的交通技术，他开始有了新的疑虑。

战争时期，他加入了军队，帮助英国保护正在减少的食物储备，使它们免遭啮齿动物的破坏。一位现代评论家写道，战时的宣传声称这些啮齿动物"几乎和纳粹同盟"。由于曾经研究过的动物成了灭绝运动的目标，他对迁徙中的动物造成的威胁有了新的看法。无论在哪里，他都能看见野生动物正在迁往新的地点，并且制造了灾难。

他写道，在美国，亚洲栗树的到来引入了一种名为栗疫菌的寄生真菌，导致"栗树枯萎"，几乎让美国东部的栗树全部消失。在欧洲，捷克斯洛伐克的一位地主引进了5只北美麝鼠。它们繁衍出了上百万只，在农田中横冲直撞，在河流和小溪边挖洞。在美国中西部，运河的建造将吸血的海七鳃鳗引入了五大湖，导致当地湖中的鲑鱼数量锐减。埃尔顿称之为"动植物世界中重要的历史动荡"。

在他战后的著作、广播和论文中，埃尔顿用战争的语言敲响了警钟。"威胁我们的不仅是核弹和战争。"他宣称。迁徙的野生动物正在"侵略"，将会导致"爆炸性的暴力"。它们"忽然袭击"，既会"主动进攻"，也会"反攻"。它们的目标和英国同胞们在战争中对抗的纳粹侵略者一样：想要彻底控制这里。他写道："进行扩张，占领土地，它们不可能再被驱逐出去。"

即使新来的物种看起来很温和，它们的到来依然预示着危险。它们或许只是在等待，准备"迅速扩散，成为主要的祸害"。到时候，侵略者将会取得胜利，取代原本的生物，让整个生态系统失去平衡。他警示道,那些入侵的野生动物"最终会导致整个大洲丰富的动物种类减少,只剩下最顽强的物种"。它们将会引发"动物学灾难"。

为了将迁徙的物种描述成"入侵者",并充分展现它们制造的灾难,埃尔顿精心选择了最具破坏性的引进物种。而且他只考虑了引进物种造成的损失,却没有考虑它们带来的好处。许多好处显而易见——谷子、大豆、小麦、棉花的丰收,这只是一部分,而这些生物都是从一个大洲引入其他大洲的。后来,全球定位系统让生物学家记录下,野生物种也和人类一样始终在迁移,无论是自由移动,还是被风、气流驱动,或是落在其他移动的生物背上。它们面对着不断变化的环境,或是死去,或是艰难存活,或是悄悄地加入临时的组合,那些组合随时都在重新分类(这也是为什么生物学家们会发现,将一个物种从一个地方引入另一个地方,会逐渐丰富生物多样性)。确实,将掠夺性动物和细菌引入相对封闭的生态系统,比如湖泊或岛屿,会导致现有的物种灭绝,但是大多数生态系统并不存在封闭的边界。

埃尔顿在英国广播公司的广播中对入侵物种发出了警告,并且直白地将节目命名为"入侵者"。随后,他写了一本关于这个话题的小书。历史学家马修·丘写道,这本书"写得很匆忙",相较于他其余的作品,"不够连贯和深刻"。埃尔顿知道这一点,他向一位学生坦白,他只花了几周时间,就在广播节目的基础上写出了这本书。"我做了那期广播节目,"他写道,"现在将内容写成一本 4.5 万字的书,有许多插图……我大概用了 9 周。"

他于 1958 年出版的《动物和植物的入侵生态学》(*The Ecology*

林奈所著《植物属志》插图

达尔文手稿

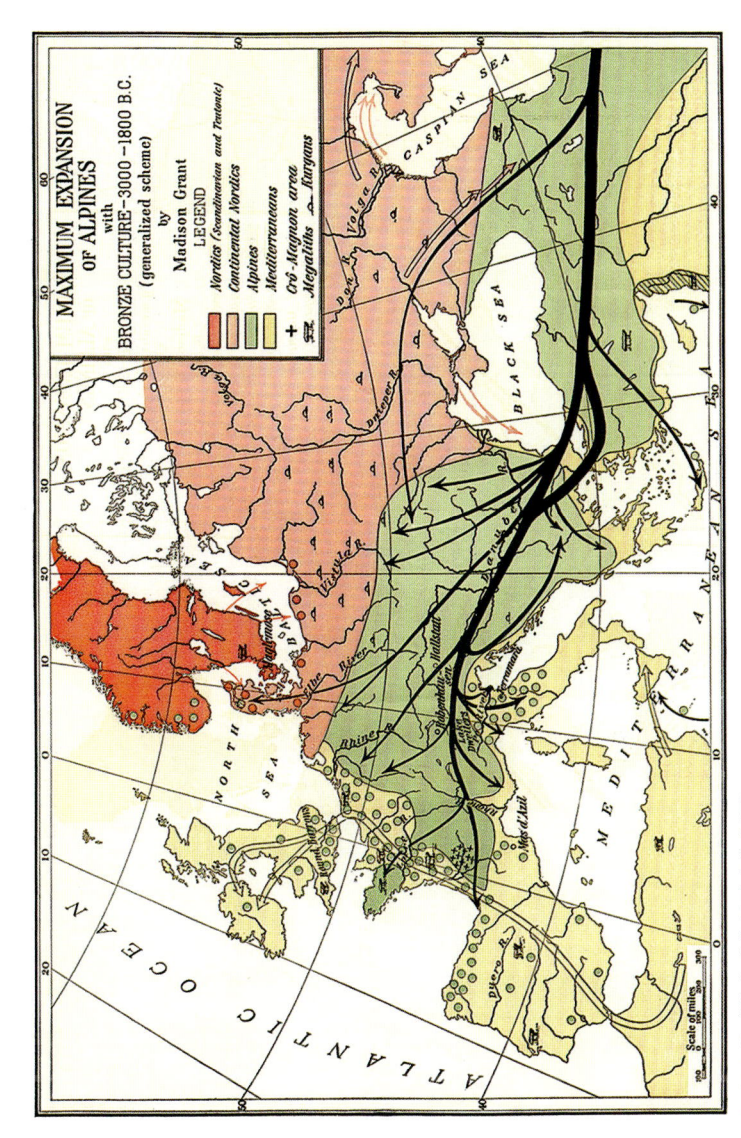

格朗所著《伟大种族的消逝》插图

音乐剧《大熔炉》

HISTOIRE
NATURELLE,
GÉNÉRALE ET PARTICULIÉRE,
AVEC LA DESCRIPTION
DU CABINET DU ROI.

Tome Dixième.

A PARIS,
DE L'IMPRIMERIE ROYALE.
M. DCCLXIII.

乔治－路易斯·勒克莱尔所著《自然史》封面

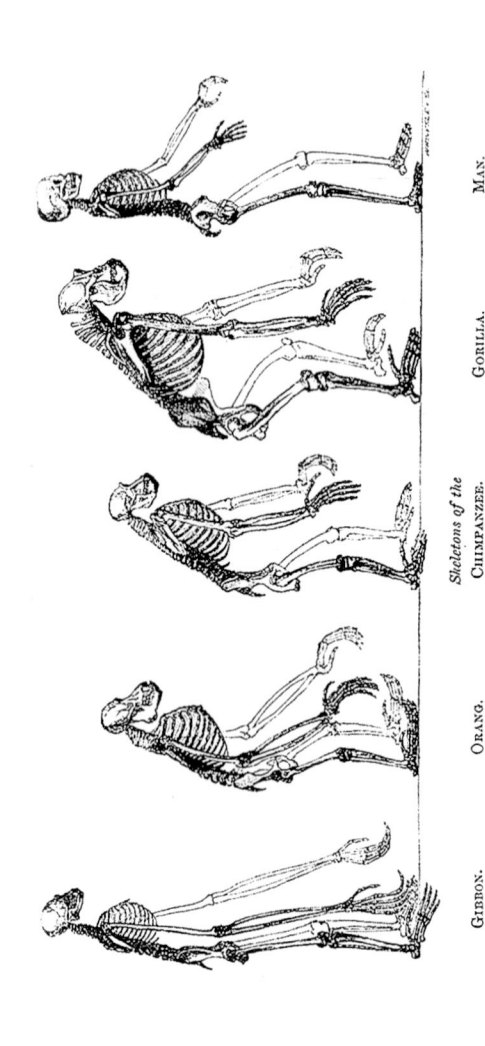

GIBBON. ORANG. CHIMPANZEE. GORILLA. MAN.

Skeletons of the

Photographically reduced from Diagrams of the natural size (except that of the Gibbon, which was twice as large as natural), drawn by Mr. Waterhouse Hawkins from specimens in the Museum of the Royal College of Surgeons.

赫胥黎所著《关于人类在自然界的位置的证据》插图

穿越太平洋的康提基号

库克船长在塔希提岛

of Invasions by Animals and Plants），将对全世界国家公园的管理和野生动物保护项目产生影响。一个全新的研究领域因此诞生，致力于记录物种迁徙的负面作用，被称作"入侵生物学"，将在20世纪80年代开始发展。几十年里，这本书被赞誉为"20世纪最核心的科学读物之一"，科学作家大卫·奎曼在2000年这样称呼它。

～

1958年，旅鼠自杀式迁徙的奇观引起了公众的注意。同年，《入侵生态学》出版。

《白色荒野》（*White Wilderness*）由华特·迪士尼工作室——美国最权威、最知名的制片公司制作，展示了奇特而罕见的北极冰封世界，使用了当时尖端的电影技术。据《纽约时报》记载，为了拍摄这部影片，9位摄影师"在白雪覆盖的荒原上漫步"，走遍了"数千英里的苔原、湖泊、高山和冰河"。这部纪录片是那一年最受期待的影片之一，也是展现自然世界奇特景象的系列影片中的第13部。这个系列用镜头展示了地球上最遥远的地方，从白令海的群岛到塞伦盖蒂平原，令人叹为观止。这部影片的一位顾问告诉《泰晤士报》，在《白色荒野》中，观众们将看到"自然摄影史上最具野心的传奇之一"。

8月，一个暴风雨肆虐的下午，纽约的电影爱好者们冲进诺曼底影院，坐在舒适的马海毛—天鹅绒软垫座椅上观看影片。未来的数年里，他们会一直谈论这部纪录片中最震撼的画面。这段6分钟的场景展示了"自然界最奇特的现象之一"，迪士尼写道。

摄像机掠过一片冰原，旅鼠们在那里聚集。它们长着长胡须，毛发茂盛，看起来就像圆圆的、毛茸茸的仓鼠。起初它们徘徊着，

第5章 自杀式迁徙

轻轻嗅着地面或彼此。随后,它们开始慢慢穿过结冰的苔原,一边走,一边用小爪子把雪拨到身后。

旁白解释道,它们的路途中有一处悬崖——在场景内并未出现。"前方是北冰洋的海边,更远处便是大海。"那个男中音说,这群毛茸茸的动物依然在坚定地前进。"这些小动物依旧在向前涌动。"摄像机跟上了它们。"它们到达了最终的崖壁。"旁白说,"这是最后一次回头的机会。"

观众们对旅鼠的行为并没有什么专业的见解。但是,每个学校里的孩子都知道,与人类行为一样,动物行为的指导原则是自我保护。荧幕上,旅鼠们来到了悬崖的边缘,用锋利的爪子扒着那里。它们停下了。

它们一个接一个地跳了下去。

下一个画面是空中毛茸茸的圆球,小小的脚踢来踢去。

摄像机移动到悬崖下方灰蒙蒙、毫无特色的海面,一群旅鼠忽然一齐降落,掀起了波澜,它们坠入冰冷的深水中,走向死亡。这个场景非常可怕。这些旅鼠是由于错误跳下去的吗?它们落入水中,是否是因为莫名规划错了路线?观众们产生了这样的疑惑。不,旅鼠"可怕的死亡之旅"源于一种"盲目、本能的冲动",电影制作人解释道。大规模的自杀不是异常现象,也不是意外事故。旅鼠们本来就想跳下悬崖。"人们无法理解自然中所有的神秘现象。"旁白这样说道。

∽

正如英国皇家学会所记载,如今埃尔顿作为"动物生态学之父"和生物学领域的"杰出人物"被铭记。但是,虽然一次又一

大迁徙

次地重复了旅鼠的故事，他和他的同事们却从未见过一只向着大海迁徙的旅鼠。为了观察这一现象，科学家们尝试了数十年，唯一值得夸耀的是一张模糊的照片，上面有一只迁徙中的旅鼠。1935年，埃尔顿的一个学生——丹尼斯·奇蒂冒险前往加拿大的北极地区，计划研究旅鼠的迁徙。他写道，希望找到一片"旅鼠泛滥的土地"。他乘船经过哈德逊湾，环绕巴芬岛，向北到达埃尔斯米尔岛，向西到达西北航道。7周内，他们在严寒中行驶了数千英里。他们看见了"大量早期旅鼠的粪便"，却没有见到一只旅鼠。50年后，奇蒂在挪威的芬瑟再次尝试。他得知那一年旅鼠泛滥。可当他们到达时，旅鼠已经消失了。

当生物学家们查看旅鼠栖息地的雪地时，他们发现了关于旅鼠的真相。其实，它们并没有消失在北冰洋冰冷的深海中。它们挖洞并藏在了雪下，以苔藓为食。温暖的土地导致它们上层的雪融化，形成了被称为"雪下空间"的狭窄缝隙，它们在那里繁育后代。多年以来，生物学家们从未想过看上一眼，因为从生物学的角度看，在雪下繁育后代被认为是不可能的。

在多雪的年份，任何一个查看这片土地的人都不知道，在大雪的覆盖下，它们的数量开始增长。雪融化后，隧道和洞穴中充满了雪水，它们只能匆匆离开。忽然，它们大量出现，仿佛不知从哪里冒出来，足迹遍布海冰。等到冬天到来，大雪覆盖了土地，它们又会通过挖地洞回到雪下，仿佛神秘消失了。

埃尔顿参考了科利特的书。与林奈的原始材料一样，科利特也结合了神话、传说，以及"挪威水手口中荒诞的故事"，生态历史学家佩德·安克解释道。如果埃尔顿没有依靠自己对这本书的粗略翻译,可能会意识到这一点。

尽管关于旅鼠自杀式迁徙的科学证据是由一系列误会提供的,它的流行却是故意欺骗的结果。1982年,加拿大广播公司制作了一部名为《残忍的摄像机》(*Cruel Camera*)的纪录片,讲述了影片中虐待动物的行为。它介绍了《白色荒野》中旅鼠的迁徙是如何拍摄的。

旅鼠的自杀式迁徙是一场表演。迪士尼的电影制作人雇用了一位动物训练师,他能够为野生动物的纪录片搭建小型工作室和布景。比如,通过把家养的鹅放在风力机前,他营造出了鹅飞翔的场景。这位动物训练师和他的团队雇用当地的孩子抓捕旅鼠,并以每只25美分的价格收购。然后他们乘船带着旅鼠行驶1000英里,来到在卡尔加里郊区搭建的场景,那里画着北极的天空。他们将一群旅鼠放在转盘上,拍摄它们绕着转盘奔跑的样子,这样就制作出了一群旅鼠沿着直线飞奔的效果。

随后,他们将旅鼠聚集起来,装在一辆卡车里,在摄像机的拍摄下,把它们推下河岸。旅鼠并没有自杀,它们是被谋杀的。

∾

在真相被揭露之前,《白色荒野》在数十年内深入人心。旅鼠自杀的场面使其成为倍受好评的热门影片。1959年,影片获得了奥斯卡最佳纪录片奖。多年来,它在全国的公立学校放映,让大众了解了埃尔顿悲观的看法:从生态学意义上,迁徙必然会导致死亡。

20世纪70年代末,我在康涅狄格州郊区一所中学那灯光明亮的教室中得知了旅鼠大规模的自杀行为。和其他人一样,我觉得这个故事阴暗又迷人。我还记得，当看到那些旅鼠长得很像我的宠物仓鼠哈米时，我感到非常震撼。我以为它们只是一种头脑简单、只在意当下需求的动物，这种看法似乎被瞬间颠覆了，让我毛骨悚然。

旅鼠的死亡迁徙迷惑了整个国家。它们的大规模自杀很快就成了各种自我毁灭行为的文化代名词。在加利福尼亚州，伯克利的一支乐队给自己取名为"旅鼠"，他们的专辑封面是一张这样的照片：一排汽车从悬崖落入大海。纽约漫画家詹姆斯·瑟伯在他的漫画《旅鼠专访》中想象了一只旅鼠和一位科学家的对话。"我不明白，"科学家说，"为什么你们旅鼠都会跳入海中淹死呢？""我也很好奇，"旅鼠说，"我不明白的是，为什么你们人类不这样做。"英国诗人帕特丽夏·比尔曾用阴暗的笔法描写了拥有"炽热血液"的旅鼠跳入"冰冷的海洋"。在战争中，数百万人"像旅鼠一样"赴死，心理学家布鲁诺·贝特海姆说。"战争，"生物学家理查德·沃森写道，"是旅鼠式疯狂的终极体现，它吸引了大量渴望这种疯狂的男性。"

20世纪50年代末，影片刚刚上映时，人们认为自然界的自杀式迁徙让他们理解了第二次世界大战后尚未愈合的创伤。正如那些跳入大海的旅鼠，军人们和其他死去的人通过牺牲自己，维护了自然的平衡。换句话说，迁徙最恰当的结局便是死亡。

随着美国等国家坚定地关闭了国界，人们不再有理由思考如果移民们不牺牲自己，将会带来怎样的政治和生态困境。

一切都会发生改变。

第 6 章

马尔萨斯的可怕亵渎

20世纪40年代至60年代,科学家们记录了自然界另一种棘手的生态学现象。顶尖的物种数量生物学家将以此提醒人们关注迁徙导致的危险。

奥尔多·利奥波德(Aldo Leopold),埃尔顿的朋友,1943年写下了关于凯巴布(Kaibab)的最初记录。他将这种现象视为"生态系统中自然力量的平衡"被"扰乱"的结果。

凯巴布是亚利桑那州北部一处与世隔绝的高原,面积约为229平方英里,被幽深的山谷包围,1906年成为猎物繁殖及保护区。为了增加猎人们喜欢猎捕的鹿的数量,美国林务局努力清除了它们的猎捕者。1907年至1923年,他们杀死了3000只丛林狼、674只美洲狮、120只山猫和11只野狼。

扑杀使高原发生了变化。由于不受猎捕者影响,鹿的数量大幅上涨。20世纪初,大约有4000只鹿生活在凯巴布。1924年,据观察者估计，鹿的数量已经上升至 10 万只。

但是鹿的数量并没有长期保持下去。它们的胜利埋下了死亡的种子。那些鹿撕咬山杨、云杉、冷杉的树皮，阻止树木生长，使得它们食用的植被质量下降。鹿渐渐被饿死了。"每一个案例中，"1924 年，观察者记录道，"透过皮肤，都可以清晰地看见它们的肋骨。"1924 年至 1928 年，将近四分之三的幼鹿因此丧生。

生态系统被扰乱的情况也发生在圣马太岛，一片由数千英尺高的山崖组成的高地，被白令海峡中的北冰洋海水环绕。战争期间，海岸巡逻队曾从数百英里之外捕获驯鹿，把它们放入驳船，带到这个狭窄的小岛上，作为士兵的食物储备。他们在这里建造了一座小型无线电导航站，并从事运行工作。战后，导航站被拆除，那些驯鹿没有被无线电导航站的工作人员吃掉，于是便留在了这个布满青苔、没有猎捕者的岛上。

1963 年，研究员来到这里，查看它们的情况。他们发现岛上遍布驯鹿的足迹和粪便。已经由最初的数量增长到 6000 多只。驯鹿踩坏了作为食物的青苔，它们几乎无法恢复。几年后，研究员再次来访，发现并没有多少驯鹿的踪迹，只剩下它们褪色的尸骨。

凯巴布和圣马太岛的鹿并没有通过跳下悬崖、奔向死亡来控制过剩的数量。它们也没有像富那富提的人那样，每隔一个便杀死一个幼崽，或者发动导致大量杀戮的战争。

它们只是继续消耗资源，继续繁衍。如果可以自由移动，它们会把自己巨大的、足以毁坏生态系统的胃口带到其他地方。

∽

发生在凯巴布和圣马太岛的事情让我们想起了 18 世纪的牧师

托马斯·罗伯特·马尔萨斯（Thomas Robert Malthus）的警告。马尔萨斯指出，《英国济贫法》鼓励我们为穷人提供食物和衣服，大多数人也认为这是有益的慈善行为，但这会破坏自然对人口增长的控制。"从本质上讲，我们不应该以任何方式帮助穷人。"马尔萨斯在1798年写道，"这会让他们养育更多的孩子。"社会进步使得贫穷、疾病和饥饿消失，这会导致人口成倍增长，马尔萨斯警告道，他们的需求会超过食物的供应量，造成长期的冲突和食物短缺。

在马尔萨斯发出警告后的几个世纪中，他的观点被证明是错误的。一切导致死亡率下降的现象——现代化、经济发展、社会繁荣——也会导致出生率的下降。高出生率和高死亡率变为低出生率和低死亡率，社会学家将这种现象称作"人口转型"。比如，在美国，现代公共卫生和其他措施使得死亡率从17世纪的25‰下降到几个世纪后的不足10‰。但是灾难性的人口增长并没有出现，因为出生率也同样下降了：1800年，美国白人女性平均每人生育7个孩子，1940年，平均每人只生育2个孩子。有影响力的思想家谴责马尔萨斯危言耸听。19世纪的哲学家弗里德里希·恩格斯认为他的结论"是对自然与人类的可怕亵渎"。

然而，第二次世界大战后，人口趋势发生了改变。在美国和其他发达国家，生育率大幅提高。"婴儿潮"的出现违背了人口转型理论的预测：生活在发达社会的人们喜欢小型家庭。与此同时，在印度这样的发展中国家，死亡率开始下降。肥料和抗生素等化学制品在战时出现，阻止了会导致上百万人死亡的疾病和饥荒。这也不符合人口转型理论，因为那里的经济没有发展，也没有走向现代化。

科学家们在一系列畅销书中开始重新提及马尔萨斯的担忧。他们发出警告，认为人类的结局可能是凯巴布高原上物种灭绝的慢速版本。鸟类学家威廉·沃格特（Willian Vogt）曾为约翰·詹姆斯·奥杜邦的《美国经典鸟类图册》撰写前言。1948年，他写了一本畅销书，名为《生存之路》（*The Road to Survival*）。亨利·费尔菲尔德·奥斯本的儿子小亨利·费尔菲尔德·奥斯本也写了一本类似主题的书，并在同年出版。他接任了纽约动物学协会会长一职。

历史学家艾伦·蔡斯提到，沃格特书中的"每一个观点、每一条概念、每一点建议"，都成了"后工业化一代受教育的美国人必须了解的传统智慧"。《读者文摘》，一本销量仅次于《圣经》的杂志，刊登了沃格特著作的简化版本。1956年至1973年，在28种常见的生物教科书中，有17本包含了利奥波德讲述的鹿在凯巴布灭绝的故事。

～

斯坦福大学的生物学家保罗·欧里希（Paul Ehrlich）身材瘦高，一双敏锐的眼睛被浓密的眉毛和修长的鬓角包围。他在新泽西州长大，喜欢收集蝴蝶，以及在美国自然历史博物馆徘徊。

和他的同代人一样，他也知道凯巴布和圣马太岛发生了什么。在宾夕法尼亚大学读本科时，他在沃格特和奥斯本的书中读到过这些内容。在学生时代，他甚至还在校园里听过一场沃格特的演讲。

但是欧里希研究的是格纹蛱蝶，它们和凯巴布的鹿不一样。

雌性的格纹蛱蝶产下数百颗卵，但是在许多年里，即使有两只活下来，也是很困难的事。如果天气稍微有些暖和，或者雨水稍微多一点，幼虫的生长便无法与它们食用的植物短暂的花期保持一致。幼虫食用的车前草寿命很短，而且只生长在山间干旱草地里错综复杂的岩石之间，这样的栖息地独特而稀有。如果想让一批格纹蛱蝶存活下来，新出现的蝴蝶不仅要找到这些特殊的植物，并在上面产卵，还要选择适当的时间和天气，只有这样，虫卵才能长成幼虫，并在冬季植物枯萎前吃到东西。生物学家将其称为"物候窗"——从成年蝴蝶做好交配准备，到它的后代可以食用的植物死去这段时间——不过发生在几天之内。

当格纹蛱蝶的生存状况变得糟糕时，它们的数量便会减少，然后灭绝。尽管翅膀可以让它们越过地理及其他边界，进入新的地区，但欧里希知道，它们很恋家，很少离开自己的山坡，无论条件多么恶劣。他的研究可以证明这一点，他写道，它们"明显缺乏游荡的欲望"。

马尔萨斯预测了数量增长导致的生态学灾难：饥荒、环境恶化和灭绝。只要欧里希的注意力集中在蝴蝶身上，这便不会影响到他。后来，他出访了南亚。

∽

1966年6月末，炎热的前季风时节，欧里希在印度新德里尘土飞扬的巴勒姆机场着陆。这是他历时一年的跨国调查之旅的最后一站，他的妻子安妮、女儿丽莎·玛丽也和他同行。

许多美国游客发现，这里虽然热得让人发昏，而且很混乱，却充满了魅力和变化。头发蓬乱的反主流文化狂热者纷纷涌入印度,学习瑜伽、冥想、佛教等传统文化。欧里希一家到达一周后,披头士乐队的成员们也来到了德里,学习正宗的印度古典乐器。

可欧里希不这样认为。无论在哪里,他都看到了灾难正在发生。

"街上到处都是人。"他后来写道,"吃东西的人、洗衣服的人、睡觉的人、做客的人、吵架的人、尖叫的人。人们把手伸进出租车的窗户乞讨;人们随地大小便;人们挤在公交车上;人们在放牧。到处都是人、人、人。"德里夸张地展现了"人口过剩的感觉"。他把这座城市称作"地狱"。

欧里希一家很不喜欢这里,他们离开了德里,向北前往克什米尔那些森林茂密的高海拔山谷,它们坐落在高耸的喜马拉雅山脉之间。在这里,他们见证了更多预示着生态灾难的迹象。欧里希写道,克什米尔的高海拔牧场"在生物意义上已经很贫瘠了","牧草只有一英寸高"。他几乎找不到任何想要研究的蝴蝶。而且,他们住的旅馆很脏。他们在克什米尔著名的达尔湖租的家庭游船非常贵。克什米尔"极度令人失望",欧里希在给一位朋友的信中写道。

欧里希认为,印度人已经破坏了自己的土地,就像圣马太岛的驯鹿。欧里希指出,如果他来访前的一年,美国没有用船运来900万吨的小麦,印度一定已经陷入了饥荒,就像凯巴布的鹿一样。

事实上,欧里希一家看到的拥挤现象和环境破坏,不仅和人口增长有关,也和当地的经济和政治状况有关。印度的人口有所增长,但是相较于世界上其他的城市,德里的人口并不算多。当时,巴黎有800万人口,而德里只有280万人口,只相当于巴黎

第6章 马尔萨斯的可怕亵渎 131

的一小部分。混乱和拥挤并不是由当地人口的数量造成的,而是由于政府实行了新的政策,鼓励来自穷苦农村的人到城市的工厂找工作。新来者的流入导致当地的住宅容量不足,基础设施也不够用。

尽管克什米尔的环境确实遭到了破坏,但将此事归咎于人口增长也是一种夸张的说法。欧里希一家来访前不到一年,印度和巴基斯坦为了争夺这里的控制权,进行了一场血腥而具有毁灭性的战争。成千上万的军队装备着大炮和坦克,经过了克什米尔幽深的山谷,把开阔的土地变成了战场。许多士兵偷猎当地的野生动物作为食物,或者获取它们的皮毛,因此山谷中很多独特的物种都已濒临灭绝。正如欧里希所说,克什米尔被"毁掉"了,但毁灭性的山间战争才是罪魁祸首。

对欧里希而言,这些历史事实只是表面的掩饰。从狭义的角度来说,印度的情况并没有验证马尔萨斯学说的预测,但从广义的角度却验证了。人口增长,环境质量下降。情况就是这么简单,马尔萨斯和沃格特的观点也正是如此。

∽

从印度回到家后,欧里希很快就开始从事控制人口增长的运动。最初,他警告斯坦福大学的学生们,与凯巴布相似的灾难也会发生在人类身上。很快,当地的俱乐部和非政府组织开始邀请他为成员们演讲。

欧里希在斯坦福的办公室变成了科学辩论的场所,议题是人口增长带来的生态危机。在斯坦福每周举行的研讨会和大会上,他聚集了一些科学家,比如加利福尼亚大学的生态学家加勒特·哈丁,社会学家金斯利·戴维斯,还有其他一些人。他们共同探讨人口爆炸的可能性,以及这种情况对未来的影响。

他们在各个地方都看到了类似凯巴布的灾难,包括加利福尼亚。1962年,生活在加利福尼亚的人要比生活在纽约州的人多。拥挤的高速公路上闪烁着红色的刹车灯。城市杂乱无章。上百万辆加利福尼亚汽车未经处理的尾气被排入黄金之州的阳光中,再加上这里是环山盆地,有毒的化学反应形成了浓重的烟雾,弥漫在加利福尼亚主要城市的上空。受到污染的空气变得混浊。人们走在洛杉矶的大街上,只能戴着"防烟雾护目镜"来保护自己的眼睛。

污染并不是唯一的凶兆。新的调查表明,除了饥荒和环境恶化,反社会化行为也是马尔萨斯学说预言的灾难的标志。为了进行他那具有影响力的研究,约翰斯·霍普金斯大学的动物行为学专家约翰·卡尔霍恩(John B. Calhoun)圈起了一片25英亩的土地。他的院子位于马里兰州巴尔的摩郊外,他在那里养了5只怀孕的老鼠。由于没有猎捕者,老鼠的数量增长到数百只。但是他不断地为它们补充食物,没有让老鼠互相残杀,导致了马尔萨斯学说预测的灾难。

混乱接踵而至。老鼠们的行为发生了改变。雄性老鼠组成的好斗团伙,袭击雌性和幼年老鼠。它们吃掉了死去老鼠的尸体。雌性老鼠忽视自己的孩子,甚至袭击它们。有些老鼠变成了同性恋,还有一些性欲过盛。最终,老鼠的行为变得非常奇怪,它们无法成功繁殖,导致数量大幅下降。

欧里希鼓励社会心理学家乔纳森·弗雷德曼进行后续研究,

判断这样的情况是否会发生在人类身上。在弗雷德曼发表研究成果之前,欧里希就已经在自己的论文中引用了他们得出的结论。赞成这一结论的并不只有他。在议会中,政治家们针对人口增长发出警告,并以卡尔霍恩的研究结果作为证据。评论家们使用卡尔霍恩的研究结果,将反社会性行为与拥挤联系在一起。拥挤会导致"无法控制的攻击性",动物学家、电视主持人德斯蒙斯·莫里斯写道。这一点"已经被实验证明"。记者汤姆·乌尔夫将纽约拥挤的人群比作"一群跑来跑去、东躲西藏、眨着眼睛、大声叫嚷的欧椋鸟或老鼠"。评论家、哲学家路易斯·芒福德写道,人类"丑陋而野蛮的行为"是由"纯粹的物理性拥挤"造成的,这在卡尔霍恩的老鼠实验中得到了"部分证明"。哈丁认为,"自由繁育"是"无法忍受"的。

科学家们不再将人口增长视为经济繁荣和健康状况改善的乐观结果,而是将其看作一个将会随时凶残爆发的无声杀手。《科学》杂志将人口增长称作"P-炸弹",就像A-炸弹和H-炸弹。《时代》杂志在1960年的一篇封面故事中将这个问题称作"人口爆炸"。

当时,惊恐的美国读者可以安慰自己,将这个问题看作遥远的、属于另一个世界的事情。《时代》杂志也如此暗示,并附上了袒胸露乳的非洲女人和头戴纱丽的印度女人带着许多婴儿的照片。美国实际上已经与这些人隔绝:几十年来,移民法律禁止这些人穿越美国的国境线。

~

拒绝了那些载满恐慌的犹太人和其他遭受纳粹迫害者的游船

后，美国、欧洲和其他地方的领导人终于做出了改变，同意为逃离纳粹迫害的难民提供庇护，并于1951年签署了《联合国难民公约》。随着民权运动的发展，美国边境面临压力，被要求取消持续了数十年的种族配额制度。两年后，《纽约时代杂志》摘录了约翰·F. 肯尼迪总统振奋人心的文章，将美国称为"移民国家"。1965年，议会通过了哈特—塞勒法案，宣布种族不再作为判断一个移民能否进入美国的标准。

哈特—塞勒法案被宣传为一项实用举措，可以让那些有技术的外国人，比如我的父母，帮助国家运行近期规模有所扩大的政府项目，比如医疗保险和医疗补助，也可以帮助国家塑造热情好客的形象，与苏联的封闭形成对比。人们并不打算真正改变美国的种族构成。很可能，这一法案的构想者认为，白皮肤的欧洲人依然是移民潮的主流，和从前一样。这并不是"革命性的法案"，约翰逊总统在签署时说道，并承诺法案"不会改变我们的日常生活"。"大量亚洲和非洲人涌入的危险状况不会出现。"议员代表伊曼纽尔·采拉尔向国家保证。

他是错误的。1965年以后的外来者十个中有九个来自亚洲、拉丁美洲，以及其他非欧洲地区。支持马尔萨斯学说的生态学家们描述了人们爆炸性增长的混乱场面，这种现象将从印度这样的国家流入美国的海岸。人口炸弹无法得到控制，将会引发"多重"灾难，欧里希夫妇写道，"这是由人类规模空前的迁移造成的。"

一场拆除人口炸弹，将它的影响控制在美国边境线以外的民众运动开始出现。

～

塞拉俱乐部的领袖大卫·布拉尔听说，欧里希针对人口问题接受了日间脱口秀节目的采访。他很高兴，并打电话给出版人伊恩·巴布坦。他们一起说服欧里希写了一本关于这个主题的畅销书。

保罗和他的妻子安妮合写了这本书。安妮在大学主修法语，经常与他合作。她甚至还为他那篇关于杀虫剂抗药性的博士论文绘制了插图。当巴布坦出版这本书时，出于市场的原因，他们决定去掉安妮的署名。他们还把欧里希夫妇想出的枯燥书名《人口、资源与环境》换成了引人注目的《人口炸弹》(*The Population Bomb*)。

书中，欧里希展现了科学家惯有的谨慎。他提醒道，人口增长将会在 15 年内"导致地球容量的崩溃，使它无法再容纳人类"。1984 年，他预言，美国人将会死于脱水。

人口增长是每个人都关心的问题，但是欧里希为美国人和外国人提出了截然不同的解决方案。他建议美国人在生育习惯和资源消耗方式上增强意识，却建议所有拥有 3 个及以上孩子的印度男性结扎——并提议派遣美国飞行员、医生，提供交通工具和外科手术器械，帮助印度人做这件事。他提出了"非常不受欢迎的外交政策"，比如让某些需要食物的国家的居民挨饿，而不是用货船向他们运送食物，并且在他们的水中加入避免生育的药物。

欧里希并不是公开的种族主义者。相反，他支持民权，并且作为科学家，强烈反对不同种族存在生物学差异的概念。在博士后阶段，他曾在堪萨斯州协助组织过一场反对种族歧视的抗议，并且写了一些书籍和论文，遣责心理学家亚瑟·延森和诺贝尔奖得主、物理学家威廉·肖克利，因为他们声称黑人的基因较差，因此应该成为人口控制的首要目标。(和他关于人口问题的论文不同,欧里希关于种族的书被批评为"傲慢而善于诡辩,和他的对手们那些最糟糕的行为没有什么差别"。)

然而,那些阅读过《人口炸弹》的人都会注意到,欧里希认为外国人做出改变的能力和理解力要比本国人差。在这本书中,他认为人类的行为不是动态的,也不能对变化的环境做出反应,而是固定的生物特征。

比如,他为印度的童婚而叹息,强调它将生育延长了几十年,却认为强制结扎的可怕政策要比改变文化习俗更加可行。他觉得,向印度人解释阉割和结扎之间的区别"几乎难以实现"。他坚持认为,中国台湾、韩国和日本实行的人口控制无法在贫穷地区取得成功。如果我们以为,类似的事情会发生在"亚洲其他地区、非洲或拉丁美洲","我们便太愚蠢了"。他鄙视自主的家庭计划,也就是让女性自己决定想要生几个孩子。尽管他自己——一个受过教育的西方男性——能够看到大家庭导致了马尔萨斯问题,却不认为女性——尤其是贫穷国家的女性可以看到。有时,他把这些国家称作"永远不会发展"的国家。

欧里希的描述符合他的学科中一个流行的理论。在20世纪60年代末至70年代的短暂时期,研究动物数量的生物学家提出了"r/K选择"理论。它假设有两种地方——一种可以让生物轻松地生存,另一种不能——两大类动物生活在那里。在生活轻松的地方,住着"r型策略者",它们体型很小,身体成熟快,生殖能力强,几乎盲目地追求大家庭。这里的生活环境不会使它们变得特别聪明或节约,因此它们总是很蠢,喜欢浪费。在生活艰难的

第6章 马尔萨斯的可怕亵渎 137

地方，住着"K型策略者"，环境要求它们聪明而节约，它们成熟较晚，对少量的后代投入更多。环保生物学家使用"r/K选择"理论区分老鼠这一类"r型策略者"和大象这一类"K型策略者"。

2000年，加拿大心理学家约翰·菲利普·拉什顿把"r/K选择"理论明确地用于人类的种族，并引发了很大的争议。他声称黑人是"r型策略者"，"东方人"是"K型策略者"，而白人介于二者之间。拉什顿的偏见是公开的：他是先锋基金名下优生学研究的带头人，而哈里·劳克林曾担任这一职务多年。

欧里希的偏见并未公开，但是他关于印度人和欧洲人的描述与拉什顿呼应。在《人口炸弹》的前言中，塞拉俱乐部的大卫·布拉尔也同样用类似"r/K选择"的方式展现了生活在不同地区的人之间的差异。"不同的国家可以简单地划分为两组。"布拉尔写道，"人口增长率较高的国家为一组，人口增长率较低的国家为一组。"人口增长快的国家，"工业化程度低，农业效率低，国民生产总值很低，文盲率高，还存在一些相关的问题"。而人口增长缓慢的国家或许处于相反的状态。

那些和欧里希一样支持新马尔萨斯学说的科学家，比如金斯利·戴维斯，明确地呼吁停止移民。戴维斯认为，移民减缓了科技发展，并增强了"教育问题、健康危机、财务负担、种族偏见、宗教冲突和语言差异"，他建议加利福尼亚州禁止墨西哥和中国的新来者进入。

欧里希也认为来自印度等地的移民具有入侵性。他提醒道，饥饿的印度人将会淹没国界，他们试图窃取美国的资源。"他们在杂志上见过那些绚丽多彩的照片和西方的科技奇迹。"他写道，

"他们也见过汽车和飞机。很多人还见过冰箱、拖拉机和电视。不用说,他们不会感到幸福的。"他写道,印度人不可能"优雅地挨饿,不破坏环境"。更有可能的是,他们"试图击垮我们,从而得到他们认为自己应得的财富"。

为了防止他们吞没美国,需要采取强制行动。"我知道这听起来很冷酷。"欧里希写道,他向读者展现了对那些人的怜悯之情,却也促使他们认同专制措施的必要性。给他们用药,以及要求他们做手术是一种强制行为,但这是"好意的强制行为"。

"请记住这个选择。"他在书中写下这样的话。

～

欧里希这本 200 页的书极具煽动性,它虽然很风趣、很黑暗,而且风格独特,但最初并没有引起人们太大的兴趣。1970 年初,约翰尼·卡尔森打来了电话。卡尔森的深夜恳谈会《今夜脱口秀》(*Tonight Show*)在电视界独占鳌头,比当时和以前的任何电视节目都要赚钱。参加卡尔森的节目等于拥有了成为明星的机会,一代演员,包括芭芭拉·斯特赖桑德、伍迪·艾伦、史蒂夫·艾伦都发现了这一点。

欧里希当时 37 岁,站在娱乐行业最有名气的舞台上,"并不十分紧张",他后来回忆道。他是一个善于表演的人,懂得如何吸引人们的注意,也很享受这个过程。他说,自己总是"高声讲话"。欧里希解释道,未来的世界会变得像凯巴布一样,因此需要采取激进的干预方式。全国范围内,将近 1500 万观众收看了这档节目。

第一次登上《今夜脱口秀》后,观众们寄来了 5000 多封信,比寄给其他嘉宾的都多。《人口炸弹》的销量暴增。1970 年的前几个月，这本书卖了将近100万册。到了年底，它卖了200万册。记者乔伊斯·梅纳德还记得，阅读《人口炸弹》时，她产生了"强烈的恐惧"。"这并不是一种个人的恐慌，"她解释道，"而是关于世界末日的恐慌。我担心，等我们到了父母的年龄，只能包裹得像沙丁鱼罐头一样，戴着氧气面罩，在一片浓雾中生存。"

一夜之间，欧里希成了名人，地位如同今天的艾伯特·戈尔或者奈尔·德葛拉司·泰森。他数次参加卡尔森的节目。有一段时间，他在3个月内参加了3次节目，与卡尔森谈论美国面临的一系列政治问题。"理查德·尼克松在智商测试中能得高分。"在一次关于智商测试无用的讨论中，他面无表情地说，"但你会把女儿嫁给他吗？""我们已经愉快地毁掉了我们的孩子仅有的资源。但是你知道吗？"他嘲讽道，"子孙后代又为我们做过什么呢？"

各个知名机构为欧里希授予了许多荣誉——艾美奖提名，斯坦福大学客座教授，联合国、麦克阿瑟基金会和瑞典皇家科学院的奖项。休·摩尔凭借售卖迪克西牌一次性纸杯起家，他和其他的企业家们向主流报纸支付广告费，为几百家大学广播站免费赠送了欧里希的演讲片段，并印发了无数份关于《人口炸弹》的传单和小册子。

顶级好莱坞导演和演员们被欧里希描述的饥饿、人口过剩的未来所触动，计划拍摄一些科幻电影。在1972年的《Z. P. G.》中，查理·卓别林的女儿、金球奖提名女演员杰拉尔丁·卓别林，饰演了未来世界里一个养育了机器人孩子的女人，因为所有人类都被禁止生育30年。在1973年的《绿色食品》中，查尔顿·赫斯顿所在的纽约资源贫瘠而拥挤，人们要依靠那些谋杀人类的公司进行配给。

一开始便有人怀疑,人口控制运动是否只是想控制特定的人口,没有其他目的。1970年6月,在一次会议上,一些非裔美国活动分子站出来,指控聚在一起的环保和人口控制活动分子——欧里希、哈丁和其他人,认为他们并不关注人口问题,而是关注有问题的人口。组织者设置的会议议程中包括探访"拥挤的城市","那里已经存在由生态学失衡导致的危机"。会议的目标是"系统地减少特定的人口,也就是黑人、其他非白人、美国穷人,以及某些非白人和少数人种移民"。

他们的批判并没有减缓人口控制运动的进程。对反主流文化的活动分子而言,这项运动为激怒宗教保守派提供了机会,宣扬了他们认为亵渎基督的生育控制手段。对那些建立起自己的商业帝国,推崇消费主义的商人而言,这项运动转移了注意力,使人们不再关注他们对环境的破坏。对西方非政府组织和其政府机构同盟而言,这项运动推广了利用科技快速解决问题的方式,比如节育装置,与缓慢发展的苏联经济模式形成了对比。那些贫穷、人口增长速度过快的国家,比如印度,也支持新的人口控制政策。精英人士们不介意人们将国家的贫困和饥饿归咎于贫穷女性生了太多孩子,因为他们更不希望专制的种姓制度和广泛的腐败受到影响,毕竟他们因此获利。

一次参加《今夜脱口秀》时,欧里希宣布,一个名为"人口零增长"的新组织成立,其目标是:通过让堕胎和结扎更加方便,阻止马尔萨斯学说预测的灾难。这个组织很快吸纳了6000名成员。在全国的大学校园中,学生活动分子组织活动,向人群扔避孕套。

他们进行了"人口过剩的实验",参与者们挤在有限的空间内,将米饭和茶水作为"饥荒食谱"。他们在衣领上别着徽章,徽章的图案是一个男性以及被割去一部分的圆环,象征着切除输精管。他们戴着被做成耳环的宫内节育器。

沃格特、奥斯本、金斯利·戴维斯等科学家加入了人口理事会一类的国际非政府组织。这一组织为印度运送了100万个宫内节育器。一些慈善组织,比如洛克菲勒基金会和福特基金会,向美国政府施压,要求那些接受外国援助的国家削弱贫穷女性的生育能力,以此作为接受资金或食物的条件。

1975年6月,人口控制运动取得了重大的胜利。那年夏天,印度总理修订了宪法,为了控制过剩的人口,开启了一项雄心勃勃的计划。在印度全国,男性如果拥有3个以上活着的孩子,就会被要求结扎。孕妇如果已经有了3个孩子,就会被要求堕胎。政府工作人员手里拿着外科手术刀和宫内节育器,在全国各地完成自己的配额。

约翰·坦顿(John Tanton)是一个低调的人,长着一双眼皮下垂的灰色眼睛,很少眨眼。他住在密歇根湖边一个名叫皮斯托基的静谧的小镇。他在后院里养蜜蜂,并担任眼科医生。

欧里希的书"对我影响很大",他说。1969年,他加入了欧里希的人口零增长运动,当时,欧里希还没参加《今夜脱口秀》。他还买了几本《人口炸弹》,根据情况分发给朋友和邻居。他和他的妻子是热心的环保人士,同时也是坚定的社会活动家。坦顿建立了奥杜邦学会的皮斯托基分部,并和妻子共同创建了关于计划生育的分支机构。他是大自然保护协会的终身会员。

但是人口控制运动将降低出生率作为减少人口增长的首要策略,这让他非常困惑。在少年时代,他在自己养的蜜蜂身上找到了其他具有生态学意义的方法。每年秋天,蜜蜂的数量达到最高值后,雌性工蜂便会强行将雄蜂驱逐出蜂房。它们会封锁蜂房的入口,防止雄蜂回来;会把还在里面的雄蜂拖到蜂房边缘,再丢出去。作为养蜜蜂的人,坦顿发现了被遗弃的雄蜂饿死或冻死后的尸体,它们的翅膀上有清晰的咬痕。坦顿猜想,这是一种残忍但必要的数量控制方式,而这些雄蜂成为牺牲品,这种无情的驱逐与旅鼠的大规模自杀很相似。

他越是思考这件事,就越觉得蜜蜂与人类有一定的共性。国家不就像蜂房吗?被边界封闭起来的,是复杂的文明。当蜜蜂的数量超过了蜂房的容量,蜜蜂就会采取极端的手段——清除负担,关闭边界。他想,它们的行为"可以作为人类的参考吗"?

其实并不能。一只蜜蜂更像是身体中的一个细胞,而不是社会中的个体:它是一个更大整体的组成部分。很多蜜蜂甚至不用吃东西,大多数蜜蜂也不参与繁育。驱逐雄蜂与驱逐外国人有所不同,前者更像是丢弃死去的细胞。而蜂房也与国家并不相似。蜂房是封闭而排他的住所,更像是一栋私人住宅。

哈丁也用同样错误的比喻来呼吁封闭国界。在1974年的一篇影响力深远的文章中,他将世界上的各个国家比作在海上漂泊的救生艇。因此,他说,富裕国家应该对来自贫穷国家的人关闭国界。如果一艘救生艇上的乘客爬到另一艘救生艇上,就会翻船。

但是国家并非彼此隔绝、独立的个体,被不可跨越的地形所包围。除了一些遥远的岛国，各个国家之间都是陆地和可以航行的水域。人们或多或少需要共享相邻的土地。如果用航海进行比喻，更合适的说法是，世界上的各个国家是一艘船不同的部分，迁徙则是乘客从一部分向另一部分移动。

坦顿为自己的客观、理性和骨气而自豪。和欧里希不同，坦顿不是一个有魅力的人，也不是演说家。他的演讲语气单调。温和、迂腐的外表符合美国中西部的风格，掩藏了他犀利的观点。他更像一个道德家，如果有人将烟头丢进小溪，他认为自己有责任训斥这个人。

他在公共演讲中很谨慎，从不公开表达憎恨，也不固执己见。但是私下里，他还有另一个抵制移民的原因。坦顿认为外国人在生物意义上与本国人存在差异。他认为他们是不同的物种，拥有不同的生物特性："少产型人类"指的是出生在欧洲和美国的人，相比新来者，也就是"多产型人类"，他们的家庭规模通常更小。他在私人书信中写道，那些外来者"带来了他们传统的高生育率模式"。（事实上，在一代人的范围内，移民的生育率与当地居民相似。）

与几十年前的麦迪逊·格朗和亨利·费尔菲尔德·奥斯本一样，坦顿认为智商能够从一代人传到另一代人，是完全不会改变的生物特性，而教育和机会几乎或者完全不会起到作用。他给一位同事写信，声称"智力低下"的人应该比聪明的人"少生几个孩子"，"这样才符合逻辑"。即使是政治倾向也根植于身体中，比如移民就像是长了幻肢，总是到处游荡。"如果大规模的移民让拉丁美洲的本土文化移植到了加利福尼亚，我猜测，这里的政府和社会机构也会变得像我们在拉丁美洲看到的一样无用。"他在私人信件中写道。

由于坦顿深信，当地人和外国人存在着根深蒂固的差异，他认为应该禁止移民进入美国。"如果不对边境进行控制，"他在私人信件中问，"少产型人类怎么能与多产型人类抗衡呢？"

坦顿认为人口控制运动应该采取相关的措施。"我开始给人口零增长组织写信，"他回忆道，"我说，'如果你们对人口数量感兴趣，那么你们觉得减少出生在这里的人和减少搬来这里的人有什么区别吗？'"他们说不出有什么区别。人口零增长组织请坦顿写一些背景介绍的论文，帮助他们表达关于移民政策的立场。人口控制运动中的环保主义者将目标从世界人口过剩转向了国内人口过剩。国家野生动物联盟将支持限制移民作为其环保纲领的一部分。顶尖的环保思想家，比如生态学家大卫·皮芒泰尔，可持续发展的支持者亨特·洛文斯，蓝色星球奖获得者、经济学家赫尔曼·戴立，以及"环境承载能力"等组织的董事会成员和顾问，都要求美国立刻终止移民。

坦顿很快就晋升为人口零增长组织的管理人员，他加入了董事会。他和欧里希、哈丁成了朋友。1975年，他成为人口零增长组织的主席，这个组织呼吁美国减少90%的移民。坦顿在《生态学》杂志的封面文章中说，很长时间内，环保主义者过于关注降低出生率，却忽略了"跨国迁徙对人口增长的持续作用"。他写道，"只有少数几个国家愿意接受合法移民（当然也包括非法移民）"，它们的吸纳能力难以跟上人口的增长速度。

唯一的解决办法便是：像蜜蜂那样，把多余的人口驱逐出去，

第6章 马尔萨斯的可怕亵渎

封锁国境线。

~

1977年7月4日，出现在数百万人家门口的《华盛顿邮报》，头版刊登了一篇2000字的爆炸性文章，内容关于印度的人口控制计划。写下这篇文章的记者走访了印度的许多小村庄，在前线报道了这场针对人口增长失控的全球性战役。他来到了位于新德里以南约两小时车程的村子——乌塔瓦尔。这里主要住着贫穷的穆斯林家庭。1976年，村里的电力供应忽然中断。村民们告诉《华盛顿邮报》记者，他们也不知道原因。后来，警方和当地政府代表过来解释：他们故意中断了电力供应。如果当地的男性同意结扎，便会恢复。

乌塔瓦尔的男性不愿意结扎，因此他们在没有电的情况下坚持了两个月。最终，政府等不及了。11月某日凌晨3点，吵嚷的喇叭声叫醒了沉睡的村民。一个警官宣布，村庄已经被携带汽油的武装警卫包围。"不要尝试逃跑，"警官说，"我们会开枪打死你们，把村子烧掉。所有的男人和男孩都安静地出来。"

恐慌的男人和男孩们走出家门，坐上正在排队等待的卡车和汽车，在黎明时分被拉走了。他们把男孩们关进当地的监狱，男人们则被送往户外诊所，医生们将手术刀伸向他们的腹股沟。

《华盛顿邮报》又补充了许多故事，讲述了这场战役中的虐待和暴力行为，一切都是为了抵抗马尔萨斯学说预测的灾难。对于没有结扎证明的人，印度政府没收了配给卡，取消了土地分配资格。如果有人躲过了手术，也会有邻居告密。和乌塔瓦尔一样，许多地方的结扎手术在临时的户外诊所进行，情况很糟糕，导致

200多名印度男性死亡。

暴力不仅出现在印度境内。在美国，很多州通过法令，要求接受社会福利的女性进行结扎手术。在联邦资助的计划生育诊所中，非裔美国青少年被强制结扎。

愤怒的女权主义者袭击了欧里希，认为他是广泛的人权侵犯行为的幕后黑手。"女性反对种族灭绝"等组织出现在欧里希出席的公共场合，散发标题为"炸死欧里希"的传单。

欧里希只能妥协。他检讨了自己过度呼吁采取行动的行为，并表示这些行动建立在不确定的科学基础上。他表示，这本书"存在缺陷"，但只是因为"科学永远都不是确定的"。同时，他也承认，这本书并没有以科学为基础，虽然长期以来，他一直以科学家和斯坦福大学教授的身份来推广它。他说道，《人口炸弹》是一本"宣传手册"，目的在于激发人们对环境保护的兴趣。"我当时想做些什么。"他这样说。

～

随着人口控制运动的瓦解，推动它们崛起的人口趋势却发生了扭转。

人们共同努力，发展并使用新科技，促进教育，推动社会的现代化，导致了人口转型——人们开始少生孩子，死亡率也在下降——这与战后马尔萨斯学说宣扬的情况不同。1955年，尽管上百万美国人为即将到来的人口爆炸感到恐慌，美国的出生率却开始下降了。1972年，出生率已经低于人口零增长组织建议的数值。全球性的人口增长也开始衰退，人口转型理论重新树立了权威。2009年《自然》杂志的一篇文章称它为"社会科学领域最可靠、并且被普遍接受的经验之一"。

那些为美国环境担心的活动家们不再抱怨穷人的生育习惯,而是用更没有争议的方式来保护自然。那些为贫困担心的人转向了他们早期废弃的渐进式社会经济发展计划。虽然人口控制依旧是一项重要且很有争议的国际发展计划,人口问题却不再出现在新闻头条中。历史学家托马斯·罗伯森写道,几年之内,"除了一些独立的小团体依然在关注,人口问题几乎完全退出了国家的议程"。

在公众视野之外,生态学家们开始默默地重新思考那些名声很差的研究及观察结果,他们曾将其作为马尔萨斯学说预言的灾难的早期证据。巴尔的摩围场中堕落的老鼠,圣马太岛上破坏苔藓的驯鹿,飘在洛杉矶上空的浓雾,关于未来饥荒的预言:这一切都应该以新的角度来看待。

他们重新找出芝加哥大学生态学家沃德·克莱德·阿利(Warder Clyde Allee)的著作,早在20世纪30年代,他便阐述了高种群密度的正面影响,甚至还指出了低种群密度的负面影响。阿利每个夏天都在伍兹霍尔的海洋生物实验室中度过,他每天沿着科德角的海岸走上好几个小时,收集自己发现的生物。他发现,在玻璃底水桶中,他收集的蛇和海星喜欢紧紧地凑在一起。而且,在被海浪冲上岸的大叶藻中,海星从不单独出现,总是成群结队。他开始好奇,这是否有什么理由。

阿利针对"一些令人印象深刻的分类群和生态系统"做了一系列实验,后来人们认为他的实验结果"很清晰"。他发现群聚确实可以提高个体的存活率。在1公升有毒的水中,他发现一群金鱼可以存活507分钟。相比之下，一只金鱼在同样的水中只能存活182分钟。一群依偎在一起的蠕虫在紫外线照射下，存活时间是一只独自爬行蠕虫的1.5倍。相比与同类距离较远的情况，海胆和青蛙与同类共同生活时，受精卵的密度更高，发育速度也更快。阿利甚至指出，某些机制证明了群聚能够促进个体的生存，比如某些水生动物受到同类分泌的化学物质的保护，如果离得太远，这种化学物质就会被稀释。

也就是说，将个体聚集，会形成多种形式的社会合作，帮助个体存活下来并茁壮生长。因此鱼类在大海中成群结队，鸟类结成团体，一群哺乳动物总是共同行动。阿利猜测，正因为如此，那些在陌生城市定居的新来者会形成社群。生态学家将这种现象称作"阿利效应"。很多领域的专家都赞同这种现象。现代神经系统科学家将其称作"蜂巢思维"。

换句话说，那些生态学家采纳了马尔萨斯学说中的简单算式，却忽略了方程中一个重要的部分。他们考虑了每个人的损耗：更多张嘴需要吃饭、道路上有更多的车辆、给自然环境带来更大的压力。可他们没有考虑到好处。

"阿利效应"进一步揭示了凯巴布和圣马太岛的悲剧。在这些缺少猎捕者的地方，有蹄类动物数量的骤减令人震惊。这是因为人们以为，这里的生活很舒适，有蹄类动物能够在此繁衍生息。但是，环绕凯巴布高原的幽深山谷和环绕圣马太岛的北冰洋海水也意味着这些鹿和驯鹿无法迁移。

驯鹿破坏苔藓，并不是因为它们的密度太大，而是因为它们被隔绝了。凯巴布和圣马太岛上虽然没有猎捕者，却并不是有蹄类动物的天堂，而是它们的监狱。

欧里希和其他支持马尔萨斯学说的生态学家对人口增长引发的灾难发出了警示。如果对社会合作的好处有了新的理解，那么我们便能够解释为什么这些灾难没有出现。欧里希认为世界上的食物将会断绝，在很大程度上基于沃特的预测：墨西哥等国家很快便无法支撑不断增长的人口。但他没有考虑，共同合作会让人们发展更高效的农业和其他科技。人口增长的需求并不会超过食物储备，食物储备也在增加。1944年至1963年，墨西哥的小麦产量增长了6倍。

许多人共同合作，会产生创新的力量，从而创造出新的科技，并通过群体行动控制加利福尼亚大雾一类的环境问题。支持马尔萨斯学说的科学家原本设想，这些问题会随着国家人口的持续增长而无情地加重。然而，即使加利福尼亚州人口和汽车的数量都在持续上升，但是触媒转换器的发明，以及关于汽车尾气排放的条例却驱散了山谷上空的浓雾。虽然科技和社会合作无法解决一切问题，却能作为重要的制衡力量，控制人口增长带来的损失。

欧里希声称，人口过剩会导致社会堕落，可他刚一拿出与此相关的科学证据，它们便已经开始瓦解。1971年，他在一篇论文中描述了构成《人口炸弹》一书基础的科学研究，并写道，拥挤"会使人类男性的攻击性更强"。他还引用了乔纳森·弗雷德曼的研究作为证据。由于卡尔霍恩在老鼠身上发现了社会堕落的现象，他鼓励这位社会心理学家对人类进行同样的研究，虽然当时弗雷德曼还没有发表相关的调查结果。一年后，与夏皮罗在出访皮特凯恩岛后的情况类似，他得出了完全相反的结论。"拥挤对人类并没有负面影响，"弗雷德曼写道，"它的影响会受到其他因素的干扰。"在一本基于自己研究成果写出的书中，他赞扬了高密度居住带来的好处。

后面的研究甚至弱化了卡尔霍恩关于挤在围场里的老鼠会出现社会堕落现象的发现。卡尔霍恩后来也看到了"阿利效应"。在一次实验中，拥挤使老鼠想出了挖地洞的新方式。《国家地理》杂志的作者参观了卡尔霍恩的实验室，受到启发，写出了我一生中最喜欢的童书之一——《弗里斯比夫人和尼姆老鼠们》。在这本书中，一只由美国国家精神卫生研究所繁育的老鼠智慧超群，拯救了一个老鼠家族。

虽然关于人口增长失控的社会恐慌开始减弱，并受到了人口趋势变化和政治丑闻的打击，但是那些促使迁徙更加艰难、更加危险的运动依然存在，而且愈演愈烈。

~

1979年，密歇根眼科医师约翰·坦顿将人口零增长组织的移民委员会分化为一个完全致力于限制移民的新组织，并命名为"美国移民改革联盟"。他和他的同伴创建了一系列相关的组织，目标都是打击涌入美国的移民潮。几年内，坦顿的反移民网络包括：移民研究中心，一个反对移民的智库；数字美国，一个反对移民的游说组织；美国英语，反对新近到来的移民所依赖的双语教育；社会契约出版社，一家专注于反移民文学的出版机构。

坦顿的目标是"让有识之士理所应当地选择抵制移民的阵营"。一段时间内，那些自由派拥护者大力赞同他关于反移民的经济和环保观点。20世纪80年代和90年代，两个党派中既有人支持移民，也有人反对移民，企业和他们的同盟基本倾向于支持移民，工会和他们的同盟认为移民导致工资下降，对环境也产生了负面影响。加勒特·哈丁和安妮·欧里希曾在坦顿建立的"美国移民改革联盟"中担任理事会成员。

欧里希想要让他的读者和观众认识到专制措施的重要性，坦顿也是如此，他暗中引导自己的支持者无视那些称他的反移民主张为"种族主义"的人。在很长一段时间里，他告诉他们，环保主义者不愿意谈论移民的真相，是因为它总是与"仇外、种族主义"的"丑恶历史"联系在一起。但是那些真正在意地球和人类的人有着更深刻的理解。"我们不是反对移民，"他说，"就像减肥的人并不反对食物一样。"只是"我们必须解决资源有限的问题"，而外国人喜欢生孩子，思想又很落后，"我们不能让人类到处迁移"。

他取得了暂时的成效。1988年，《亚利桑那共和报》揭露了坦顿的私人言论，他将外国人称作无节制繁育的亚种。南部贫困法律中心——一个民权组织——将坦顿和他的各个组织列入了反对清单。保守派评论家、乔治·W. 布什的顾问琳达·查韦斯当时正担任数字美国的主席，她通过辞职来表示反对，谴责了坦顿"对天主教和西班牙裔的偏见"。《纽约时报》表示，"他再也不可能得到自由派的大力支持了。"

同样发源于人口恐慌的两项运动差距开始变大。布拉尔和塞拉俱乐部的一些反移民活动家声明该组织明确将反移民政策作为环保纲领的一部分，这使两者间的紧张关系达到了极点。"人口过剩是一个非常严峻的问题，"布拉尔解释道，"过度移民又是其中很重要的部分。"女权主义联盟和民权主义倡导者表示反对。经过一系列痛苦的斗争，布拉尔最终从塞拉俱乐部的理事会辞职，他的计划失败了。

主流环保运动的失败，让坦顿有时间深入其他的圈子。生态本土主义者担心外国人对环境造成的影响，纷纷加入了坦顿的反移民网络。还有担心外来文化造成不良影响的社会本土主义者，担心外国人会影响基因库的优生学家，担心丧失政治权力的白人至上主义者。坦顿邀请这些人到他家中，支持他们中领头的思想家，并通过自己的出版公司宣传他们的看法和著作。

其中包括后来被政客们称作"极右派圣经"的《圣徒营地》（*The Camp of the Saints*）——一本1973年的反乌托邦法语小说。在小说中，印度移民的"黑人部落"被描述为"加尔各答街头行为怪异的小乞丐"，他们以粪便为食，入侵法国，强迫白人女性在妓院工作，男人、女人和小孩一同纵欲狂欢。法国极右翼领导人玛丽娜·勒庞的桌子上放着精装版本。布赖特巴特的前任董事长史蒂夫·班农认为这本书很有先见之明，也很生动。他暗示，那些跨越地中海的移民也会造成同样可怕的社会灾难，并将其称作"圣徒营地式的侵略"。

∽

坦顿的组织重建了格朗和奥斯本从前建立起的美国堡垒。他们成功地否决了2007年的一项法案，法案的内容是为数百万未经允许跨过边境的人提供合法身份。他们动员群众，并成功地否决了《外国未成年人发展、救济、教育法案》，这一法案会为那些未经允许被带入美国的孩子提供合法身份。他们还协助起草了亚利桑那州声名狼藉的"出示你的文件"法令,将无法出示有效移民文件的行为视为犯罪。

2011年,叙利亚战争开始后,关于移民的新恐慌开始爆发,为坦顿的网络创造了政治上的机会。特朗普政府从坦顿的组织中挑选人才,监督移民政策。朱莉·基什内尔负责监督帮助签证或国籍申请被拒绝或延缓的人的办公室,她是美国移民改革联盟的前任执行董事。政府的选举公正委员会主席由组织中的法律顾问克里斯·科巴赫担任。坦顿组织名下的调查公司头目凯莉安妮·康韦成为总统的顶级顾问之一。负责游说的主管罗伯特·劳成为特朗普政府美国公民及移民服务局的高级政策顾问,他建议政府减少准入的难民数量,不再允许出生在美国的人自动拥有美国国籍。

2018年,在34位获得数字美国A+评级的国会议员中,有32位再次当选。前任总统奥巴马的参议员杰夫·塞申斯曾经被该组织热情地报道,并获得了奖励,他晋升为司法部部长。塞申斯的助手斯蒂芬·米勒升职为特朗普总统的主要政治顾问及演讲稿撰写人。他起草了政府的移民政策,包括2017年一项禁止某些以穆斯林为主的国家的居民来美国的法令。

～

2019年夏天,坦顿去世。当时,他的反移民意识形态已经成为全球地位最高的理论。在白宫和国会大厅中,300年来各种过时的科学思想混合在一起,自由地飘荡着。

反对移民的政治家和拥护者们认为他们继承了格朗和奥斯本的生物学观点:复杂的特性会毫无变化地从一代传到另一代。"你必须拥有正确的基因。"特朗普说,"我的基因很好。""我为自己拥有德国血统而自豪。"他补充道,"这是很棒的东西。"他说自己有做生意的"遗传天分"。他的财政秘书表示赞同:"他的基因非常完美。"特朗普的一个儿子说,特朗普家族在遗传上符合"赛马理论","高度重视血统"。

像林奈一样,他们也提到了非洲人的劣等生物特质。特朗普的顾问史蒂夫·班农,说起那些被警察枪击的黑人时,表示他们"天生具有攻击性和暴力倾向"。"懒惰是黑人的特征。"特朗普说,"有些人天生无法面对压力。""在大自然中,"一位伊利诺伊州的共和党候选人说,"你会发现一切并不公平……我不相信种族平等的说法。"

他们认为,正如20世纪初优生学家所说的,生物特性不同的人彼此结合,扰乱了自然秩序。"'多样性'并不是我们的优势。"特朗普总统的一位国家安全官员写道,"它会导致弱势、关系紧张和不团结。"

他们希望重新弘扬林奈的自然观,认为在生物学意义上存在差异的人应该分别生活在不同的地方。我们的目标是"拥有界限清晰、种族统一的家园",一位白人国家主义者、特朗普的支持者写道。"我们不能让其他人的孩子重塑我们的文明。"史蒂夫·金——一位艾奥瓦州的共和党代表说。

美国的反移民政治家大多避免谈论各种环境问题。但是欧洲的反移民政治家,与奥尔多·利奥波德、加勒特·哈丁,以及其他主张新马尔萨斯学说的生态学家相呼应,公开抨击移民,认为他们会带来环境负担。反移民政治家玛丽娜·勒庞计划通过对移民关闭边境,让欧洲成为"世界上第一个生态文明"。"那些游牧民族,"她表示,"不在意环境问题。""边境是环境最好的同伴。"她党派中的一位发言人补充道。那些疯狂的支持者都表示赞同。28 岁的布伦顿·塔兰特来自澳大利亚,他的目标是驱逐那些躲避气候变化的移民,并决定亲自解决问题。2019 年春天,他在新西兰克赖斯特彻奇的两座清真寺中杀死了 51 名教徒。21 岁的帕特里克·克鲁修斯来自达拉斯,他声称,"如果我们驱赶了足够多的人,我们的生活便能持续得更久。"2019 年夏天,他行驶了 650 英里来到美国西南边境,他认为这里存在"西班牙裔入侵"的情况。他在得克萨斯州厄尔巴索的一家沃尔玛超市开枪,造成 22 人死亡,这是该州规模第三大的枪击事件。

"让他们说你是种族主义者。"班农在法国的一场反移民聚会的演讲中说,"让他们说你仇恨外国人。让他们称你为本土主义者。把它当成荣誉的象征……历史站在我们这边。"

～

班农等反移民支持者想象了过去的世界,与数个世纪以来生物学家们主张的观点一致。在这个世界中,人们长期隔绝地生活,适应了各自的环境,彼此存在差异。在这个世界中,迁徙的作用是清除生态系统中多余的个体。人们跨越地理和生物的边界进行迁徙,预示着世界末日。在这个世界中,现代的迁徙会将具有生物差异的人类聚集在一起,扰乱自然秩序。

这种观点已经延续了数个世纪,但是当科学家们开始关注其中的细节时,就会发现大多数都是错误的。

第 7 章

"迁徙人"

直到 20 世纪末，人类在地球上如何迁徙依旧是一个开放的问题。

第二次世界大战后，达尔文的理论复兴。在某种程度上，人们开始相信在遥远的过去，拥有共同起源的人类经历了古老的迁徙。尽管达尔文认为我们的祖先都源自非洲，迁徙这一行为依然被神秘的气息笼罩着。达尔文从未解释过，我们是如何分散到地球的各个角落的。人们可能走出了非洲，来到旧大陆彼此相邻的大片土地上。但是他们是如何登上高耸的喜马拉雅山脉，如何抵达亚马孙雨林深处，如何前往北冰洋冰封的苔原，以及来到太平洋中位置不明的遥远岛屿上的呢？

从达尔文的时代开始，几十项科学研究让科学家们意识到，由于缺少现代的航海技术，地理界限是难以跨越的。根据生物学家的描述，长期的隔绝使我们有了很大的差别，并塑造了那些使生活在不同大洲的人们的身体呈现生物学差异的地理边界。他们强调跨越边界的危险，记录下了那些可怕的行为和迁徙引发的混乱。从旅鼠的自杀式迁徙到堕落而饥饿的印度人，这一切都在强调迁徙在过去非常少见。

然而，令人困惑的事实是，古代人类居住在他们不可能走到的地方。植物学家、人类学家和遗传学家得出了一系列解释这一现象的结论。

～

波利尼西亚群岛散落在广阔的太平洋中，由火山熔岩组成，距离各个大洲都有数千英里，每个方向都被几万英尺深的水包围。欧洲探险家经过几个世纪的努力才到达那里。只有极其专业的欧洲探险者才能成功地到达这些距离家乡几千英里的遥远岛屿。18世纪末，英国探险家詹姆斯·库克（James Cook）曾环绕这些南太平洋上的岛屿航行，他利用了最先进的航海技术，他使用海图和磁罗经，进行了复杂的测量。借助当时刚发明的航海时计，他计算了在英国太阳升上天空所用的时间，以及在航海旅程中太阳升上天空所用的时间，然后用球面三角法分析他们向西航行了多远。

然而，当他到达太平洋潮湿的前哨站时，发现有许多生物比他更早到达。从塔希提岛到夏威夷，这些太平洋群岛上生活着上千种植物、鸟类和兽类。

每个岛上的人都有亲属关系——即使相隔数千英里。有一次，库克搭载了塔希提一位高个子的牧师，带着他穿过南太平洋。那个人和远方的岛民说话时，不像是陌生人，更像是失去联系很久的表亲，他们可以沟通。

对库克而言，这就像发现他的狗可以和他的植物对话一样稀奇。这些人从哪里来？他们是如何遍布太平洋群岛的？这里的海洋与陆地的比例是500∶1，史前的人类从各个大洲出发，在广阔的大洋上航行了数千英里，从一个岛屿移动到了另一个岛屿，传播他们的文化和语言，这在逻辑上讲不通。众所周知，长距离迁徙是一项杰出的成就，需要非凡的勇气和先进的现代技术。"我们要如何解释，这个民族在广阔的大洋上移动了这么远？"库克在日记中写道。

19世纪末，斯蒂芬森·珀西·史密斯（Stephenson Percy Smith）在新西兰定居，他想要解开这个谜题。也许波利尼西亚人迁徙到太平洋是因为他们超群的种族遗传。根据他的"雅利安波利尼西亚人"理论，太平洋上的史前居民其实也是西方人。他提供了一些语言学证据，意图证明波利尼西亚人的语言源于梵文和其他旧大陆的语言。他认为波利尼西亚人"很有魅力"，这表明他们一定"和我们一样，属于白种人这一分支"。

波利尼西亚人拥有不同的结论。新西兰的毛利人认为他们的祖先是从西边的一块陆地来到波利尼西亚的，他们把那里称作"哈瓦基"（Hawaiki）。他们带来了在群岛定居所需的庄稼和动物，比如猪、狗和家禽。他们比库克早到了几个世纪，使用的并不是借助先进科技的现代航船，而是一种被叫作"塔基图姆"的独木舟。他们在广阔的大洋上行驶了数千英里，对抗季风和洋流，也没有海图和指南针作为向导。

后来，又有其他人乘坐独木舟来到这里，包括一支庞大的舰队，被称作"无敌舰队"。西班牙探险家斐迪南·麦哲伦

（Ferdinand Magellan）于1521年在马里亚纳群岛登陆，他和其他的欧洲旅行者都对当地独木舟的速度和航行能力表示惊叹。法国探险家路易斯－安托万·布干维尔（Louis-Antoine de Bougainville）也曾为他们的船只感到惊讶，他将萨摩亚群岛称作"航海家群岛"。库克也注意到，各个太平洋岛屿上的地名、文物和语言不仅非常相似，而且和亚洲的很相似。

1936年，挪威探险家托尔·海尔达尔（Thor Heyerdahl）来到波利尼西亚群岛中的法图伊瓦岛研究植物学，他不接受"无敌舰队"的结论。海尔达尔关于波利尼西亚人迁徙的结论建立在康提基·维拉科查的神话传说上。神话中，他是一个酋长，乘坐木筏从秘鲁漂到了波利尼西亚。

海尔达尔认为，一个漂浮的物体可以从美洲西海岸漂过太平洋，不需要什么特别的航海技术，只借助季风和洋流。信风在赤道附近环绕地球，以每小时13英里的稳定速度向西吹。洪保德洋流的冷水沿着南美洲的西海岸向北流动，然后以大约每小时11英里的速度沿着赤道向西行进。海尔达尔认为雅利安水手们沿着美洲海岸航行，被卷入了风暴，或是由于导航错误，偏离了航线。季风和洋流便把这个"白人神族"吹到了太平洋的群岛上。

海尔达尔认为这些人的技术处于石器时代，这样的木筏之旅可以解释为什么他们能够实现欧洲人眼中需要高科技的迁徙行为。这也能解释为什么波利尼西亚群岛上存在甜马铃薯。欧洲的探险者最初在美洲发现了甜马铃薯。也许他们和康提基一样，是从秘鲁漂到波利尼西亚的，并把美洲的甜马铃薯带到了这里。

海尔达尔认为迁徙是现代化的副产品，就像电力和电话。如果波利尼西亚人的祖先和康提基一样是乘坐木筏抵达的,这就不算是有目的的迁徙,他们是偶然来到了这里的。

～

海尔达尔的康提基理论假设了一次精彩的旅程。木筏在广阔的大洋上漂泊了 5000 英里后,与小块的陆地相遇。这就像把手伸进海水中,不经意间触碰到了游到这里的海豚。"无敌舰队"的理论以及亚洲人迁往波利尼西亚的想法没有让西方的科研机构信服,海尔达尔的许多同事认为,康提基理论同样也不现实。1946 年,为了为自己的理论寻求支持,海尔达尔接触了一群有影响力的美国人类学家。他们嘲笑了他,其中有一个人说:"好啊,你自己坐着木筏,从秘鲁漂到南太平洋,看看有多远!"

海尔达尔从小就在挪威的雪洞中露营,带着他的格陵兰哈士奇爬山,他人的质疑对他来说是一个有用的建议。他不会游泳,也从未在海上航行,甚至没有在水上待过多久。(他后来说,如果他有航行经验,就会认为"人们无法像康提基传说中那样穿过大洋"。)但是他对自己的理论有信心:这很有道理,不可能不是真的。

他召集了一小群人,在厄瓜多尔买了一些软木,向秘鲁的卡亚俄港口出发,在那里打造了一只由 9 根软木组成的木筏,木筏配备了无线电装置,主帆上画着康提基的头像。他说服美国军队为他提供了睡袋、干粮、防晒油、罐头、航海及无线电设备。

1947 年 4 月 28 日,一只拖船把海尔达尔的小木筏放入秘鲁海岸湍急的水中。木筏上的人都是年轻的挪威科学家,他们用手摇发电机带动无线电发射器,定期向挪威大使馆发送信号。全世界的报纸都在关注着他们的进展。《纽约时报》在7月7日告诉读者，他们"感觉很安全"，他们不再担心"木筏每一次转动、发出咯吱的声响，都有可能要散架"。《泰晤士报》第二天记录道，他们"遇到了大风"，再过一天，风暴就消散了，但是他们弄丢了"可爱的绿色鹦鹉莫里"，而且"正在拼命地和鲨鱼、金枪鱼、海豚搏斗"，几个小时内，他们捕获了7条围过来的鲨鱼和两条金枪鱼，还得到了一只被冲上木筏的章鱼。

这只康提基木筏在太平洋上漂泊了101天后，最终在土阿莫土无人居住的环礁登陆，那里是法属的波利尼西亚群岛。他们漂泊了6900公里，被南美洲西海岸的洋流和风带到了太平洋的群岛上，海尔达尔猜测史前的波利尼西亚开拓者也是这样。

回到欧洲后，海尔达尔写了一本关于康提基之旅的书，它非常受欢迎，出版商将它翻译成53种语言。几年后，海尔达尔根据那次旅程拍摄了一部电影，并获得了1951年奥斯卡最佳纪录片奖。古代迁徙遭遇的各种灾祸吸引了观众。许多探险家追随海尔达尔的脚步，打造了自己的木筏，想要重现惊险的漂流之旅，他们认为正是这样的旅行让太平洋上开始有人居住。

关于海尔达尔的康提基理论，最大的异议是，木筏根据随机的路线在太平洋上漂泊，不太可能遇到非常分散的小块陆地。不过这种猜测缺乏现实依据。

1963年，历史学家安德鲁·夏普（Andrew Sharp）出版了一本引人注目的著作，批判了"无敌舰队"理论，也就是石器时代的人从亚洲旅行到波利尼西亚的设想。他写道，波利尼西亚的独木舟没有龙骨，没有金属固件，也没有欧洲船只具备的其他装置。

从技术的角度看，它们不属于能够完成这种旅程的船只。"无敌舰队"只是一个神话，用于维护当地人的领土主权。哈瓦基也不是一个真实的地点，而是一个神秘之地，就像伊甸园和亚特兰蒂斯。总之，当地关于早期迁徙的故事包含了明显的欺骗性内容，比如人们骑着信天翁，或者坐在浮石上漂来漂去。他认为，从亚洲前往太平洋的有目的性的史前迁徙并不存在。

如果有人没有借助现代的技术，却在地球上移动了很远，那只可能是偶然的事故。上百万被康提基冒险迷住的人认为，关于遥远的波利尼西亚为何有人居住，其结论已经很明确了：他们是偶然到达那里的。

～

宾夕法尼亚大学的人类学家、美国体质人类学研究协会的主席卡尔顿·库恩（Carleton Coon）进行了更深入的研究。他声称根本不存在史前的迁徙。

根据他的结论，人类并非都起源于非洲。他将化石记录中碎片化的证据整理到一起，并在1962年出版的《种族起源》(*The Origin of Races*)中写道，每个人种都是单独出现并进化的。库恩认为，现在已经灭绝的直立人曾经散布在地球各处，在五个大洲分别进化成了现代的智人。不同的进化历程可以解释，为什么如数代科学家所言，五大洲的人种存在生物学差异。库恩写道，"每个主要的种族在时间的迷宫中都有自己的路线，在数千年的过程中，他们为了应对不同的环境，形成了不同的习性。"如果是这样，便没有理由认为在现代社会之前存在过任何迁徙。

关于不同种族存在生物学差异的科学信仰流传广泛。1950年，人们开始意识到,纳粹的罪行将人类之间的生物学差异作为旗号,新成立的联合国的一个高级机构发表声明,公开谴责将种族作为意识形态概念的行为,并表示这种做法缺乏生物依据。然而,当机构要求顶尖科学家们签署这份声明时,他们很犹豫。即使是那些支持反种族主义行为的科学家也并不情愿。"我要提到黑人众所周知的音乐才能和一些印度人的数学才华。"英国灵长类动物学家W.C.奥斯曼·伊尔表示反对。否认种族的生物学差异是"痴心妄想",另一位学者补充道。进化生物学家朱利安·赫胥黎说,显然,各个种族的心智有所不同,他以美洲原住民为例,认为他们"拥有热爱节奏的黑人特质",而且"比较孤僻"。赫胥黎补充道,"我可不想让自己的名字出现在文件上。"进化生物学家迪奥多西·多布赞斯基(Theodosius Dobzhansky)的遗传学研究为达尔文自然选择理论的复兴作出了贡献,他也认为这一声明太过分了。最终,在106位被要求签署声明的杰出人类学家和遗传学家中,有83位拒绝了。库恩表示,那些签署了声明的人只是"表面答应",私下里却"撕毁了文件"。

库恩关于人类的过去的结论解释了种族差异这一被科学家们认同的生物学事实。显然,某些种族群体在政治、经济和社会资本上比其他种族强大很多。库恩认为,这不是因为政治、经济和社会政策为某些种族提供了资源而剥夺了其他种族的资源,而是由于进化史的影响。

每个种族从直立人到智人的进化速度和时间都有所不同,库恩说,"每一个种族都有不同的进化水平。"高加索人,也就是欧洲白种人,比其他人种更早进化成智人,因此他们"更加先进"。

澳大利亚的土著居民最近才经历了进化，因此政治团体将他们看作原始人是正确的。他将非洲黑人称为刚果人，认为他们虽然与欧洲人和亚洲人"在同一水平开始进化"，但是"在50万年里都没有进展"，他们最近才成为智人，因此比白人落后了20万年。

有影响力的科学家们称赞了他的著作。人类学家弗雷德里克·赫尔斯认为，库恩的理论虽然"主要基于推测"，但是"非常全面"。在《科学》杂志中，哈佛大学的进化生物学家恩斯特·迈尔称赞库恩的著作"勇敢而充满想象力""对科学有重要的意义"。

由于自然界中存在种族秩序的思想与当时的主流科学观点并不矛盾，因此那些反对库恩理论的科学家，比如多布赞斯基，更多的是出于技术上的考虑。多布赞斯基指出，库恩用作证据的化石遗迹预先假定了他想要论证的种族生物学差异。因为他们假设了一个定栖的史前世界，考古学家把距离相隔遥远的化石归类为不同的动物。比如，他们在印度尼西亚发现了直立猿人的遗骸，在中国发现了中国猿人，他们认为二者不可能是同一物种，因为它们被发现的地方相隔很远。（事实上，直立猿人和中国猿人均属于直立人。）库恩使用这些化石，以及它们的命名法，证明这些人的后代在数千年里处于隔绝状态。这就像是证明一个美丽的东西和一个漂亮的东西存在差异，因为一个被形容为"美丽"，一个被形容为"漂亮"。

另外，库恩的结论与科学家们关于进化的理解相矛盾。如果各个种族的直立人的确独立地生活在自己的大洲，各自分别进化，那么他们不可能如库恩的理论所言，全部都进化成同一个物种。更有可能的是，他们会变成五个不同的物种。所谓趋同进化，就是不同的血统取得同样的进化结果，比如澳大利亚的有袋类动物和亚洲的鸟类都长出了类似鸭子的嘴，这种情况很少见。进化不是火车轨道，可以把火车坚定地引向同一个终点。若库恩的理论成立，不仅需要发生一次黑天鹅事件，而是需要发生很多次，而且每次的结果都相同。多布赞斯基认为，这种情况发生的可能性"极小"。

即使五种直立人都统一进化成了同一物种，如果库恩的理论正确，那么他们必须严格地彼此隔绝。如果他们移动并产生关联，就会不可避免地发生战争和爱情，从而在数代人中出现蒙古人与刚果人的混血婴儿、高加索人和土著人的混血婴儿，在这些人身上，祖先的生物学差异会很快消失。尽管已经进化为同一物种，古代人却要假装并非如此，他们与其他地方的智人同类保持距离，仿佛他们染上了某种致命的传染病。

民权活动家将库恩的理论称作种族主义的幻想。反诽谤联盟出版了一本小册子，谴责他的观点。体质人类学领域的同事们举行了一次专门的会议，指责他的著作，迫使库恩辞去了协会主席一职。与此同时，种族隔离主义者为库恩的观点——非洲人刚刚完成进化，土著人依然处于原始的状态——感到欣喜。他们把他的理论刊登在报纸和他们的小册子上。库恩与那些领头的种族隔离主义者联系密切，并为他们提供科学依据，比如卡尔顿·帕特南，卡尔顿关于非洲人在生物学意义上很落后的著作鼓舞了一位年轻的"三K"党支持者——大卫·杜克。

库恩对他的批评者不屑一顾，把他们说成"巴甫洛夫的小狗"。他说，多布赞斯基是一个"蠢货"，正在发动一场"诽谤运动"。他的支持者说，像库恩这样讲述"种族真相"的专家正在遭受"迫害"。

~

几十年后，科学家们会发现，人类迁徙长期以来被掩盖的历史打破了关于彼此隔绝的过去和种族秩序的神话。在那之前，每一个关于迁徙的新发现都会被塞进旧的理论。在库恩的著作出版的第二年，旧概念终于开始瓦解，斯德哥尔摩大学的两个生物实验学家通过电子显微镜观察鸡的胚胎细胞，发现了一些奇怪的纤维。

这些纤维藏在细胞的线粒体中——呈现类似虫子的结构，为细胞提供能量——它们是DNA，和盘绕在细胞核内的物质相同。细胞核中的DNA在复制过程中，会与伴侣的DNA以无法预测的方式混合并重组。但线粒体中的DNA处于独立的状态，它只包含几十种基因，在各代之间完全通过母系默默传递，从母亲到婴儿，不会受到基因重组的影响，它的秩序只会因基因突变而发生变化。

加州大学伯克利分校的艾伦·威尔逊意识到，分析DNA序列的差异可以计算时间，就像沉积层的厚度和树木的年轮数量。基因变化的频率有预测功能，起到了计时器的作用，能够记录它们在代际之间传播了几次。1970年，他开始用这种方式比较基因的序列，以及不同物种之间的蛋白质，试图找到它们发生变化的瞬间。

在那之前，这类问题属于古生物学家和人类学家的研究领域，他们根据史前器物的碎片、化石，以及其他线索，拼凑起关于遥远过去的故事，威尔逊的"分子钟"技术否定了他们的发现。古生物学家得出结论，在过去的1500万年里，黑猩猩、大猩猩和人类始终在分别进化。威尔逊的研究却显示，它们在300万至500万年前，才有了不同的进化路径。

20世纪80年代末，威尔逊和他在伯克利的同事丽贝卡·卡恩、马克·斯托金说服了几百个孕妇为他们的线粒体DNA研究捐献胎盘。这些女人近代的祖先来自不同的大洲，研究者们想知道她们的祖先是从何时开始分别进化的。他们将胎盘冷冻起来，用搅拌机碾碎，再用离心机旋转几次，提取出一种只包含线粒体DNA的透明液体。

大多数科学家都赞同，无论我们的祖先是直接出现在不同的大洲，还是通过古代的迁徙抵达那里，非洲、亚洲、美洲以及其他地方的人类至少在最近100万年里，正在坚不可摧的地理边界内分别进化。

但这并不是这次线粒体DNA实验展现的结果。根据遗传学家的分析，实验中来自不同种族和大洲的147位女性在20万年前还拥有共同的祖先。如果这是真的，科学家们数个世纪以来设想的长期隔绝并不存在。人类在较近的时间里依然拥有共同的祖先，相比人们从前的看法，他们产生差异的时间短了许多。他们在史前时代迁徙的速度和规模都远超任何人的想象，在短短几十万年的时间里，人们的脚步已经遍及了世界的每一个角落。

科学家们诗意地将她们共同的祖先在女儿之间不断相传的线粒体DNA称作"线粒体夏娃"。"线粒体夏娃"解释了为什么几十年来，科学家们无法确定我们之间的明确的生物差异：它们并不存在。正如进化生物学家理查德·勒沃廷在20世纪70年代所发现的，种族群体之间的差异在整个物种之间的基因差异中只占了不到15%。更多的差异不是存在于种族之间，而是存在于个体之间——无论这些个体是否属于同一种族。

由于数个世纪以来，人们认同种族隔绝的神话，评论家们用怀疑的眼光看待离开非洲的大规模迁徙。批评家们抱怨威尔逊和他的同事"没有经过训练"，无法解开关于人类过去的复杂谜题。古人类学家艾伦·G.索恩和米尔福德·沃波夫在1992年《科学美国人》的一篇文章中写道，"非洲迁徙者"不可能占领整个地球。

～

路易吉·卢卡·卡瓦利-斯福尔扎（Luigi Luca Cavalli-Sforza）等科学家的研究结果支持了"线粒体夏娃"揭示的迁徙史。卡瓦利-斯福尔扎将古代的人口流动称为"晚近源出非洲"（Recent Out of Africa）的迁徙。他和其他人一起，将新的DNA证据与头骨如何发生改变、病原体、语言和文化如何变化结合起来，并综合其他的考古学证据，证明了我们确实在几十万年前迁出了非洲。

卡瓦利-斯福尔扎的研究强调我们在较近的时间内拥有共同的、来自非洲的起源，这一观点得到了主流认可。但是他的观点并没有击垮种族隔绝理论中其他的核心思想。

在他的描述中，现代以前的迁徙发生在特殊而短暂的环境中。卡瓦利-斯福尔扎认为，人们离开非洲，分散在空旷的土地上，是因为受到了无人领地的诱惑。我们最早的祖先在非洲广袤无人的世界中进化，面对"崭新而原始的环境"和"全新的领地"，他们涌出非洲，就像是池塘里的水漫延到了其他空荡的地方。开拓者们从非洲出发,到新的地点定居,发现可开拓的新地方,养育了更多开拓者,让他们在更多新地点定居,发现更多可开拓的新地方,这个过程不断持续,直到所有的新地点都有人类居住。

在这个时候,促使我们的史前祖先进行迁徙的独特环境消失了,迁徙自然地结束,地理与文化形成的坚实边界被重新建立起来。卡瓦利-斯福尔扎和他的同事对后来的假设与林奈以来的其他科学家相同:数千年的静止,直到现代科技人为地减少了我们行动的障碍。

他将这一假设融入了自己的研究。卡瓦利-斯福尔扎通过分析人们的 DNA,重现了他们的历史关系。但是为了重现迁出非洲的史前旅程,他并没有随机地收集来自世界各地的人们的 DNA 作为样本。他的研究目标是一个特定的群体——本土居民,尤其是那些讲本地语言,生活在明确的地理边界中的人。他推测,从远古时代他们的祖先在这里定居开始,他们就一直生活在这里。通过研究这些长期生活在同一个地方的居民,他拼凑出了他们的祖先迁出非洲的故事。

那些被他的科学家团队选中的当地人并不高兴。人们猜测,科学家们从他们的血液中提取的物质并不只是作为"具有历史意义的研究对象",而是要被穿刺、分类、存入基因库,这使他们感到不安。在中非共和国,一个愤怒的农民在卡瓦利-斯福尔扎为一个当地孩子采血时对他大吼,"你要是给这个孩子抽血,我就给你的孩子抽血!"他挥舞着斧头发出警告。世界土著人民理事会谴责卡瓦利-斯福尔扎的实验是"吸血项目"。非政府组织"第三世界网络"将其实验称作"完全缺乏道德的暴行"。

卡瓦利-斯福尔扎的一些同事也反对他的行为，认为那些符合他的标准的人并不像他推测的那样，与其他种族隔绝且从不迁移。他们的祖辈也可能是来自不同地方的迁徙者，经历了历史上特定而复杂多变的贸易、交往、侵略和文化碰撞。换句话说，离开非洲的迁徙之后并不是数千年的静止，而是更多的迁徙。而卡瓦利-斯福尔扎提取他们的血液样本的实验则完全忽略了这一事实。

"我非常担心，"一位科学家告诉《科学》杂志的记者，"这种取样方式会导致结果的偏差。"卡瓦利-斯福尔扎并没有试图弄清生活在不同地点的人之间的基因关系（甚至没有询问他们的迁徙史），他只是对他们进行了预设。如果这些人也和他们的祖先一样经历了混血和迁徙，那么他的方法便几乎属于误导。人类学家乔纳森·马克斯认为，"这就像是询问律师与建筑师更接近，还是与会计师更接近。"

虽然遭到了一些反对，但是卡瓦利-斯福尔扎的方法依然取得了成效。一个半世纪前，达尔文第一次提出了人类共同的起源在非洲，21世纪的前10年，科学家们重新开始密切关注"晚近源出非洲"理论。纪录片、博物馆展览、杂志文章都在宣传关于人类过去的新故事，这是由DNA技术揭示出来的。许多人用树木进行比喻：树干代表着远古的非洲人，我们都从那里进化而来，每个离开非洲来到另一个大洲的人种都是一根树枝，伸向了遥远的地方。

事实上，并没有直接证据表明，自从人们从非洲散布到各处，迁徙就停止了。远古人类细胞中的DNA也许记录了他们的迁徙，

第7章 "迁徙人" 171

但在很久以前，DNA就已经和埋在地下的身体一起消失了。

～

2000年，"人类基因组计划"得出结论，人类在过去并非彼此隔绝，也不固定在同一个地方。该计划是一个获得了数十亿投资的项目，其目标是对人类基因组进行测序。

研究人员发现，我们的基因并不存在明显差异。根据他们的结论，我们的DNA上有30亿个连在一起的核苷酸，其中，只有微不足道的0.1%与其他人不同。无论男性或女性，矮个子或高个子，红头发或黑头发，会使用卷舌的人、耳垂下坠的人、色盲的人，他们的DNA中都拥有几乎同样的核苷酸序列，人类并没有分为不同的分支。比尔·克林顿总统在白宫的典礼中宣布，99.9%的人类构成是相同的，"不论人种"。

研究结果表明，相对而言，我们的基因很少。从魏斯曼遗传学说的时代开始，科学家们就相信生物遗传的决定性力量。分子遗传学家将DNA描述为一种主要的分子，控制着我们身体的发育和各项功能，就像是独裁的法官。遗传学家理查德·道金斯将人类的身体比作"动作迟缓的机器人"，受到DNA中核苷酸序列的控制。科学家认为，基因对我们的健康和行为起到核心作用，破译它们的序列可以治疗癌症、发展经济。乔纳森·马克斯认为，我们的基因序列能揭示"我们'到底'是谁"。

科学家们预测，人类基因组至少包含10万个不同的基因。一条一毫米长的线虫大约有两万个基因，科学家们认为，如果如很多人所说的，基因控制着我们的身体和行为，那么更复杂的人类一定拥有更多的基因。但是随着项目的进行，科学家们重新调整了他们对人类基因组中基因数量的预估。2001年，他们预测人类并没有10万个基因，或许只有3万个。最终，人类基因组计划中负责分析基因数量的研究人员发现，人类只有两万个基因——和低等昆虫的数量相当。这意味着我们发现的任何差异都不能用简单的方式进行生物编码，直接从一代遗传到另一代，我们没有足够多的基因控制这些差异。

"没有人能想象，"一位科学家说，"这么少的基因可以构成如此复杂的生物。"他的同事补充道，不到10个基因，便可以将人类与老鼠区分出来。

科学家对与人类相近的灵长类动物进行基因研究，使得二者之间的生物学边界变得更加模糊。恩斯特·迈尔将物种分为两类：一类是生物学变化在个体之间突然发生，每个族群都与其他族群存在差异的物种；另一类是持续发生变化，个体之间差异很小的物种。黑猩猩和蜜蜂属于前者，我们的基因表明人类属于后者。

灵长类动物学家发现，黑猩猩生活在封闭的族群中，不与其他族群混种，即使它们的栖息地发生了重叠，这体现在它们的基因中。黑猩猩、大猩猩和倭黑猩猩在物种内部的基因差异都比人类明显。遗传学家发现，两个种群的黑猩猩之间的基因差异是生活在不同大洲的人类之间的基因差异的4倍。种群的彼此隔绝使它们产生了差异，但是我们的情况并不相同，虽然我们的数量更多，分布也更加广泛，迁徙与混血的历史可以解释这一现象。

然而，尽管面对新的遗传学证据，许多科学家依然坚守着林奈分类学中关于我们之间存在边界的神话。有些人和早期的人种科学家一样，认为人种之间的边界依然存在，科学家们只要努力寻找，就能发现。比如，在 2002 年的一项研究中，人口遗传学家回避了人们在自主报告种族类别时存在的主观偏见。他们假设人种之间存在生物边界，而电脑会"客观"地把它们找出来。他们从 1052 个不同的人身上提取基因数据，录入名为"结构"的电脑程序中，让它寻找这些人之间的基因边界。然而，遗传学的证据表明，迁徙使得人类之间的差异呈现连续性，这就像是让电脑程序分析日落时共有多少种色彩，其结果完全取决于科学家希望程序将人类分为几组。如果研究人员选择了 3 组，那么"结构"便会将数据分为无意义、缺少种族依据的 3 组，比如"来自欧洲的人""来自非洲的人""来自东亚、大洋洲和美洲的人"。如果被要求分为 6 组，那么软件会将每个大洲的人分为一组，再将生活在巴基斯坦西北部山谷，也就是卡拉什的人单列为一组。它甚至可以将数据分为 20 个不同的组。但是，当研究人员要求程序将数据分为 5 组，并得到五大洲的结果时，他们宣布了胜利。在《纽约时报》的采访中，这一研究的带头人马库斯·费尔德曼表示，这项研究证实了当前流行的种族观念。

其他的科学家表示赞同。帝国理工学院的进化发育生物学家阿曼德·马利在《纽约时报》的一篇专栏中评论道，"只要以正确的方式进行研究，基因数据便会表明人种差异确实存在。"哈佛大学的遗传学家大卫·赖希补充道，"结构"并不了解我们普遍使用的"人种标签"，却将人类分为了 5 组，"我们普遍认为，人类从远古开始就存在不同的分支，它与我们的看法惊人地一致"。

相比传统观念，赖希关于"人种"的观念存在细微的差异。

在他看来，人种是基因相关的人类种群，而非林奈的理论中根据肤色或来自的大洲定义的广泛群体。然而，在2018年《泰晤士报》的专栏中，他几乎忽略了这一差别，他写道，"人类的祖先存在基因差异，因此形成了今天的人种结构，这一点是正确的。"

林奈的理论中关于人类种群之间存在生物学差异的神话依然吸引着医学专家们。比如，在2016年的一项调查中，半数的白人医学生认为黑人的皮肤比白人的厚。根据这个错误的看法，医疗人员无法准确地评估黑人的疼痛，也正因如此，黑人女性因妊娠而死亡的概率要比白人女性高出3到4倍。其他的科学家发现，按照人种进行分类在科学上很方便，他们并不在意不同人种在生物学上是否相关。比如，在现代遗传学研究中，科学家依然根据地理和基因，将韩国人、蒙古人和斯里兰卡人统称为"亚洲人"，将摩洛哥人、挪威人和希腊人统称为"白人"，这正是林奈几个世纪前建议的分类方法。

与此类似，描述人类基因多样性的地图将不同大洲的人作为不同的群体，彼此之间呈现明显的间隔。卡瓦利－斯福尔扎和他的同事们于2009年在《公共科学图书馆·综合》期刊上刊登了一张这样的地图，将非洲人用红色点表示，美洲人用粉色点表示，欧洲人用绿色点表示，亚洲人用橙色点表示。类似的地图也出现在卡瓦利－斯福尔扎一本书的封面上。

这些色彩区分更符合人种分类，而不是数据集合之间的实际关系。这类地图显示，生活在欧洲或亚洲的人，其基因范围与生活在非洲的人没有区别，由于那些最初迁出非洲、在其他大洲定居的人属于非洲人的一部分，他们后代的基因也属于现代非洲人

第7章 "迁徙人" 175

的一部分。如果用图像来表示不同人种的基因分布，那么更准确的方式是用整个调色盘的颜色给非洲上色，再用一些随机挑选的重合颜色给欧洲、亚洲和其他地方上色。

有些人相信人种之间存在生物学差异，以及种族秩序的存在。为了支持自己的信念，他们找到了充分的科学证据。人类基因组计划的一项统计数据经常被引用，数据表明，"不论人种"，99.9%的人类构成是相同的。这并不意味着，0.1%的基因差异决定了不同的人类种群。考虑到我们与黑猩猩共享98.7%的DNA，与老鼠共享90%的DNA，人种之间0.1%的差异也不一定无关紧要。一位评论员曾在一次会议上对种族学者桃乐茜·罗伯茨说："毕竟，狗和狼在基因层面上基本相同，但它们之间的差异很大。"

卡瓦利-斯福尔扎的色彩编码地图使反移民者和白人至上主义者开始雀跃，包括著名的白人至上主义网站"VDARE"。网站的一位作者写道，"总的来说，他的数据处理产生了这样一张地图。这就像是你给保守的斯特罗姆·瑟蒙德一张餐巾纸和一盒蜡笔，让他画一张世界人种地图。"他还提到了南卡罗来纳州一位臭名昭著的支持种族隔离的美国议员，该议员得出结论，认为卡瓦利-斯福尔扎和他的同事们"充分证明了19世纪帝国主义者的偏见……是正确的"。另一位网站支持者在《圣地亚哥论坛报》的文章中写道，这些彩色编码地图展现了一个清晰的画面，每个人种彼此区分，就像是同一个碗中切成片的水果。"这让你想到了什么？"作者带有暗示性地问道。

另一个白人至上主义网站"每日风暴"表示，政策无法将人种的生物学差异认定为"伪科学"。"科学站在我们这边。"该网站创建者补充道。有些人甚至自诩为遗传学家。比如，马里兰州的国会议员安迪·哈里斯在约翰·霍普金斯大学取得了医学学位，一位国会助理透露，2019年初，安迪和一位支持者会面，讨论"用于研究的测序基因组数量"，而那个人在遗传学方面没有经过训练，他是白人至上主义组织的筹款人。

正如几十年前，当联合国要求学者们公开谴责人种之间存在生物学差异的观点时，遗传学领域的科学家纷纷从基因研究带来的政治影响中撤退。《纽约时报》的一篇文章写道，许多领域内顶尖的遗传学家表示，关于人类存在生物学差异"这个复杂而令人忧虑的话题"，他们没有能力与普通人交流。据《泰晤士报》记载，美国人类遗传学学会的组织者试图建立一个小组，探讨遗传学研究的政治滥用问题，但她"得不到支持"，比如，大卫·赖希就拒绝了她的邀请，不愿在这一话题上引导公众讨论。

另外，人种之间的坚固边界符合更广阔的历史观，这种观点已经深入人心。某些图片用大树来代表人的历史，任何见过的人都知道，每个大洲的人种都有自己独立的命运，与其他人种无关。这正是DNA革命揭示的结论——至少在某些遗传学家找到一些岩骨之前。

岩骨以拉丁语中的"岩石"一词命名，意思是"像石头一样坚硬"。它是头骨的一部分，包住了内耳的耳囊组织，帮助我们将振动转化为声音。这是哺乳动物身体中最坚硬、密度最高的部分，它也使少量DNA在几万年里没有发生分解。2014年前后，几位科学家对远古残骸进行检测，他们在分析包括岩骨在内的骨头碎片时发现了这一事实。在那之前,他们通常会通过粉碎股骨和胫骨来寻找古老的 DNA,因为承重的骨头最有可能完好地将 DNA 保存下来。结果,除了那些保存在冰下或幽深洞穴中的骨头,他们在检验的残骸中没有找到过多少远古 DNA。

岩骨的发现使古生物学发生了变革。古生物学家们将岩骨中的 DNA 称作远古 DNA 的"母矿"。2010 年,他们公布了 5 个远古人的基因组。2016 年,已经有 300 人的基因组被公布。到了 2017 年,3000 人的基因组被公布。人们刚刚开始通过古生物实验室中流出的数据理解我们的迁徙史,但是古生物学家们,比如瑞典的斯万特·帕博和哈佛大学的大卫·赖希,还有另外一些人,已经揭示了远古迁徙的背景故事,这比卡瓦利-斯福尔扎和其他人从现代 DNA 中推测的内容复杂得多。

"离开非洲"曾被认为是一次前往广阔、空旷地带的旅程。但是,由远古 DNA 提供的新数据表明,我们的祖先离开非洲后,迁往了已经有其他人居住的土地。那些现在已经灭绝的原始人比我们更早迁徙,他们在 180 万年前就迁出了非洲。当我们的祖先遇到他们时,也做了迁徙者们在每个地方都会做的事:他们和当地人生下了孩子,这一混血的过程让当地人少量的 DNA 融入了我们的 DNA。一组针对远古人类的遗传学分析表明:现代欧洲人和亚洲人体内大约有 2% 的 DNA 与我们的祖先在迁徙中遇到的尼安德特人有关。目前生活在新几内亚岛和澳大利亚的人的体内有 2% 的 DNA 与丹尼索瓦人有关。丹尼索瓦人的基因能够让人们在高海拔的地带生存,现在生活在西藏的人的体内就存在这种 DNA。

远古 DNA 显示,到达欧亚大陆和美洲大陆后,远古人没有留在原地。有些人又回到了非洲，他们在非洲东部和南部的现代后代拥有了来自欧亚大陆的基因。还有人迁往印度，加入了来自中亚、近东和安达曼群岛的远古迁徙者洪流，他们都留下了自己的基因印记。那些到达东南亚的远古迁徙者后来前往了马达加斯加。那些迁往美洲的人收拾行装，前往欧洲。

地理上的障碍——广阔的大洋、连绵的群山——并没有阻挡他们的脚步，缺少现代的航海技术也没有关系。远古迁徙者甚至到达了地球上最遥远的地方，而且不止一次。这些年里，科学家发现远古人类在15000年前就迁往了环境险恶的青藏高原。根据最新的DNA分析，他们在62000年前也到达过那里。

并没有什么奇怪的事故把人们意外地带到遥远的太平洋群岛上。虽然面临航海和科技的挑战，但是很久以来，远古人都非常坚定地想要在太平洋群岛定居。考古学、语言学和遗传学证据表明，在库克船长之前，已经有三批不同的人成功到达那里。

那些距离遥远的人类之间的基因关系，暗示着更多意想不到的旅程。一位5000年前埋葬在瑞典南部的农民与目前生活在塞浦路斯和撒丁岛的人存在着基因关联。当代的本土美国人与西伯利亚东北部的楚科奇人拥有共同的基因，也就是说，楚科奇人的祖先从亚洲迁往美洲，又回到了亚洲。远古人始终在到处游荡，因此他们的后代中彼此最相似的人种——现代西欧人——也并非如某些人所说的长期处于隔绝状态，与其他人种相区隔。麦迪逊·格兰特等评论家推测，这些人的祖先始终属于同一种族的情况是不存在的。许多存在基因差异的族群迁入同一个地方，产生了多种混血方式。根据古生物基因学家拼凑出的真相，他们中有深色皮肤的猎人、黑眼睛白皮肤的农民和浅色头发的农民。如今的西欧人也和人类其他种族一样，是混种的后代。

赖希认为，我们的过去"也和现在一样复杂"。我们并非在遥远的过去迁徙过一次，在中间最重要的阶段处于静止状态，到了近期的现代才重新开始迁徙。我们始终都是迁徙者。

用不同的树枝代表各个大洲的人，每个大洲的人都不同，他们到达各自居住的地方后，开始分别进化。但遗传学家并没有找到这样的证据。现在，每个大洲内部的人种似乎都很相似——北欧人拥有相近的肤色、东亚人都是直发——这并不是由长期不变的血脉造成的，而是不断迁徙、分化、再次融合产生的阶段性结果。

有时，两根分开的树枝会被风搅在一起，一层树皮渐渐消失，树皮下正在生长的组织彼此融合。随着树枝变粗，伤口长出新的树皮，它们就变成了一根普通的树枝，与其他树枝一样。它们的免疫细胞、细菌和营养曾经分别经过不同的循环系统，现在却将融合的树枝作为生理上的整体。植物学家将这一过程称作"吻合"（inosculation），在拉丁语中是"小嘴"（little mouth）的意思。这种现象可以发生在同一棵树的不同树枝上，也可以发生在不同树木的树枝上。

一棵树从树干上分出不同的树枝，然后又融合在一起，就像是一条河有小溪流进流出，时而分离，时而聚合。

如果我们的过去是一棵树，便是这样的树。我们的祖先迁徙、会聚、融合，然后再次迁徙。我们今天也依然在这样做。

林奈将我们命名为"智人"，拉丁语的意思是"有智慧的人"。

或许更合适的名字是"迁徙人"。

皮乌·茂斯·皮亚鲁格（Pius "Mau" Piailug）从小就泡在水里。他出生在密克罗尼西亚群岛中一座名为萨塔瓦尔的岛上。这座岛的面积只有一平方公里，岛上长满了椰子树。婴儿时期，他在潮间带的水坑中玩耍，4 岁就学会了划船。朋友说，他那起伏的背部肌肉会让人想起玳瑁龟的壳。

他望向赫克勒瓦低矮的船头，这是一艘 62 英尺长的双层独木舟，正驶向太平洋幽深的蓝色海水中。赫克勒瓦是根据詹姆斯·库克的船员绘制的图画，按照 18 世纪传统波利尼西亚航船的样式打造的。皮亚鲁格将乘着这艘船，重现让波利尼西亚拥有人口的远古迁徙。

语言学、考古学和远古 DNA 的证据表明，史前的人类从东南亚迁往太平洋要经过 3 个不同的阶段。首先，穿过中国来到东南亚。其次，经过广阔的大洋，到达瓦努阿图和萨摩亚。最后，到达遥远的波利尼西亚群岛，比如夏威夷和复活节岛。他们并非来自秘鲁，也不是意外来到这里的。

人类学家本·芬尼推测，几千年来，在前往波利尼西亚的史前迁徙中，超过 50 万名迁徙者在海上丧生。但是智人的迁徙依然在继续。2016 年《美国国家科学院院刊》的一篇论文写道，专家们现在普遍承认，他们的迁徙"在人类跨越任何大海、大洋的旅程中，是最遥远、最有野心的一次"。

赫克勒瓦在广阔的大洋上行驶了 2700 英里，从夏威夷到达塔希提，需要经过两个不同的信风带、赤道无风带，以及很容易使船只偏离航道的赤道洋流和逆流。皮亚鲁格和他的船员们需要躲避飓风、台风,以及时速可达到30海里的狂风。途经正在冒烟喷火的活火山,稍不留意便会撞到暗礁而翻船。

现代的水手尝试这段旅程时,会配备最新的航海设施:无风时使用的强大引擎、全球定位设备、能够在没有标志的大洋上保持航线的海图绘制仪、能够呼救的卫星电话和其他电信装备。但拥有这些设施,依旧不能保证航行顺利。在2017年的一次尝试中,两名水手遇到飓风,飓风损毁了引擎,弄坏了桅杆,他们在海上迷失了5个月。最终获救时,他们已经偏离航线数千英里。

皮亚鲁格没有使用海图和任何现代装置。他只依靠远古迁徙者可能会使用的传统航海技术。

他在海上靠观星、判断潮汐涨落、观察动物行为,保证航船的速度、距离和位置。即使风、洋流和海浪使得船只来回移动,水手也需要在广阔的大洋上准确定位。每天他们都要进行数千次观察,留意太阳、月亮和星星的位置,以及鸟类和鱼类行为的细微变化,这与它们离开陆地的距离相关。有时,皮亚鲁格会躺在独木舟的底部,感受潮汐,这样可以察觉到远处看不见的陆地。

海上导航需要用一生来学习。皮亚鲁格从祖父和父亲那里学到了这些知识。海尔达尔和其他闯入太平洋的欧洲人并不懂得导航知识,部分原因在于这是一种近乎宗教的信仰,禁止与外来者分享。

从1976年到2009年,赫克勒瓦完成了9次使用传统海上导航技术的旅行。从夏威夷到塔希提,用了34天。

∼

然而,康提基理论并没有被完全推翻。关于甜马铃薯,海尔达尔的说法是正确的,它确实来自美洲。但是人们并没有带着它从秘鲁意外漂流到波利尼西亚。

甜马铃薯自己跨过了太平洋。2018年,在一项关于甜马铃薯DNA的研究中(包括了库克船长的船员在波利尼西亚收集的甜马铃薯,它们被储存在伦敦的国家历史博物馆),科学家通过提取甜马铃薯叶片上的DNA,发现大约在111000年前,波利尼西亚的甜马铃薯与美洲的甜马铃薯就开始分别进化了,这比人类到达波利尼西亚早了几万年。它们很有可能是从水上漂过去的,或者是被鸟儿携带过去的。

迁徙并不是人类特有的行为。长期的隔绝并没有使我们变成不同的物种。航海壮举不是西方"白人神族"的专属。乘坐独木舟也可以跨越大洋。

人类不是在地球上移动,穿越大洲和大洋的唯一生物,植物和动物也会这样做。

第 8 章

野蛮的外来者

一个 10 月的清晨,日出前的一个小时,几十个戴着棒球帽、穿着羊毛衣、背着望远镜的观鸟者来到了新泽西州开普梅半岛一条狭窄的运河边,岸上有一片丰茂的草地。

100 万只鸟——包含游隼、纹腹鹰、双领鸻、雪白疣鼻天鹅、会潜水的北方塘鹅,以及在北极苔原孵化的短尾贼鸥——都可以在狭窄的半岛被看见。一年一度,它们向南方迁徙。有时,冷锋促使它们聚集起来,在天空中形成持续几个小时的"鸟流"。

为了欣赏这一场面,观鸟者们起得很早。他们是野生动物行踪的行家,他们会本能地为某种自然秩序辩护,认为迁移行为属于精选出来的少数生物。

在地平线附近,清晨深蓝的天空中出现了一道细细的橙色光芒。观鸟者们借助望远镜扫视天空。忽然,有人叫了起来,"鸟的翅膀!"每个人都望向他指的方向,重新调整望远镜,寻找他发现的迁徙中的啄木鸟。我的眼睛没有经过训练,对我而言,鸟儿的翅膀掠过高空就像是儿童风景画中用黑色的蜡笔画上的标记,代表着"鸟"。可其他人都在互相低语,惊讶而喜悦。

过了一会儿,又有人看到一种名为黑凫的海鸭排成一列长队在水面上低空飞过。"就是这么回事!"他兴奋地嚷着,在空中挥动着拳头。后来,当这些人的脸被风吹得通红,头发凌乱,回到餐厅吃自助餐时,有人提到海外的一处观鸟台,在那里,人们可以看见鸟类在人腰间的高度飞行,这引发了大家的惊叹。

尽管观鸟者被鸟儿迁徙的壮观景象吸引,但是他们认为某些生物不应该迁徙,而且不赞赏它们的迁徙行为。芦苇生长在运河边缘及周围的峭壁上,密度很高。根据化石记录,芦苇在美国至少存在了4万年。大约在19世纪初,一个名称相同,但生长更加茂盛的品种从欧洲来到这里,取代了野生稻、猫尾香蒲等其他湿地物种。但是它们也对栖息地产生了正面的生态效应——可以过滤并净化污水,并用来制作茅草屋顶、篮子、鱼竿和矛。在埃及,它们还被制成一种类似单簧管的小型乐器——希普西。它们的茎部甚至可以被晒干并磨成面粉。

清晨的海岸观鸟结束后,那群人经过了一片芦苇。即使其中最优秀的专家也无法指出任何芦苇带来的危害,但是根据原则,他们会指责这种生物,因为它们来自其他地方,而且长得很茂盛。

"它们是入侵生物。"一个女人向我解释道。"真可耻。"其他人都抱怨起来,表示赞同。"看看它们撒下了多少种子,"一个人厌恶地说,"除掉它们很难。"如果他们粗鲁些,或许会朝着芦苇吐口水。

芦苇可以过滤水源，并为当地的野生动物提供补给。我们可以看见一种名叫金冠鹪鹩的鸣禽在翻找食物，我身边的一个女人说，这种鸟"最好还是吃一些本土植物"。

∽

林奈的分类理论第一次将野生物种与地理区域结合，却并没有深入挖掘物种源自哪里，它们是否迁徙过，是如何到达目前的栖息地的。对他而言，他发现这些物种的地方便是它们的归属地。根据这样的看法，他用自己的分类理论为这些物种命名，并将它们固定在各自的位置上。

达尔文的进化论对林奈的观点提出了早期的挑战。他认为，如果所有物种都拥有共同的起源，那么在过去的某一刻，物种需要在整个地球上移动，甚至跨越地理障碍，才能抵达现在的栖息地。猴子无法游过大洋，却遍及旧大陆和新大陆；蜥蜴存在于地球各处；不便于移动的野生物种——甲虫、软体动物——也从共同的发源地出发，越过了无法攀登的高山，穿过了无法存活的荒漠，跨过了无法跨越的海洋。

达尔文推测，一系列类似康提基现象的意外事件将物种散布到了远方。比如，种子隐藏在少量泥土中，便可以在鸟儿开始长途迁徙之前，卡在它的脚趾间，或者粘在它的羽毛上；软体动物小小的壳可以依附在甲虫的腿上，或者粘在扇贝里，被风暴冲向大海；在海藻床中觅食的啮齿动物可能会被海浪冲到木筏上，因此到达远方的海岸。随着时间的流逝，许多类似的意外长途旅行会帮助各个物种跨越高山、大洋和荒漠，甚至将它们放在最遥远的海岸。

对于这些史诗般的旅行,达尔文没有直接的证据,但是他做了一些实验,证明物种可以在这样的旅途中存活。他将 87 种不同的植物种子放入装有盐水的瓶子中,几个月后再拿出来,观察它们能否发芽。他买来鸭腿,放在水族箱中,试验淡水蜗牛的幼体能否依附在上面。他将种子放入鱼腹,把鱼喂给老鹰、鹳、鹈鹕等鸟类,然后将种子从鸟粪中仔细提取出来,再进行播种。他发现,在所有的植物中,有 14% 的种子能够旅行将近 1000 英里。

他认为岛屿上特定的物种组合也有一定的暗示意义。理论上,陆地上的物种可以遍及各个大洲广阔的土地。但是只有通过跨越大洋的长途迁徙,才能到达远方的岛屿。事实上,岛屿上的物种更容易在长途旅行中存活下来。比如,新西兰有很多植物和昆虫,它们可以轻松地随着康提基木筏来到这里,而那些无法做到的哺乳动物和爬行动物,就没有出现在新西兰。

1892 年,一群目击者见证了达尔文所推测的偶然事件。他们在美国东北部海岸看见了一座 9000 平方英尺的浮岛,浮岛上长满了 30 英尺高的树木,它们依然活着。几个月后,在东北方向 1200 英里之外,他们又看到了它。如果这座浮岛在抵达海岸之前没有瓦解,那么便实现了达尔文预测的长距离迁徙,将种子、昆虫和其他生物带到了某个遥远的海岸。

尽管如此,科学家们依然反对达尔文关于长距离迁徙的理论。野生物种在地球上的移动无法预测,毫无规律,无视自然边界,打破了"地球固定不变"的神话。虽然野生物种分布广泛的事实与它们的共同起源很难吻合,但是人们并不想放弃"地球固定不变"的结论,去推测那些既不能被验证,也不能被预测的随机行为。

很多人更愿意接受那些更荒诞的结论。一种流行的理论认为，陆桥曾经连接着各个大洲，也连接着大洲与岛屿，但现在已经消失。野生物种拥有共同的起源，它们经过陆桥，来到了现在的分布地带。进化生物学家阿兰·德奎罗斯（Alan de Queiroz）写道，虽然狂热者们如此猜测，但是并没有"可靠的地理证据"表明，陆桥曾经存在于那些地方。然而，19 世纪的作家们在地图上画出了想象中的陆桥，"无论在海洋还是在大洋两侧，发现了任何关系密切的物种，都很正常"。在其中一张地图中，从非洲东南部到印度的底端有一架 3000 英里长的水中陆桥。还有一架陆桥将非洲西部和南美洲的东海岸连在一起。通过这座陆桥，大象可以从塞拉利昂穿过大西洋，在几天内到达巴西。

林奈的理论认为地球是固定不变的，达尔文的理论与其产生了冲突，这一矛盾在 20 世纪的大部分时间里基本都没有得到解决。最终解决这一纷争的生物地理学理论诞生于 20 世纪 70 年代。在此后的几十年里，它将扼制迁徙的历史与未来。

～

关于各个大洲曾经连接在一起的看法，最早是由 20 世纪初的德国气象学家阿尔弗雷德·韦格纳（Alfred Wegener）提出来的，他注意到各个大洲的形状可以像拼图一样拼在一起。他说，经过某些神秘的过程，它们分开了，各个碎片漂浮到目前的位置。

几十年内，没有人相信他，主要是因为地球上没有已知的、足够强大的力量能够撬动大块的坚固岩石，将各个大洲移动数千英里。他没有找到任何可信的证据。1930 年，他离开了人世，包裹着一块驯鹿皮,被埋在了格陵兰岛的大雪下。但是,到了20世纪60年代,科学家们发现了可以解释大洲漂移的地质力量。现在,每一门地质入门课都会教授板块构造理论。

板块构造理论也回答了在固定不动的地球上,物种如何分布在各处的问题。

在几亿年的时间里,各个大洲合为一体,世界上的所有物种都可以共享同一片广阔而连续的土地。这可以解释为什么野生动物拥有共同的起源,并具有生物上的共性。随着超大陆的分裂,世界上的物种被带到不同的地方。这个过程如今还在持续,相比1620年,普利茅斯岩向西推动了15米,这也可以解释它们的广泛分布。生物地理学家将这一理论称作"地理分隔"。

地理分隔使我们无须想象一段混乱的过去——动物和植物跨越地理边界,进行不可预测的迁移。过去的任何物理变化都发生在数百万年前,任何生物都不需要移动一块肌肉,或抖动一根毛发。

野生物种并没有自己跨越大洋、高山、荒漠或其他地理边界。在池塘、山谷和峡谷下方的深层地带,居住着软体动物、青蛙和蜗牛,板块构造以每年100毫米的速度,不易被察觉地移动了数十亿年,地上的居民对此一无所知。并没有谁向任何地方移动了很远——是板块带着它们移动的。

生物地理学家开始在地质历史中寻找线索,来解释他们一直在思考的神秘现象——物种分布。不能飞的鸟儿生活在澳洲、南美洲、非洲这几个相隔遥远的大洲,却拥有明确的共同祖先,它们是如何分布得这么广泛的?它们共同的祖先很可能在这三个大洲连接在一起时，就遍及了每个地方。有蹄反刍动物生活在北美洲，它们在那里进化成了驼鹿和北美驯鹿。它们也生活在亚洲，并在那里进化成了麋鹿和驯鹿。它们共同的祖先也可能是在这两个大洲连接在一起时，遍及了这些地方。有袋类动物没有出现在印度和非洲，为什么？很可能是因为，它们的祖先还没有登上陆地，就漂离了超大陆。

生物地理学家无法弄清地质力量推动物种分布的细节，但是他们对此很有信心。任何地质变化都可以用来解释物种是如何移动的：山脉的形成，缓慢地将一个物种分为了两个部分；海平面的下降形成了陆桥，允许曾经彼此隔绝的物种迁往新的领地。

德奎罗斯说，地理分隔塑造了"一个新版本的固定世界"。地理生物学家们认为，达尔文猜测的长距离的迁徙可能会偶尔发生。但是，他们并没有把迁徙作为一种连贯的行为，用来解释每个物种属于哪里，它们是如何到达这里的。生物地理学家加里·纳尔逊将达尔文关于长距离迁徙的理论称为"研究不可能、罕见、神秘及超自然现象的科学"。动物学家拉尔斯·布伦丁补充道，这个概念"消极、乏味、浮于表面"，它"冒犯了批判性思维"。

古生物学家保罗·马萨写道，少数科学家认为长距离旅行的结论较为可行，但他们也表示，只有"某些幸运的人类"才能够"学会飞翔"。在关于物种在地球上移动的故事中，生物地理学家只会在"脚注"中承认随机的长距离飞越。刊登在2006年《生物地理学》期刊中的一篇论文认为，这种不幸的遭遇"几乎是随机的"，而且"并不有趣"。

地理生物学家不仅质疑长距离旅行在历史上起到的作用，而且怀疑野生物种能否在这样的旅程中存活。评论家们认为，大多数动物无法存活。在2014年的一篇论文中，一位来自佛罗伦萨大学的古生态学家写道，一只幼年长耳大野兔被发现时正趴在一片海带上，它被暴风吹到了距离加利福尼亚州海岸40英里的地方，在海上漂泊了几天后，兔子由于脱水和高温奄奄一息。这种生物甚至无法跨越加利福尼亚州与海峡群岛之间十几英里的路程。所有的长耳大野兔都未曾做到这一点。

～

支持地理分隔的生物地理学家们认为，在自然史中，物种的移动非常缓慢、被动、难以察觉，那些活跃的、长距离的野生物种迁徙无法在自然或历史中起到作用。植物、动物和其他生物跨越边界，进入新的领地，它们是闯入者、侵略者，是威胁自然秩序的异类。"二战"后，埃尔顿提醒大家关注外来入侵者，许多人都相信这一观点，地理分隔也对此进行了强调。

从20世纪60年代开始，美国政府明确地将国家公园作为绿洲进行管理，使它们免遭跨越边界的外来物种的侵害，这是听从了奥尔多·利奥波德的儿子，动物学家A.斯塔克·利奥波德等自然资源保护者的建议。利奥波德建议美国的各个国家公园"保持并在必要时重新构建第一批欧洲访客见到的生态景象"，他大概相信，长久的静止状态已经结束。

1999年，政府将这些保护政策应用于整个国家，当时的总统比尔·克林顿建立了国家入侵物种委员会，这一组织致力于驱逐那些"种子、蛋、孢子或其他生物物质不属于本国生态系统的外来物种"。2001年9月11日的恐怖袭击后，保护美国免受外来物种入侵成为新成立的国土安全部的一项特许任务。

多年来，美国具有环保意识的居民将外来物种清除出他们的花园，并加入本土植物协会，支持濒危的本土植物，同时对外来植物表示蔑视，比如新泽西州运河边的芦苇。20世纪80年代，科学家也加入了他们。三个新的学科分支出现了——环保生物学、生态恢复生物学、入侵生物学——它们的目标都是调查跨越边境的野生物种带来的危害。

一位生态学家说，物种入侵达到了"空前"的速度。在过去的500年里，新来的物种占据了地球上3%左右的无冰土地。在许多国家，这些物种在聚居植物群的面积中占了20%或更多。一位著名的入侵生物学家警告道，英格兰，美国加利福尼亚州、路易斯安那州，以及芝加哥都遭受了"德国"黄蜂、"非洲"蜗牛、"中国"螃蟹和"欧洲"贻贝的入侵。

在《移民杀手》《外来入侵》《野蛮未来》等书中，作者们阐述了反对野生动物迁徙的理由。

比如，根据"天敌逃逸假说"，入侵物种可以躲避本土的猎捕者，而本土生物不能，因此它们拥有不公平的优势。它们可以用特殊的方式猎捕本土生物，而本土的猎捕者却不能。在夏威夷，当地的入侵物种委员会记载，本土物种"在相对隔绝的状态下……生活了7000万年"，在岛上的"良性环境"中进化。这些本土物种将被来自其他地方的"非本土、具有竞争力"的物种破坏，它们拥有针刺、锋利的蹄子、有毒的分泌物和强大的食肉本能。

入侵生物学家指出，随着入侵物种的不断生长，它们将会取代本土物种。两位斯坦福的生物学家在一篇论述入侵物种对进化的影响的论文中写道,阿根廷蚂蚁在它们入侵的地方,比本土的蚂蚁长得更大。在到达北美洲西海岸的 20 年内,来自欧洲的果蝇通过进化改变了翅膀的尺寸,生活范围从加利福尼亚州南部蔓延到了加拿大不列颠哥伦比亚省。

新来的物种与当地物种进行混种,这引发了恐慌,人们认为它们会用外来的特性污染当地物种。斯坦福的生物学家们在 2001 年刊登于《美国国家科学院院刊》的一篇论文中表示,野鸭与新西兰的灰鸭进行杂交,夏威夷鸭与佛罗里达州的斑点鸭进行杂交,日本的梅花鹿与英国的驯鹿进行杂交,杂交的规模"很大"。

外来物种从本土物种那里夺走了生态系统中的职责,比如在英国,美国的灰松鼠取代了本土的红松鼠,并通过连锁迁徙的方式,促使更多的灰松鼠来到这里。埃尔顿 1958 年的著作在 2000 年再版,其中新的序言表示,引进的物种与其他引进的物种建立了"协作关系",因此,只要有一种生物出现,其他的生物很快就会出现。比如,斑马贝促成了欧亚狐尾藻的到来,这是一种生活在水下,类似羽毛的开花植物。在加利福尼亚州南部的干旱山坡上,外来牛的蹄子破坏了干燥土壤中由地衣和苔藓构成的脆弱地表,这使得本土植物的栖息地遭到破坏,而它们又是本土格纹蛱蝶的食物,外来植物生长茂盛,格纹蛱蝶濒临灭绝。

斑马贝等入侵生物在 19 世纪从俄罗斯到达了北美洲,并蔓延至五大湖,损坏了船只,堵塞了水管,附着在本土蛤蜊身上,让它们无法得到充足的食物。入侵生物学家怀疑,是它们导致了本土蛤蜊数量的急剧减少。千屈菜来自欧洲,高大繁茂,能够开出显眼的紫色花朵，这类入侵物种将会取代本土的猫尾香蒲，并伤害当地的野生动物。为了扼制它的生长，政府投入了数百万美元。

一位入侵生物学家预测，野生物种在地球上自由移动将会大面积破坏生态系统，陆生动物的数量将会减少65%，陆生鸟类的数量将会减少47%，蝴蝶的数量将会减少35%，海洋生物的数量将会减少58%。基于此类推测，专家将新来的引进物种描述为破坏美国生物多样性的第二大威胁。据入侵生物学家统计，生物入侵造成的净损耗为1.4万亿美元，占全球经济总值的5%。新来物种是"带来环境大灾难的盲目骑兵"，哈佛大学的生态学家E.O.威尔逊警示道。

在这样的危急状况下，生态学家们认为促进动物迁移是一种固执而危险的想法，无论它们是故意迁徙，还是出于偶然。他们反对任何物种的迁移，即使这样能拯救那些物种。卡米尔·帕玛森担心格纹蛱蝶群体的命运。她在一次科学会议中站了出来，建议将某些濒危的格纹蛱蝶群体迁往别的地方。她的生态学家同行们纷纷表示反对。她还记得，这个想法让他们非常恐慌、激动。"他们指责她扮演上帝，或是破坏自然，"《卫报》的一篇文章对随后的混乱场面进行了报道，"她的做法会导致一系列新的问题。"

入侵生物学家和其他的科学家对物种迁移带来的威胁非常担忧，这与那些对于人类迁徙的担忧很相似，他们希望采取的行动也很相似。边界之间不再自由，没有人欢迎新来的物种，人们也不会放任它们对本土物种进行同化。斯坦利·坦普尔，一位生态学家、奥尔多·利奥波德基金会的科学顾问在1990年这样写道，入侵物种必须被根除，这是"极其必要的"。

一群科学家穿着短裤，拿着斧头和铲子，穿过莫那洛瓦火山笼罩下的一片纷乱的雨林。这是世界上最大的火山，坐落在夏威夷群岛中最大的岛——夏威夷岛上。在这片浓密、潮湿的雨林中，在多型铁心木盛放的花朵下，远古的生物地理学边界已经被打破。这群植物学家以卷发的丽贝卡·奥斯特塔格（Rebecca Ostertag）和瘦高的苏珊·科德尔（Susan Cordell）为首，他们想要对此做些什么。

这个岛上的原始物种大约有1200种，这些植物和动物靠自己的力量来到夏威夷，成为了一群特殊的生物，特别的性质促使它们在整个岛上周期性喷发的岩浆中存活下来。多型铁心木能适应几乎所有的土壤，包括新鲜的岩浆。数千年来，它和其他的夏威夷本土物种生活在隔绝的状态下，远离各个大洲的混乱。

然后，人类来到了这里，带来了各地的外来物种，比如猪、狗、老鼠，还有新的疾病。他们带来了波多黎各的树蛙，为了控制老鼠数量引进了獴，还在花园中种植了观赏植物。鸟类食用了它们的果实，用粪便播撒种子，在夏威夷的热带阳光下，那些植物很快生长起来。岛上立刻充满了枝干锋利的新来物种，它们吸收了营养，窃取了阳光。

奥斯特塔格和科德尔知道，莫那洛瓦火山附近半数的植物并非来自本地，它们是外来物种。虽然现在古老的多型铁心木依然占据着主要地位，但这不会持续太久。2010年，有农民注意到，一种奇怪的真菌大量摧毁了岛上标志性的多型铁心木。没有人知道那究竟是什么，但大多数人猜测那也是一种新来的物种。很快，它就会使多型铁心木灭绝。到时候，多型铁心木会完全被外来生物取代，低处的小树和幼苗将被外来物种侵袭，夏威夷本土物种在数千年前形成的森林生态系统将会消失。

植物学家们在雨林中圈出了4块100平方米的土地。经过几个月的辛苦劳动，他们铲除了边界内每一个能找到的外来物种。他们用电锯砍倒树木，在树桩上浇灌致命的除草剂。他们拔去灌木和蕨类植物，把它们的根从石头地里挖出来。他们用巨大的漏斗筛去任何可能从头顶落下的种子。他们非常细致地清理了这些地方，清除了任何可能发现的非本土成分。

∽

抵制入侵物种的斗争建立在这样的假设上：它们通过全球贸易和旅行来到新的栖息地，这从历史和生态的角度上看都属于异常行为。但是科学家并不知道蝴蝶可以飞多远，狼群能否越过山脉，鳄鱼能否在洋流中游泳。2015年《科学》期刊中的一篇论文写道，数个世纪内，追踪动物的迁移是一种随机的行为，处于"生态学研究的边缘"。各种实验方法，无论是出于设计还是必要，都无法确定动物在环境中漫游的范围。

正如英国军队偶然通过雷达发现了鸟类的迁徙，许多壮观的长距离迁移是被意外发现的。比如，欧洲的观鸟者偶然发现了一只鹳，一根长矛刺进了它的身体，它显然来自非洲，因此他们最先得知鹳在非洲过冬。一种名为棕榈鬼鸮的猫头鹰每年迁徙数千英里，19世纪的科学家以为它们是"美国中部和北部各州的常住居民"，直到一次奇怪的暴风雪使它们无法在空中飞行，鸟类学家在海里找到了数千只鸟，才发现真相。

黑脉金斑蝶群从北美洲东部迁往墨西哥，这段旅程现在很出名，可在当时也是偶然发现的。20世纪30年代，多伦多大学的动物学家弗雷德和诺拉·厄克特注意到黑脉金斑蝶在每个冬天都会消失，然后在春天重新出现，翅膀破烂，仿佛经过了漫长的旅程。他们开始在蝴蝶的翅膀上贴小标签，标签上写着"请寄往加拿大多伦多大学动物学系"。几十年里，只有少数标签被寄了回来。其中很多来自多伦多南部，但他们不知道这是由于蝴蝶的飞行，还是只是标签被风吹到了那里。直到1975年，这对生物学家夫妇到墨西哥旅行时，这个谜题才被解开。他们到米却肯州的山间远足，发现几百万只黑脉金斑蝶覆盖着树木，它们振动翅膀的声音就像瀑布。一根落满了蝴蝶的松枝碰巧在他们面前倒下，一个小小的标签粘在其中一只蝴蝶的翅膀上，这证明它来自北方。

科学家们采用流行的"标记重捕法"，比如像19世纪的鸟类学家约翰·詹姆斯·奥杜邦那样，把线系在鸟的脚上；或者像20世纪的蝴蝶生物学家保罗·欧里希那样，用记号笔在蝴蝶的翅膀上进行标记。还有些人使用塑料身份牌、染料、油漆和类似的东西，或者设置相机，拍下偶然路过的动物。通过标记动物个体，再对它们进行捕捉，至少可以粗略地推断它们的行踪。然而，尽管动物追踪者对移动中的目标进行了标记，标记重捕法也只能让科学家们证明，目标可能按照他们的期望进行了移动。如果有标记的蝴蝶，或者脚上系着线的鸟没有被重新捕获，那么科学家们只能发挥想象力，猜测发生了什么。

比如在一次研究中，欧里希标记了185只蝴蝶，然后让它们恢复自由，几天后又回来查看情况。他发现，有97只蝴蝶迁往了距离第一次标记时很近的地方,另外88只蝴蝶没有被重新捕获。它们可能迁到了远处,但是他假设它们都死了。他得出结论,格纹蛱蝶"明显缺乏漫游的欲望"。

对动物使用在移动过程中会释放信号的标记,比如猫脖子上的铃铛,能够避开一些偏误,但也会导致其他问题。标记可能很重,从而干扰动物的行为,标记也可能很贵。一位动物追踪科学家回忆,标记一只动物就要花费3500美元,只能把它用在最强壮的那只动物身上。科学家们希望得到理想的结果,但标记的电池寿命有限,所以一段时间后就会停止发射信号,他们无法得知那些不可靠的标记携带者前往了哪里。

有些人为了保存追踪器的电量,每天只会追踪一次,这只能得到动物最基本的行动路线。无论科学家们如何根据重量、成本和耗电量综合选择追踪器,为了获取数据,他们依然需要跟踪动物行动,在接收器上获取信号。在早期的试验中,人们开车追踪带有追踪器的鸟类,或者驾驶轻型飞机,在它们后面慢慢跟着,这样便能记录下那些细微的信号。"我们必须亲自靠近大象,"一位动物追踪者回忆道,"飞过它的头顶,用天线在飞机两侧定位,直至能够看见它。然后,通过视觉判断,推测出自己在地图上的位置,在那里画一个小圈,这便是我们追踪的方法。"

美国军队拥有更完善的系统。麻省理工学院的科学家们注意到,俄罗斯人造卫星"伴侣号"发射的无线电信号在卫星轨道靠近时先增强,再减弱,最后消失,所以军方开始向太空发射信号卫星。20世纪90年代,全球定位系统的各个卫星能够持续发射信号,由于卫星的数量足够多,一天的任何时间内,在地球上的任何位置，都可以观测到至少4颗卫星。也就是说，如果为动物安装了全球定位装置，那么无论它们跑到地球上的任何地方，都可以被追踪，不再需要带着信号接收器跟踪它们了。但由于担心精准的定位能够帮助敌人，国防部在信号中加入了不可预测和不规则的抖动，故意降低了精确度。全球定位系统的信号只能被军方的接收器准确破译，其他人只能得到无用的错误结果。

因此，对于科学家和其他人，动物的行动依然是隐秘的。即使那些与我们共同生活的动物，也会到处乱跑，远离我们的视线。有时，我们会惊讶地发现它们留下的细微踪迹——雪地里的几个爪印，灌木丛中一张废弃的网——这些都暗示着它们的行动路线。当我们与一只野生动物相遇时，即使是那种生活在人类聚居区附近的动物，比如鹿或狐狸，我们也会非常惊讶和欣喜。

几周前，我在自家的车道上见到了一只红狐狸。这并不令人惊讶，因为我听说过一对红狐狸搬到了我们的社区。虽然我们在几个月内共享郊区的土地，但是我从没有注意到它们。看见那只狐狸时，我惊讶得呆住了。

~

高地罗望子树长长的、弯曲的枝干像是在跳芭蕾舞，穿过雾蒙蒙的森林。这里是留尼汪岛，印度洋上一座面积不到1000平方英里的火山岛屿，森林的海拔比海边沙滩高出几千英尺。高地罗望子树可以用来建造捕鱼用的独木舟和有屋檐的房子。为了找到它，当地人爬上3000英尺的火山，来到火山边缘，直至看到树木奇特而弯曲的枝条在雾中显现，仿佛魔法森林的一部分。

神奇的高地罗望子树与另一种树非常相似，它们都生活在被珊瑚礁环绕的火山岛上。寇阿相思树生活在夏威夷岛火山沿着山坡堆积的深厚灰烬中，烟雾般的蓝色蝴蝶从它的花朵中汲取花蜜。夏威夷的人用这种树木制造尤克里里和冲浪板。

几个世纪内，植物学家为两种植物的相似性感到困惑。夏威夷岛的寇阿相思树和留尼汪岛的高地罗望子树不可能拥有共同的祖先，因为植物学家们认为它们无法移动到另一个地方，并播下种子。这两座岛屿中间是18000公里的大洋，彼此没有地理或地质上的关系。它们之间的距离比地球上任何两块土地之间的距离都遥远，也没有洋流、季风或者迁徙的鸟类将它们联系在一起。即使一颗种子以某种方式越过大洋，也不太可能在这段路程中存活。它们的种子皮很薄，甚至无法漂起来，它们也不在海岸生长。

关于寇阿相思树和高地罗望子树的相似性，科学家们给出了两种解释，但都无法令人满意。也许这两种树并没有关系，它们只是进化成了相似的样子。也可能是人类迁徙者对它们进行了搬运，至于是谁在何时做了这件事，原因又是什么，没有人能解释。

生物地理学的历史中充满了未解决的问题。根据化石的证据，地理生物学家们将地质运动与物种分布联系在一起，拼凑出了一个关于被动的、难以察觉的移动的故事。当他们意识到这是不可能的，便会想出一些类似的故事，而它们都建立在"固定不动的地球"这一框架之内。

分子钟的方法颠覆了分子生物学家对人类迁徙的时间和规模的认识，他们开始用同样的方式检验这些故事。

～

在2014年《自然》期刊的一篇论文中，科学家们记录了寇阿相思树和高地罗望子树之间的遗传学关系。他们发现，高地罗望子树是寇阿相思树的直系后代。相比同类之间的相似性，留尼汪岛上的某些高地罗望子树与夏威夷的寇阿相思树更加接近。而且，将它们联系在一起的种子早在140万年前就完成了从夏威夷岛到留尼汪岛的旅行壮举，当时智人还没有进化出来。

遗传学证据表明，寇阿相思树以某种方式在大洋上行进了18000公里，来到留尼汪岛上。寇阿相思树的旅途是有记录以来距离最长的一次迁移事件。这并不是分子生物学研究发现的唯一事件。

地理分隔理论认为，大西洋的出现使得猴子分别位于新大陆和旧大陆，缓慢而被动地分化为两种血统。但是根据分子生物学家的发现，大西洋出现的3000万年后，这一物种才出现了分化。猴子并不是被动分开的，它们的祖先一定跨过了大洋。

根据地理分隔理论，南美洲的啮齿动物穿过了巴拿马地峡。但多年以后，地质力量才形成了连接两块美洲大陆的陆桥，啮齿动物一定越过了海洋。

地理分隔理论家们推测，冈瓦纳古陆发生了地质分裂，将南美洲与澳洲分开，将马达加斯加岛与印度分开，将曾经相邻的植物彼此分隔。但这与植物发生分化的时间并不一致。2004年一项很有影响力的研究被一位植物学家称为"地理分隔模式的最后一次剧烈喘息"，根据这项研究，植物并不是跟随板块构造进行移动的，而是主动迁移。

分子生物的发现表明，在遥远的过去，曾经存在长距离迁徙。猴子从旧大陆到达新大陆，在那个阶段，它们需要跨过大西洋。波利尼西亚的甜马铃薯与美国的甜马铃薯在几万年前就出现了分化,当时人们还没有把它们带到波利尼西亚,它们是自己来到太平洋的。啮齿动物从北美洲来到南美洲,当时还没有任何陆路。这种非地质性的迁移,完全不顾地理上的障碍,确实属于达尔文提到的那种不可信、少见、神秘的行动。

寇阿相思树的旅程一定是一次"意外的成功",德奎罗斯评论道。"但这也是近期许多生物地理学研究传递的一部分信息,"他说,"意外的成功会发生。"

~

随着新的分子技术重现了动物过往迁徙的惊人故事,其他的新技术也改变了科学家们关于动物现在如何迁徙的看法。动物追踪技术的改革在 2000 年 5 月 1 日凌晨的几分钟后便开始了。从那时起,国防部不再在卫星信号中加入抖动技术,世界上的任何人都可以用接收器收到不受干扰的信号。(他们已经找到了一种方法,在必要时有针对性地阻断信号,遏制敌人的行为。)

拥有 80 亿美元投资的全球定位产业开始兴起,生产了大量的新产品,包括又小又轻的太阳能全球定位追踪器,它可以附着在一只幼熊毛茸茸的耳朵上,或者海龟光滑的壳上。新的太阳能全球定位追踪器能够让人们持续追踪动物的隐秘行动,在动物整个活动范围和生命周期内进行实时监测。动物追踪科学家们很快便将新的追踪器应用于它们的目标——鹤、蜻蜓、油鸥等。比如鸟类学家马丁·威尔克斯基(Martin Wikelski),他在德国巴伐利亚州的农场长大,他为当地的家燕一路飞到南非的行为而惊叹。世界各地的人们近年来通过社交媒体产生联系,他们的观察为新的全球定位数据提供了补充。观鲸者与其他冰岛的同行分享观察信息。观鸟者通过手机上的应用上传了几百万条关于鸟类的记录。到 2016 年，全世界超过 30 万名观鸟人在"线上观鸟"这一应用中上传了 1180 万条观鸟记录。

结果非常惊人。"每一次，"威尔克斯基说，"我们都会发现令人惊讶的新消息……这颠覆了我们的知识。"

北极燕鸥迁徙了 70900 公里，是从前预估数据的近两倍。几年后，另一项追踪实验发现，它们迁徙的距离比这一数据还要多出近三分之一。根据相机捕捉，科学家们推测秘鲁亚马孙雨林中的美洲虎分布范围相当于曼哈顿岛的大小，但实际上，它们的分布范围要大上 10 倍。斑马每年的往返迁徙距离长达 500 公里，是拥有记录的最长陆路迁徙距离。人们以为澳洲的湾鳄避开了海上旅行，但实际上它们顺着季风，在海上游了 200 英里。蜻蜓从美国东部向南美洲迁徙，每天会飞行几百公里。人们以为虎鲨永久居住在夏威夷岛海岸附近的水中，可它们会在海上移动数千英里。夏威夷海洋生物研究所的一位鲨鱼研究者说，科学家关于动物习性的猜测"完全是错误的"。

卫星曾追踪到一次史无前例的旅行。一匹狼从意大利的里雅斯特出发，它在冰河上，6 米深的雪中，2600 米的高山上走了 1000 公里，来到奥地利，持续迁移了 4 个月。

野生物种经常越过科学家为它们定义的边界。埃塞俄比亚的长颈鹿大部分时间都不在专门为保护它们而设计的公园中。查戈斯群岛的绿海龟会离开为它们提供的海洋保护区。在委内瑞拉的鸟洞国家公园，石灰岩洞中 40% 的鸟会在边界之外栖息，或者寻找食物。我们以为大象的活动范围局限于肯尼亚，可它们越过边境，来到了坦桑尼亚。

它们的行动并不简单。科学家对动物的追踪越广泛，发现它们的行为越复杂。科学家对喜马拉雅山脉间的角雉进行了为期3年的研究。他们以为这种亮红色的雉类动物夏季向山上移动，冬季朝山下移动，却发现它们在冬季既会向山下移动，也会向山上移动，还有些甚至迁移到其他地方。一位生物学家每隔24小时确定獾的位置，绘制出它们在地洞中的移动路线。他发现，只要监测得更加频繁，便会发现更多的洞穴。他意识到，即使每隔3秒监测一次獾的移动情况，也无法弄清它们为了迁移打造出来的迷宫隧道。如果想要准确地记下路线，他需要每秒取样10次。

人们没有想到，动物在生理上很容易适应迁徙。东南亚蟒蛇被放置在佛罗里达州，几个月后，它们在佛罗里达州的沼泽中游了超过20公里，直接而快速地回到了它们被释放的位置。一只被追踪的豹子成功穿越了非洲南部的3个国家，避开了小镇、城市和高速公路，科学家们原本以为那些地方会使豹子的旅程无法继续。越过喜马拉雅山脉的斑头雁并没有在白天行动，从海平面上升到海拔6000米的高度，顺风原本可以帮助它们飞行，但它们选择在夜晚逆风而行，研究人员将其称为"地球上最极端的迁徙"。

关于"固定不动的地球"的神话将生物的移动能力设想得十分局限，以为它们的远距离移动需要人们的帮助。但事实上，它们自己能够以复杂的方式进行迁徙，而且能力超过了我们。

曾经被认为单纯由基因控制的迁移其实是个体之间相互作用的结果，每种生物都会对环境中的细微变化作出反应，也会对彼此作出反应。我们以为，鸣禽在特定的时间向南行进，是受到基因的控制，但事实上，它们可以根据环境的细微变化和彼此的暗示，调整迁徙的时机和方向。黑莺在天空中有复杂的路线，它们利用风，跨过大海和大洋。人们以为狒狒只是盲目地跟随它们的头领，并随机选择不同的路线，但当两只狒狒朝着不同的方向移动时，追随者们会找出两条路线的差异，并从中选出一条。我们以为蜘蛛只是被动地随风移动，但其实它们可以主动地爬到植物顶部，在那里织网落脚，等待着风把它们吹起。

生态学家伊恩·库赞写道，"在缺乏现代技术的情况下，人们也试图这样做。"他认为昆虫、鸟类和其他动物的迁徙"非常不可思议"。

关动物迁移的研究曾经处于生物学的边缘，但目前正在向中心移动。2006年，一群科学家聚集在耶路撒冷的以色列高级研究所，勾勒出一种新的研究方法的框架。在这个研究方法中，他们会将迁徙作为动物行为与生态系统功能中的核心要素之一。他们把这个新领域称作"迁移生态学"。第二年，威尔克斯基和他的同事们开启了"迁徙库"，科学家们可以在这个公共数据库中分享他们的动物追踪数据。每天，动物追踪者们都会添加大约100万个数据点。

～

2018年2月的一个清晨，一小群科学家站在哈萨克斯坦草原上一片被雪覆盖的田野边缘，身穿厚实的黑色大衣，头戴附带耳罩的柔软帽子。寒冷的风拍打着他们，把他们的脸颊吹得发红。他们注视着地平线，一支俄罗斯"联盟号"火箭将在那里冲入2

月沉闷的灰色天空。细长的白色火箭发射升空,尾部炽热的火焰像是苍穹中的一道裂痕。科学家们跺脚,张开双臂互相拥抱,喜悦地呼喊着。

这支火箭以每小时17000英里的速度飞向国际空间站,携带了200公斤重的天线。几天后,空间站的两位宇航员将进行历时5个小时的太空行走,他们已经为此训练了数月。在这个过程中,他们将在空间站外部设置天线。从此,对于野生物种在地球上迁徙的规模和速度,人们将产生全新的理解。

在每条轨道上,天线将会扫视地球表面16次,并通过极小的太阳能追踪器获取数据。全球的生态学家将这些追踪器安装在鱼的背部、鸟的腿上、哺乳动物的耳后。科学家们可以随时控制并重新配置这些追踪器。首先,他们根据动物行为在数据中呈现出的位置线索,以及周围的温度、湿度和气压,持续记录动物的方位。新的卫星定位系统被称作"太空辅助动物研究国际合作组织",它被描述为"动物的网络",在动态的地球上实时呈现错综复杂的动物轨迹网。

由于迁移生态学家们已经从追踪个体生物的过程中得出了一些关于生物进程的看法,威尔克斯基预测,通过同时追踪多个物种,他们会产生更深层的见解。只看见一些互不关联的天空碎片,并不能让宇航员了解宇宙。只有当他们搭建起天文望远镜的网络,能够一次性探寻整个空间时,才能对宇宙产生认识。迁移生态学家希望通过"太空辅助动物研究国际合作组织"开展类似的革命。"我们将世界上的动物网络看作一个巨大的信息系统,"他说,"目前为止还没有得到开发。"

威尔克斯基站在哈萨克斯坦的雪地上，头戴黑色的毛线帽，上面带有白色的大圆点，脖子上围着一条厚厚的毛线围脖。他和周围的人拥抱了一圈，然后为了庆祝，一起去喝一杯伏特加。

~

随着关于过去和现在的动物迁徙的新数据不断堆积，生态学家们开始重新考虑迁徙中的物种跨越边界将会带来危害这一结论。

入侵生物学家们曾预测，迁徙的物种将会导致生态意义上的世界末日。他们低估了野生动物迁徙的规模和速度，而且大多数的行动都不具备毁灭性。一项分析表明，只有10%的近期引进物种会在新家生存下来，这其中只有10%的物种在生长过程中会威胁本土物种。我们此前认为所有的新来物种都会造成危害，将它们中的1%或者更少的成员犯下的罪行归咎给了所有的生物。

苏伊士运河将已经分隔了几百万年的地中海和红海连接起来后，超过250个物种从一侧来到了另一侧。根据一个世纪后的科学评估，它们的迁徙仅仅导致了一种名为驼海燕的海星灭绝。80种海洋生物被引入北海，70种生物被引入波罗的海，这些都没有造成当地物种的灭绝。

入侵生物学家曾预言，新来物种会取代本土物种，但这种情况并未发生，新来物种反而增加了生物多样性。加拿大生态学家马克·维尔伦德的一篇论文被《自然》期刊拒绝，理由是公众可能会对此造成误解。他发现，新来的野生物种能够在地方和区域层面增加物种的丰富性。400年来，美国大陆向野生迁徙者开放边界，使生物多样性增长了18%。

在计算迁徙中的野生物种带来的负担时，入侵生物学家不仅考虑了新来物种造成的危害，还加上了预先阻止它们所需的成本。不过他们忽略了野生迁徙者带来的经济利益。仅仅是引进植物对全球食物储备作出的贡献，就为等式的加法一侧加入了 8000 亿美元。

植物学家肯·汤普森（Ken Thompson）将顺利生长的引进物种与顺利生长的本土物种带来的影响进行对比，他发现"几乎在任何方面，它们都是一样的"。即使某些最强大的新来物种，也没有符合入侵生物学的预测。斑马贝并不是当地蛤蜊数量急剧减少的罪魁祸首。蛤蜊除了被新来物种食用，还面临着很多其他的挑战。贻贝确实破坏了当地的生态系统，但也起到了正面作用，它们能够过滤水源，并为鱼类和水禽提供食物。"如果斑马贝是本土生物，"汤普森写道，"我们很有理由相信，它们会被看作保护环境的英雄，而不是头号公敌。"

加拿大研究者对比了两块土地，一块生长着千屈菜，一块没有。他们发现，这种植物没有降低生物多样性，也没有取代本土的植物。2010 年的一篇综述论文总结道，"没有证据表明，千屈菜能够'毁掉湿地'，或者如反复出现的报道中所说，'导致形成生物荒漠'。"汤普森认为，它们最大的罪过就是长得太好，尽管这种情况没有持续太久：在已经存在了一段时间的地方，它们的数量会渐渐下降。

2007 年的一篇综述论文认为，"将物种分类为'本土生物'和'外来生物'，是环境保护的一个组织原则。"但是汤普森说，"这种二元论的有效性渐渐开始被质疑"，物种迁移的方式使我们无法简单地将它们分类为"本土生物"或"外来生物"。在他的著作

《骆驼属于哪里？》(*Where Do Camels Belong*?) 中，汤普森写下了骆驼的案例，动物地图将它划分为中东地区的"本土生物"，但是骆驼家族在北美洲进化，并展现了丰富的多样性，目前在南美洲也呈现出多样化，并且野生骆驼只出现在澳洲。

汤普森和其他批判入侵生物学的人并没有将外来物种取代本土物种看作一个紧迫的问题。比如，在遥远的岛屿上，引进的物种会疯狂地取代已经存在的本土物种。但即使在这样的地方，毁灭和蚕食当地物种的不仅是新来物种，本土物种也会这样。

~

在莫那洛瓦火山旁边的雨林中，植物学家们试图清除森林中的外来物种，他们以惨败告终。丽贝卡·奥斯特塔格和苏珊·科德尔的研究团队尝试了多年，但没有取得成效。即使清除了每一种外来生物的种子，过滤每一种从头顶落下来的外来种子，外来者还是会回来。它们看不见的种子和孢子充斥着各个地方。为了确保一小块土地不受外来物种的污染，他们一周内需要进行40个小时的艰苦劳动。"这实在太过分了。"奥斯特塔格说。

他们无法阻止迁徙中的物种入侵。最终，只能放弃。"回到完全本土化的生态系统，这根本不现实。"

这不仅是一种徒劳的行为，而且似乎没有必要。奥斯特塔格和科德尔意识到，夏威夷的本土物种并没有比其他物种具备更多的生态功能。当奥斯特塔格在一张图表上绘制出夏威夷本土物种的功能特性时，它们都挤在一个角落。奥斯特塔格说，本土生态系统"并不协调"。这就像是一顿只有土豆沙拉的野餐，完整的功能性群体存在缺失。这里没有两栖动物、哺乳动物、爬行动

第8章 野蛮的外来者

物、蚂蚁，植物中没有姜。由于它们都能在夏威夷艰苦的环境中生存下来，这里的本土物种属于一个特定的群体。因此，新来的物种能够以自己的方式繁荣生长。这并不是因为它们是拥有尖锐枝干的贪婪外来者，而是因为它们填补了当地物种没有填满的生态空缺。

在我到达夏威夷的几天前，侵蚀夏威夷多型铁心木的真菌被识别出来。根据它的行为，大多数科学家推测这个"杀手"是外来入侵者。其实，这种真菌在夏威夷以外的任何地方都无法找到。没有人站出来承认这一点，即这个"杀手"只能被称作"本土生物"。

奥斯特塔格和科德尔的团队设计了一项新的实验，研究本土物种与外来物种如何共同生活。他们没有将新来物种驱逐出森林，或者让它们彻底占领森林，而是让那片森林回到了既有新来物种，又有旧时物种的混合、多样的状态。他们选择在那里生长、繁育的植物时，并没有考虑它们来自哪里、何时抵达这里，而是考虑它们的特性以及它们为生态系统作出的贡献。为了构建这一实验性的混合生态系统，他们花了3年。我到访时，那些树的高度已经超过了20英尺，遮蔽了天空。随着森林的土地被遮挡，幼苗的光照被剥夺，新来物种的比例不再上升。这表明，混合森林进入了成熟状态，能够独立生存。

我们走向实验森林时，我问她们本土的森林可能是什么样子，奥斯特塔格和科德尔都不再声称本土物种在生态意义上优于新来物种，但她们对旧时物种的喜爱依然很明显。

科德尔戴着金色的耳环，头发被头顶的太阳镜拢到脑后。她想象着新来的物种还没有到来，并描述了这片雨林的样子。她说，多型铁心木和其他的本土树木占据了原始夏威夷森林的上层林冠，藤蔓从它们的树冠一直爬到地面，地表的蕨类植物郁郁葱葱。

我低头看着脚边的蕨类植物。它们遍布整个森林，一簇一簇地生长着。"它们依然在这里。"我对科德尔说。

"是啊，"她回答，"可惜它们不是本土的生物。"

"除了这一点，它们还有什么问题吗？"我问。

"我不知道。"她回答。"这是一个很难的问题。我的意思是，刚开始从事环保活动时，我可能说过任何非本土物种都是坏的。但我现在不这么认为。这个项目改变了我的世界。"她停顿了片刻，"我想说，这就是我们的生活！我们就生活在这样的世界上！我们是科学家，这不是很有趣的研究方向吗？"

我想，她可能正在试着说服自己。她低头看着那些蕨类植物说："而且很多外来生物都很美，对吧。"

丰萨位于哥伦比亚，是安第斯山脉间的一个小镇，海拔大约8000英尺。现在，这里是高地平原，然而在更新世时期，这里却位于湖底。1989 年，地质学家卢卡斯·洛伦斯（Lucas Lourens）和他的团队将一辆波特钻机运到村口，挖了一个近 600 米深的小洞，直至触到基岩。

他们获得的沉积岩内核记录着几百万年前生活在这里的物种。动物的残骸早已消失，但是曾经生长在此地的树木、草和灌木散落的花粉留在了沉积岩层中，一层与一层交叠，随着时间的流逝越陷越深。

由于肯·汤普森在他的书中写道,将物种分为本土生物和外来生物是很愚蠢的,并随口提到了洛伦斯和他的团队在 2013 年发表的论文,我才知道他们。据我所知,就像那些危言耸听的外国动植物故事一样,他们的发现并没有广泛的受众。关于洛伦斯的研究,并没有相应的杂志和电台节目报道。但是,他们对生物学史的发现深深地打动了我。

花粉揭示了持续的气候变化和迁徙。随着景观发生改变,新的物种不断来到这里,或者离开。这里有湿地森林树木、纽扣草、柏状灌木、石楠以及草药的花粉。当巴拿马地峡出现后,迁徙物种开始在北美洲和南美洲互相流动,橡树的花粉也出现了。

洛伦斯和他的同事们发现的物种以及它们的组合从未重复过。在每个时段,生活在这片哥伦比亚土地上的物种都是全新的,此前和此后的居民都没有见过这样的组合。每一层沉积岩内核代表着一个"静止的瞬间",他们写道,这些瞬间出现在"漫长而不断变化,始终在重构的历程中"。

气候变化也在不断发生。地质喷发使生物出现了缓慢的进化或衰退。海平面上升,再下降。猴子跨越了大洋。蕨类植物来到了夏威夷。寇阿相思树将后代带到了留尼汪岛上。迁徙的人类离开亚洲,乘坐独木舟,在星星的指引下来到太平洋。

随着每一次变化,迁徙中的物种拥有了新的机会。随着这些机会的到来,迁徙者来到了各个地方。

一切都是因为大自然总是在跨越边界。这是很充分的理由。

第 9 章

迁徙的模式

一个天气多变的 10 月傍晚,我们看见熊跨越边界时,太阳几乎已经落下。我们走在老式的伐木路上,这里似乎曾经铺满了碎石,一道铁门禁止车辆通行。一片柔软的苔藓,在暮色中由浅灰绿色变成了深褐色,就像一幅挂毯,点缀着一簇一簇的浅金色草叶。佛蒙特州北部森林的树木在狭窄的道路上排成一行,灰蒙蒙、光秃秃的,因为冬天就要到来,叶子早已掉落。但是山毛榉并非如此,它们是来自热带的迁徙者,因此树冠上依然保留着残叶。它们金色的叶子在风中微微颤动,让灰色的森林有了光芒。树干上留下的爪子痕迹,证明有熊被这种迁徙树木富含脂肪的坚果吸引,从数百英里之外来到这里。坚果能帮助它们度过漫长的冬眠。

道路缓缓下坡,进入森林茂密的山谷,周围是低矮、古老的山丘。在我们下方的某处,一条看不见的线将森林分开,一侧是佛蒙特州的绿山,另一侧是魁北克的萨顿山脉。森林在连绵不断的山丘中蔓延，没有中断。

由于这条看不见的线，这里的森林布满了隐秘的、装有电池的相机，为了与树木的颜色匹配，它们被涂成了灰色和棕色。有时，熊会毁坏它们，主要是因为负责安置相机的边境巡逻员在去森林的路上时会吃三明治。熊不能抗拒巡逻员沾着香肠和油脂的手指留在设备上的气味。那些依然完好的相机受到边境巡逻办公人员的监控。他们的办公室在南边，孤零零的，十分寒冷，距离这里只有几英里。他们的目标是发现非法跨境的车辆和毒贩。大多数相机记录了野生动物的行踪，它们每天会在镜头前经过200次左右。

我们走了大约一个小时，看见一辆高大的白色边境巡逻车驶出了阴影。两个娃娃脸的巡逻员，穿着僵硬的制服，礼貌却严肃地询问我们的行程。当他们明白我们只是观察者，而不是迁徙者时，身上的紧张感几乎立刻消失了。他们愉快地说起那些隐秘的相机拍下的野生动物迁徙的照片，并告诉我们，他们会下载自己最喜欢的照片，作为个人收藏。这些照片美丽而令人难忘。（除了我和我的向导，野生动物追踪者杰夫·帕森斯，我们在这一情景下显得很可疑。）途经这里的鹿的棕色大眼睛，一只熊晦暗的背影，山猫灵巧的身躯填满了取景框。他们甚至还拍到了一种罕见的、披着天鹅绒外衣的美丽动物——猞猁。

动物在陆地上迁移的轨迹，与海上和空中的迁移轨迹平行，但那些没有被边境巡逻队的相机拍到。在东部几百英里外的水中，大白鲨沿着美洲海岸，从美国进入加拿大的水域，然后再返回。露脊鲸的水上旅程很长，从佛罗里达州海岸附近产崽的地方，前往新斯科舍的芬迪湾，那里是它们的觅食处。棱皮龟追逐成群的水母，从它们热带的繁殖地出发，深入北方的水域。天空中，黑脉金斑蝶向南行进，与鹦和黑喉蓝莺相遇，这些鸟儿从伊斯帕尼奥拉岛的冬季住所，前往加拿大南部森林中的夏季住所。

最后，边境巡逻员离开了，我们继续远足。在一座山的山脚下，我们看见一条3英尺宽、杂草丛生的小径，小径深入森林，从东向西连接了伐木路的两侧。这是美国与加拿大之间的跨国边界。这两个强大的国家试图将双方控制的土地分开，这条狭窄、幽深的森林小径将这一点体现得淋漓尽致。我们在那里站了一会儿，看着太阳从山间落下，然后回头去找我们的车。在山顶，我们又转身看了一眼那条边界。夕阳下，我只能模糊地辨识出那只缓慢越过边界的黑色小熊。

埃尔顿等生物学家将迁徙者视为想要自杀的僵尸和盲目的入侵者，他们并没有真正考察过迁徙者的行为，也没有深入了解这种行为是如何进化而来的。是什么促使生物离开自己出生的地方，迁往新的领地？它们抛下家园中已知的舒适生活，向未知的世界进发，它们没有接受留下来的亲友的帮助，结果是，它们可能根本无法找到适合生存的地方。

然而它们还是这样做了。

须鲸迁徙了数千英里，从位于遥远的北方、食物丰富的捕食地点来到热带的温暖水域。浮游生物在深水与波光粼粼的水面之间垂直迁徙。数千年来，随着冰川的前进与后退，森林一直在移动。在雨林遍布的夏威夷岛，小虾虎鱼从开阔的太平洋游回瀑布顶端，那里是它们出生的地方。这段旅程需要逆流而上，进入淡水域，爬上悬崖，它们利用身体下方的吸盘来进行迁徙。

关于人类迁徙的起源与生态作用依然充满了争议。但是生物学家对动物迁徙的起源已经有了清晰的看法。

休·丁格尔（Hugh Dingle）等迁徙专家表示，迁徙可能是物种为了适应环境变化而进化出来的行为。相比那些生活受到环境变化影响较小的物种，有些物种依赖的资源会受到环境变化的影响，它们的迁徙行为也更加普遍。比如，节肢动物生活在临时的栖息地中，如浅水坑和季节性的池塘，相比那些生活在相对稳定的环境中，如森林和盐碱滩中的动物，它们更愿意迁徙。生活在相对稳定的地点，比如高山苔原或湖泊深处的昆虫大多数都没有翅膀，而那些栖息地经常出现不稳定降雨，或者以不规则分散的资源，如水果和花为食的昆虫相对而言更愿意迁徙。生活在森林边缘或树冠上的生物比生活在森林内部的生物更愿意迁徙。以季节性水果为食的鸟类更愿意迁徙，以森林内部的昆虫为食的鸟类则相反。栖息在树中的蝙蝠更容易受冻淋雨，它们比生活在洞穴中的蝙蝠更愿意迁徙，因为洞穴能够保护后者免遭这些困扰。

即使在物种内部，有些个体生活在更容易发生变化的环境下，它们比其他个体更愿意迁徙。例如，白尾鹿的迁徙行为与它们占据的森林领地相关：生活在小块土地上的鹿更容易遭遇环境的变化，因此它们比生活在大块土地上的鹿迁徙更频繁。

那些面临栖息地环境变化的生物，如果想要生存下来，只能在两种策略中作出选择：或保持休眠，等待变化渐渐消失；或迁徙。那些拥有迁移能力的生物一次又一次地选择了迁徙，虽然需要付出代价。丁格尔分析出一种模式，可以用来预测迁徙行为的出现，这取决于繁育新一代所需时间与环境稳定时间的比值，如果比值小于1——也就是说，繁育新一代需要数年，但是栖息地（假设是春季的池塘）只能存在一个季度——迁徙便会发生。

因此，随着北半球距离太阳越来越远，夜晚变长，白昼变短，各种生物都在准备迁徙。它们的体内发生了生理变化，荷尔蒙激增，神经系统活跃。吮吸枝叶的玫瑰苹果蚜虫生出了特殊的翅膀。即将迁徙的鲑鱼体内的催乳激素和皮质醇等荷尔蒙大幅增加。幼年鳗鱼身体变得透明，相比盐水更喜欢淡水。为了准备旅行，迁徙的鸟类和昆虫在身体中储备脂肪，这些脂肪占据体重的50%以上。植物的种子则生出坚硬的外壳，种子内的脂肪含量与它们即将旅行的距离相关。

它们即将离开时，会变得不安。即将迁徙的鸟儿被放入笼中，会在笼子的一侧不断拍打翅膀，跳下栖木，冲向另一侧，至于是哪一侧，取决于其面朝的方向，这与它们的迁徙路线保持一致。科学家将这种焦躁的现象称为"迁徙兴奋"，德国人则称其为"迁徙性狂躁"。这种行为受到荷尔蒙的影响。春天将麻雀的性腺移除，它便不会这样躁动。将即将迁徙的鸟儿阉割，它依然会继续迁徙，方向却有所不同。

迁徙旅行并不是简单地将日常的迁移延长，比如从一棵树迁往另一棵树，或者从一个洞穴迁往另一个洞穴。鸟儿一出发，你便能根据它们爬升的速度和到达的高度判断出它们是否在迁徙，因为它们迁徙时与平时有所不同。在旅途中，它们的行为和身体机能都会发生改变。和日常的飞行不同，它们在迁徙过程中，身体会停止生长和发育,它们会忽略平时有所反应的刺激,无视诱惑的食物和繁殖地点。

虽然迁徙是由生理变化驱动的,但迁徙路线却并不是印在骨子里的固定路线,也不是基因中的编码让生物在固定的时间迁往特定的方向。迁徙所需的生理状态也是灵活的,会根据情况发生变化。比如,迁徙的蚜虫会长出支撑翅膀的肌肉,但在迁徙结束后,肌肉便会萎缩,它们将这些蛋白质用于繁殖。动物对地球的脉动具有敏感性,它们的行为和动向由此决定,而不是体内预先设定的程序。

野生动物对环境变化的敏感性具有传奇色彩。从古代开始,就有一些逸闻:动物在人类察觉到自然灾害的几个小时,甚至几天之前就能提前感受到。老普林尼(Pliny the Elder)描述了鸟儿在地震之前的焦躁不安。在公元前387年的罗马,一群鹅在沉睡的市民之前觉察到凯尔特军队的入侵,它们嘎嘎叫着,提醒人们即将发生袭击。1975年,在一场7.3级的地震之前,中国海城郊外的蛇爬出隐蔽的洞穴,纷纷在寒冬中冻死。2004年,斯里兰卡的大象在海啸登岸的几个小时前逃往内陆,拯救了那些出于本能跟随它们的人。

生活在西西里芒特埃特纳山坡上的山羊在2012年的一个冬日察觉到某种未知的信号。人们也不清楚,它们是通过怎样的机制感受到了这一信号。无论它们感受到了什么,又是如何感受到的,它们都比人们设计的任何机器感知速度更快,也更加敏感。9个月内,动物追踪者给山羊戴上了信号传送项圈,在它们吃东西、睡觉、沿着火山山坡漫游时,记录下有关它们行踪的流动数据。他们捕捉到了山羊的状态忽然发生变化的瞬间。6个月后，火山喷发，岩浆从火山口迸出，持续时间长达12个小时，向空中喷射7000米高的火山灰。我们才终于知道促使山羊发生变化的原因。

迁徙的生态功能不限于保证迁徙者的生存。迁徙的野生物种为整个生态系统搭建了"植物脚手架"。它们散播花粉和种子，确定每种植物生活在哪里，呈现怎样的比例，确保幼苗到达光照区域，而不会在父母的阴影下枯萎。植物的迁移对它们而言非常重要，因此许多植物创造出灵活的方法，引诱动物帮助它们搬运种子。它们将种子包裹在浓稠的黏液中，或者让自己生出钩子、刺和倒钩，依附在路过的哺乳动物身上，搭个便车，因此有人会发现自己的狗的身上沾满了毛刺。它们让种子富含脂肪，引来蚂蚁，让它们搬运种子，并热心地把种子埋在地下。它们在种子四周生出饱满、芳香的果实，引来鸟儿，让它们吃掉果实，然后借助粪便在飞行的路上播撒种子。

植物学家说，雨林中超过90%的树木都依靠鸟类和其他动物来散播种子。通过全球定位系统进行追踪的研究表明，即使是那些被责骂的寄生物种，也会为土地播撒种子。19世纪的自然学家亚历山大·冯·洪堡（Alexander von Humboldt）指责生活在洞穴中的油鸱是寄生物种，认为它们吃掉了幽暗洞穴中的果实，使种子无法传播。事实上，它们在夜晚飞过委内瑞拉的森林，沿途散播种子。鸟类学家马丁·威尔克斯基说，它们"或许为雨林的生物多样性作出了很大贡献"。

迁徙的野生物种将基因带入孤立的种群，增加基因多样性，这可以拯救生物的性命。在小型的孤立种群中，退化的基因聚集起来，将会影响群体。比如某些基因中包含威胁生命的缺陷，或者增加了生物患病的可能性。随着具有亲缘关系的配偶不断交配，种群中会出现基因同质化，降低抵御疾病和灾难的能力。生态学家在密歇根湖中的罗亚尔岛上看到了这种情况给狼群带来的惊人影响。1949年那个特别寒冷的冬天，一群由同一对父母繁殖出来的狼定居在岛上。岛屿与湖岸之间的河床冻住了，从那时起，这群狼便陷入了孤立的状态，它们开始近亲交配。2012年，罗亚尔岛上58%的狼患有先天性脊柱畸形的问题。在别的地方，有这种问题的狼只占总数的1%。很多狼的眼睛存在缺陷，一只眼睛比较混浊，甚至可能看不见东西。一只母狼死在洞穴中，子宫里还有7只死去的幼崽，唯一活下来的幼崽在它身边尖叫。生态学家以前从未见过这样的景象。

这块栖息地唯一的希望便是迁徙。1997年，一只公狼到达岛上。迁徙者的加入使基因恢复了活力，仅凭其一己之力改善了生态系统。在一代之内，迁徙者的基因注入56%的狼的体内。岛上狼的数量开始增长。而驼鹿作为狼猎捕的动物，数量减少。被驼鹿破坏的森林开始恢复。生态学家罗尔夫·彼得森说，一只动物的迁徙"拯救了这个族群在10到15年内的命运"。

孤立的栖息地无法接受迁徙动物的慷慨馈赠，那些能够促进动物迁徙的栖息地却能繁荣发展，一些在森林中进行的大规模实验证明了这一点。在一项实验中，生态学家在加利福尼亚州南部的萨凡纳河边，清理出几块50公顷的成熟松树林，他们移除树木，烧掉地表的植物。一块土地位于中间，其他的土地排布在周围。每块土地都被浓密的森林包围,形成一种界限,彼此隔绝。然后,他们打破边界,建造通道,在中间的土地和其中一块周围的土地之间建造了一条25米的小路。他们追踪植物、昆虫和花粉如何从中间的土地散布到周围相连和不相连的土地上。在中间的土地上,他们对蝴蝶进行了标记,他们还将荧光剂浇在鸟类食用的灌木果实上。他们种植了一些雄性冬青树,这些树需要为种在周围土地上的雌性冬青树授粉。随后他们查看了周围的土地,记录有标记的蝴蝶数量、带有荧光粉种子的鸟粪数量、雌性冬青树的花朵数量。

由于开放的边界为蝴蝶、种子和花粉开辟了一条道路,它们传播到相连土地上的速度至少是传播到不相连土地上的两倍。研究结束时,相连的土地上充满了花朵、果实和蝴蝶。

～

迁徙拯救了格纹蛱蝶。

圣克拉拉山谷的南端距离保罗·欧里希(Paul Ehrlich)研究格纹蛱蝶的地方只有几十英里,那里有一片未开发的山地,名为郊狼岭。郊狼岭是典型的蝴蝶栖息地,数千英亩的土地很适合蝴蝶生存,拥有不同类型的阳光、树荫、土壤和丰富的野花,草地上还有毛茸茸的浅棕色小牛,它们和目光温柔的母亲一起吃草,而那些草是蝴蝶最喜欢的寄生植物。如果一座山上的环境恶化,生活在这里的蝴蝶可以轻松地迁往另一座山。没有绵延数英里的高速公路和大型商场阻挡它们。在环境适宜的情况下,它们可以增强基因对环境的适应能力,丰富群体基因的多样性。

欧里希和他的学生们不知道有蝴蝶生活在这里。蝴蝶生物学家长期依靠蝴蝶收集者提供的历史数据,而蝴蝶收集者不会探索这些美丽的山丘。只要找到了足够多种类的标本,他们便不再继续寻找。但是生活在郊狼岭的格纹蛱蝶——以及它们与其他蝴蝶栖息地的迁徙关系——为欧里希和帕玛森研究的蝴蝶群体提供了一条生命线。

35年中,在帕玛森和她的同事们监测的土地上,13%的土地上重新出现了格纹蛱蝶。"这种感觉就像是,'哇,好酷!'"帕玛森说。它们也重新出现在亚利桑那州的牧场。7年前,它们在那里的栖息地就已经毁灭。不知为何,一部分的蝴蝶先出现了。它们经过了大量环境恶劣、无法居住的土地,在适合生存的新地方定居,建立起新的栖息地。

它们的存活似乎"有些自相矛盾",一位蝴蝶生物学家在一篇生态学论文中写道。欧里希和其他科学家认为蝴蝶以及其他"弱小昆虫"的迁徙是一种意外现象,并不存在生态学意义。欧里希指出,在他观察的格纹蛱蝶中,只有3%会在不同的土地之间移动50米到100米。但是在不止一次研究中,生物学家在与释放地点相隔6英里的地方重新捕获了格纹蛱蝶。

我们尚未得知促使它们迁徙的原因。也许这是资源充足的意外结果。非常优越的环境会促进蝴蝶大量繁衍,可能会出现罕见的、喜欢游荡的蝴蝶。也可能是一只不那么喜欢冒险的蝴蝶,被风吹走,成功来到了一片新的栖息地。但蝴蝶的迁徙也可能是对资源短缺的回应。我们能够联想到,相比食物充足的毛毛虫,那些营养不良的毛毛虫飞行肌肉更加发达。资源短缺也使蚂蚁和白蚁长出翅膀,为迁移作好了准备。

我来到郊狼岭的那个清晨，太阳正努力穿透薄薄的云层，一阵持续而潮湿的风掀开了我的笔记本，将几缕头发吹到我的脸上。如果不考虑天气，这就像是《音乐之声》中的场景。低矮的青草和野花覆盖着山顶广阔的牧场，一片连着一片，一望无际，其间点缀着零星的蛇纹岩，覆盖着橙色的苔藓。一条高速公路通往喧闹的硅谷，我们几乎听不到来自那里的声音。远方，叠布洛山若隐若现，点缀着成群的麋鹿和鹿。

一小群格纹蛱蝶在我脚边飞来飞去。它们到处都是。其中有些迁徙中的蝴蝶，用纤细的丝线将它们与远方的栖息地连接在一起。

~

科学家们通过间接的数据来诠释动物迁徙的起源和生态作用。一只狼越过大雪覆盖的高山，他们无法询问它要去哪里，为什么去，但是他们可以直接研究人类对于迁徙的渴望。

当我看到迁移中的人们，便会询问同样的问题。有些人在雅典城外废弃的运动场中露营，忍受蚊虫叮咬，在肮脏的公共浴室，站在一英寸深的污水中为自己和孩子洗衣服。他们来自巴基斯坦。那个女人离开了住在厄立特里亚农场中的父母和3岁女儿，和她的儿子一起在巴尔的摩登陆。我的父亲已经离开孟买50年，依然怀念那令人窒息的公寓，他在那里长大。我的公公离开战后的英国时，没有回头看一眼。我问他们："你们为什么要离开？"

"你第一次打电话时，我很担心。"一位移民对我说。我们在波士顿郊外一栋小型砖混建筑中的一间狭窄办公室见面。"我不想回你的电话，我没有理由来这里。"他回忆起当时的想法。但他还是来了，驾车45分钟来见我。但是这个从海地迁往波士顿的男人说，关于我想听的内容，他无法告诉我。允许他进入美国的文件现在出现了问题。他只能给我讲讲自己在迁徙前和迁徙后都过着怎样的生活，以此来解释自己迁徙的原因。

当我问到那个来自喀布尔的男孩时，他流下了眼泪。他告诉我，他想学习电气工程，而且计划申请喀布尔的一所专科学校。"没有人想要离开自己的国家，"他对我说，"但是那里的每个人都面临着危险，你走在路上，就有炸弹落下来。"他的家人担心他被塔利班雇用，倾家荡产，送他开始了一段长途旅行。在几个远房亲戚的陪伴下，他不仅远离了塔利班，还步行来到了欧洲。出发的时候，他正在读8年级，离开了父母和姐姐。但他为什么要离开？为什么在那个时候离开？为什么别人没有这样做？我想知道这些，他却无法告诉我。

当我问到一个从海地的农场离开，目前住在蒙特利尔郊区一栋寒冷公寓中的男人时，他紧张地微笑着。"我知道有人要打我，"他对我说，"他们想让我死。"接下来的问题，他一个都回答不出。我不知道应该怎么想。但是我知道，他的未来取决于他如何回答自己为什么移民这个问题。如果他能说服移民局，让他们认为他有合理的理由离开自己的国家，他便能够留下来。如果移民局认为他的理由不合理，他将被迫离开。那些投机取巧的移民"顾问"会向他这样的移民收取几百美元，他们并不一定能够把这些混乱的事件整理成足以吸引移民局的故事。移民局对于移民理由的要求会随着政治风向发生改变。

我们可以询问移民为什么要迁徙，但是他们不一定能够回答，至少不会用我们喜欢的，直接而简单的方式回答。这个问题假定，人类的迁徙能够以某种单一的原因进行解释。这样的假设影响了我们与这些迁徙中的人对话的方式。我们将他们描述为"经济移民"或"政治难民"。有些人会怀疑他们的合法地位，将他们视为"外来者"或"非法移民"。我们根据他们跨越国际边境的方向，将他们定义为"迁入者"或"迁出者"，没有考虑他们在边境之内同样复杂而漫长的迁徙。那些迁徙也许更加复杂、漫长。

我们真正知道的，只是这些人正在迁徙。

∽

在迁徙者中，智人是王者。然而关于人类为何以这种方式迁徙，还没有达成共识。我们发现人类在远古进行了持续的迁徙，这推翻了我们认为的人类在过去被空旷的土地吸引，只迁徙了一次的观点。然而，核心的问题依旧没有解决：为什么？为什么要前往缺乏氧气的青藏高原，或者乘着独木舟，冲进太平洋的海浪？为什么要丢开非洲的舒适生活？那里的食物、水和其他资源至今依然充足。

尽管我们逐渐完整地记录下野生动物迁徙的生态作用，却依然不清楚人类迁徙的动机和影响。许多流行的结论认为，人类迁徙的最初目的并不是迁徙。迁徙似乎是一种意外行为，是追寻目标时的副产品。比如，考古学家J. 德斯蒙德·克拉克得出结论，人类最初开始迁徙，只是因为追随着那些迁徙的野生动物。他指出，我们早期的祖先会猎杀成群的角马和羚羊，而它们会进行季节性的长途迁徙。祖先手拿长矛，腹内空空，追随着它们，在这个过程中去到越来越远的地方，让自己意外地成为迁徙者。

事实上，人类在现代依旧会追随野生动物的踪迹。17世纪，人们为了寻找毛皮动物，从法国迁往北美洲。他们用这些动物的毛做成毛皮帽子，以及类似的东西，并在加拿大建立了新法国殖民地。18世纪，亚速尔群岛上的人追随他们猎捕的鲸鱼，迁往新英格兰，在马萨诸塞州建立了目前依旧在扩张的葡萄牙社群。人类与动物同步迁徙，是因为人类的生活依赖于它们的肉和皮毛。

现在，大多数人的生活不再直接依赖于动物和它们的行踪。动物曾经为人类提供了经济来源。为了保证经济来源，人类现在依然需要迁徙。几乎每个迁徙者都会明确地说，他们是因为渴望工作机会和经济保障而迁徙，他们在自己的祖国历尽了艰辛。那个来自海地的男人想当护工，那个来自喀布尔的男孩想当工程师。他们的劳动造成的最重要影响，是为迁入的国家带来几十亿美元的经济增长。由于很多人会把钱寄给留在本国的亲戚朋友，迁徙者的劳动也让他们离开的国家增加了数十亿美元。每年，跨国移民会为他们的祖国送去超过5000亿美元，这种稳定的资金流动使财富实现了跨越国界的重新分配。在某些国家，这些来自海外移民的汇款在国内生产总值中占据了相当大的比例。根据世界银行的数据，汇款在黎巴嫩、尼泊尔和摩尔多瓦占据了国内生产总值的20%左右。

然而，人类的迁徙并不能仅仅定义为一种寻找工作机会的行为。经济学家进行了尝试。在一个公式中，新古典主义经济学家根据两地工资的差异计算迁徙的可能性，但那更像是计算核裂变概率的方法，而不是计算一种复杂的人类活动，比如迁徙出现的概率。而且它实际上也不起作用。

～

其他关于人类迁徙起源的流行理论认为，一些系统性的气候变化促使人类最初迁出了非洲。有些人猜测迁徙是一种绝望的行为，认为一定发生了一场突然的灾难。比如，印度尼西亚的多巴火山在74000年前喷发，火山灰遮蔽了天空，导致持续数千年的全球气温下降。也许火山导致的漫长冬天"让人们开始绝望地寻找新的食物和土地"，悉达多·穆克吉在他那流行的遗传史中写道。

迁徙对于未来环境变化的反应类似于受灾难所迫的最后一搏。在白皮书和一些文章中，国家安全与外交政策专家预测，环境变化造成的破坏和错位将会影响迁徙。食物和水的短缺会导致不稳定的状态发生，迫使迁徙者开始迁徙，从而使局势更加不稳定。灾难性的洪水和不断扩张的沙漠将会迫使整个社群离开。上升的海平面将会淹没上百万个家园，居民只能逃离那里。如果我们将"每个单位"的气候变化换算成相应比例的迁徙行为，地理学家罗伯特·麦克林推测，到21世纪中期，气候变化将会带来两亿环境难民，他们将走遍地球。迁徙将成为"气候变化带来的最严重影响之一"。政府间气候变化专门委员会表示，"这是全球变暖最严重的后果之一。"气候变化导致的迁徙将会造成文明的毁灭，根据他们的评估，这种情况从前发生过。

但是，也许迁徙发生在充满机会的时期，而不是危机时期。我们的祖先不满足于现状，他们可能并非不情愿地逃离恶劣的环境，迁往良好的环境中。在数万年的时间尺度上，地球的绕行轨道会发生摆动，从椭圆形变成圆形。轨道的摆动改变了太阳照射地球的角度和强度，因此随着时间的推移，也改变了地球上的气候。这样的气候变化可能会促进人类的迁徙。比如，它把北美洲不可靠近的荒漠变成了类似萨凡纳实验中的绿色走廊。人们可能会像穿过萨凡纳河沿岸森林的蝴蝶和大量花粉一样，穿过这些走廊。而且，夏威夷大学的电脑模型专家发现，地球轨道摆动导致的气候变化与人类迁出非洲有关。

∽

我们对于人类迁徙的原因感到恐惧和困惑，这使得我们通过法律来规定人们是否能够迁徙，以及在什么样的情况下可以迁徙。虽然移民寻找工作的行为为他们来到和离开的地方都带来了强大的经济影响，然而只是在某些时候以及特定的地点，这才能够作为跨国迁徙的正当理由。在美国这样的地方，自相矛盾的政策既要迎合因劳动力自由流动而获利的雇主，又要照顾感觉自己受到威胁的工人。这一矛盾造成的结果是——许多新来者被允许进入美国，同时也因此被诟病——这一现象是由紧张的政局导致的。

关于为了逃离困境而进行迁徙是否合法，当局的观点也在摇摆。融化的冰川和上升的海平面导致许多低海拔岛屿上的城镇和村庄无法居住，比如太平洋中的基里巴斯、墨西哥湾中的让·查尔斯岛、阿拉斯加海岸的夕什马里夫。更多人因为他们的土地干涸，庄稼无法生长而被迫迁徙，这也是科学家长期以来预测的气候变化会造成的结果之一。大多数人不会说自己因为气候变化而失去了家园，但其实正是如此。在世界上所有的国家中，只有新西兰考虑过让这些人进入自己的国家。在美国，躲避自然灾害和战争冲突的人可以参加"临时保护状态"的项目，但是有一定的时限。项目不会考虑你的家园和社区遭受了多么永久性的破坏。

1951年，144个国家签署了《难民公约》，承诺为躲避虐待和压迫的移民提供庇护。根据公约的定义，难民是由于自己的种族、宗教或社会群体遭遇迫害而逃离的人，比如遭遇了纳粹的虐待。正是纳粹的罪行首先推动了公约的实施。那些为了逃离其他类型的压迫和虐待进行跨国迁徙的难民——比如由于太过贫穷、环境恶化，或者无能的国家无法管理他们的社群，让他们的孩子受教育——不适用于此公约，虽然在我们通俗的理解中，他们非常符合"难民"的定义。

有些国家互相签订了合约，如果那些逃避纳粹式迫害的难民在路上经过了任何能够申请庇护的国家，目的国便可以拒绝他们。根据"安全第三国条款"，如果移民途经美国来到加拿大，或者途经希腊来到英国，当局可以遣返他们，即使他们正在躲避国际法所承认的虐待行为。2019年夏天，特朗普政府试图强迫危地马拉等贫穷、不稳定的国家签署"安全第三国条款"，并威胁如果不签署，将向这些国家收取巨额关税。这类条款的逻辑是，如果难民真的非常绝望，他们会抓住最初的机会申请入境，在这样的情况下，逃离迫害才是准入的合法理由。如果他们没有抓住最初的机会，这个理由便不成立，他们将被遣返。

和我聊天的移民们知道这一切，我不认为他们在对我说谎。但是他们的故事就像穿过沙子的泥水一般，经过了过滤。

我小时候也和很多孩子一样，总是喜欢问"为什么"，比如为什么飞机会飞。无论大人们给出什么答案，我都不满意，总是要求他们进一步解释。我的家人总是讲起这样一个故事：我的叔叔成功地终结了我那没完没了的问答。他把我拽到外面，指着天空，当时我可能已经问了他十几次"为什么"，"你看到天上了吗？"他疲惫地问我，"天空太高了，而你又不能飞，这就是为什么。"

也就是说，某些现象并不能用简单的方式进行解释。我意识到，当我询问人们为什么迁徙时，我得到的答案更多的是关于我们的期待和恐惧，而不是关于迁徙者和迁徙本身。地理学家理查德·布莱克表示，我们认为迁徙必须有一个单一的解释，这一想法"源于定栖的传统观念"，这一观念"将迁徙看作一种问题，或者违背传统的特例，因此才需要解释"。

～

我们因人类为何迁徙、什么样的迁徙理由符合法律而感到困惑，这证明了迁徙就像印刻在野生动物体内一样，也印刻在我们的身体中。

虽然我们无法像芒特埃特纳的山羊那样觉察到火山喷发，但人类的身体对于环境变化也很敏感。我们的基因数量相对而言比较少——和线虫的基因数量差不多——这并不意味着我们在身体功能、发育和形态上的差异很小，因为我们的基因与环境拥有动态的联系。它们就像是字母表中的字母，在不同的形态和背景下，能够表达很多种意思。

我们的身体提供了一系列的选择，因此我们能够适应多种环境。180多种不同的基因影响着我们的身高。至少8种不同的基因变异影响着我们的肤色，每一种都指令皮肤细胞产生不同数量的色素。事实与优生学的观点完全不同：所有起源于非洲的基因变异如今既存在于黑人的基因组中，也存在于白人的基因组中。

基因的频率、某些基因的存在或缺失、基因周围的微观环境都会使基因的表现方式发生巨大的变化。比如，温度能够改变一种基因显现的程度，并决定它是否显现出来。在果蝇身上，某些基因会在特定的温度下显现，在其他的温度下，它们便不会显现。毛毛虫身上光线的颜色会改变它们翅膀颜色的基因呈现方式：如果在红色的光线下成长，它们翅膀的颜色更浓；如果在绿色的光线下成长，它们翅膀的颜色比较黯淡；如果在蓝色的光线下成长，它们翅膀的颜色比较浅。根据周围的种群密度，沙漠蝗虫会成长为定栖型或迁徙型。根据是否察觉到猎捕者留下的化学痕迹，半透明的甲壳类动物——水蚤会生出不同形态的后代，区别在于它们是否拥有头盔状的防御结构。

周围的环境也塑造着我们身体的发育方式。在母亲的子宫中，我们会乱动，这种移动让我们拥有了独特的指纹。同时，外部的环境信号也会穿过母亲的身体，与我们的身体接触，无论是她呼吸的空气中的化学物质，还是她享用的当地食物的种类及数量。我们的身体会对这些信号作出回应，改变基因对细胞的指示，从而改变我们的发育进程。

其中一种机制涉及甲基化这一过程。基因周围环绕着一小群甲基分子，它们起到微型开关的作用，能够将基因打开或者关闭。这个过程也会影响其他基因的开关，从而产生一系列的交互。外部环境的作用，比如母亲经历了饥荒，或者摄入了污染物，都会影响这个过程。

比如"二战"期间，荷兰的怀孕女性在一次短期饥荒中生下的子女，与饥荒前后出生的同性兄弟姐妹相比，基因中拥有不同的甲基化形态。他们的身体通过母亲获得了饥荒的信号,因此发生了改变。研究者发现,那些在子宫中经历了"荷兰饥饿寒冬"的人的血液中的甘油三酯含量更高,脂蛋白胆固醇密度较低,患糖尿病和精神分裂症的概率更高,比饥荒前后出生的人死亡率高出10%。

即使在出生后,环境也影响着我们的身体发育。比如,出生时,我们都拥有同样数量的汗腺。但是,我们在生命前3年内经历的环境温度决定了有多少汗腺会发挥作用,这改变了我们一生中承受高温的能力。如果在我们生命的前几年,天气炎热,我们就会拥有更多有效的汗腺,能够更好地承受高温。如果情况相反,我们就很难承受高温。

当人们离开非洲,来到有不同气候、食物和病原体的新环境中,人们的身体也会作出回应。不同的基因变异帮助我们适应了新居住地独特的细菌。有些人遇到携带疟疾的蚊子,产生了基因变异,从而免遭疟疾的侵袭。恒河三角洲拥有霍乱病菌,生活在那里的人产生变异,降低了死于这种疾病的风险。来自那里的人的血型为O型的概率最低,因为O型血会增强霍乱的致死效果。

北美洲微弱的阳光让人们缺乏维生素D,使女性的产道变窄,增加了她们及其孩子在出生时死去的风险,因此基因变异使这里的人们增强了利用太阳光线的能力,从而有利于体内维生素D的合成。这种适应环境的改变在欧洲、亚洲北部以及其他地方肤色较浅的人身上比较常见。

那些迁往寒冷地区的人拥有了更高的代谢速率和更矮壮的身体,这样便能够减少热量流失。来自北美洲和西伯利亚地区靠近极地的人比其他人的代谢速率高。如今，因纽特人的代谢速率比非因纽特人高出 19%。有助于消化肉类的基因出现在以动物为主要食物的人类身上。能够快速转换植物脂肪的基因出现在专门以植物为食的人类身上，比如我的印度祖先。有助于消化乳糖的基因出现在一生都依赖牛奶的人类身上。白人国家主义者为他们消化牛奶的能力而骄傲，并为此举行活动，大口喝牛奶并以此炫耀。其实，除了从事乳品业的北欧人，这种基因在许多人身上同样存在，包括苏丹的牧民，以及中东和北非饲养骆驼的游牧民族——贝多因人。

在青藏高原缺乏氧气的环境下，孕妇容易出现先兆子痫，因此能够让人们承受高海拔风险的基因出现并开始传播。如今，某些基因在西藏人体内拥有更高的基因频率，比如感知氧气的 EGLN 基因和 EPAS1 转录因子，从而使血液中的血红蛋白浓度降低，符合生活在高海拔地区的需要。

在迁徙的旅程中，我们的身体开始适应环境，这可以解释为什么我们会携带提高患病风险的基因。通常，促使我们更容易生病的基因会随着时间消亡，因为缺乏这些基因的人后代数量会超过携带这些基因的人。但是如今，各种各样的基因都会增加我们患病的风险，几乎所有的疾病和健康状况都有一些遗传因素。

某些这样的基因持续存在，是因为它们帮助我们的祖先适应了过去的环境。比如，GDF5 基因中的一种突变存在于 50% 的欧洲人及 90% 的亚洲人体内，增加了患有关节炎的风险。将这种基因植入老鼠身体中，还产生了另一种效果：这种突变缩短了骨骼的长度。研究者得出结论，这种突变很可能与矮小的身材相关。

由于矮小的身材能够减少热量流失，研究者假设，或许当我们的祖先迁入北方时，这种基因突变保护他们免受严寒的侵袭。如今，某些基因会引发炎症，增加患上慢性炎症疾病的风险，比如心脏病和关节炎，但它们最初出现时，或许是为了帮助人们在反复的食物短缺和感染中存活下来。某种基因突变使我们拥有了患苯丙酮尿症的风险，或许也能帮助我们抵抗病原菌。苏格兰气候潮湿，真菌丰富，生活在那里的人更容易出现这种疾病。某些基因突变增加了人们患肾脏疾病的风险，或许也能使人们避免感染昏睡病——一种由舌蝇携带的传染病。那些拥有近代非洲祖先的人患肾脏疾病的概率更高，因为非洲的舌蝇更多，昏睡病也更加流行。

由于我们的基因与行为之间存在如此复杂、迂回的关系，一种甚至一组基因不可能成为决定我们迁徙本能的源头。基因很少为单一性状提供指令，尤其是像迁徙这样的复杂行为。即使某个单一的基因为单一的性状提供指令，也不会采取直接的方式，而是会对环境及其他基因造成的变化或提示作出回应。同时，由于我们在地球上经历了漫长的迁徙，人类的迁徙倾向一定会受到遗传因素的影响。目前为止，我们发现了一种可能参与这一过程的基因：DRD4 7R+。在1999年的一项研究中，遗传学家发现，这一基因在不同人种身上的基因频率与他们离开非洲的距离相关，那些移动最远的人拥有最高的基因频率。这种基因在游牧民族身上更容易出现，他们乐于面对新环境，注意力经常分散，但更容易产生创造性。

我们的身体形态不是固定的，而是一直在发生变化。体型、身材、肤色和适应气候变化的能力并不是在各代之间传承的牢固印记。根据环境的变化，我们会摒弃在其他环境中形成的身体形态和生理结构。人类学家杰·T. 斯托克和J.C.K. 威尔斯写道，为了"逃避当地生态环境让我们付出的'基因代价'"，我们的身体发生了进化。

生活在固定不变的环境中的定栖动物不会进化出这样的环境适应能力。这种能力只会出现在迁徙的生物身上。

我们的身体就是为此而生的。

～

和蝴蝶以及狼一样，人类迁徙者改变了他们进入的生态系统。那些决定迁徙的人和挤在一家杂货店走廊或在火车站徘徊的人不同，他们不是随机的人口样本。迁徙需要资本，无论是金钱、技能、人际关系还是毅力。没有资本的人，比如非常贫穷的人，无法成功迁徙。有些人的资本是土地所有权、贵族血统和官衔，他们也无法迁徙。他们拥有财富和地位，却不能带走。

社会学家发现，迁徙者通常没有大额银行存款、土地或官衔，但是他们的健康状况良好，拥有技能，受过教育，与其他地方的人建立了社会关系。他们的资本可以携带。麦克林认为，从人口统计学的角度，这类人是"塑造成功社群的基石"。他们是来自中产阶级的劳动者，比那些没有迁徙的同胞更加年轻，受过更好的教育，更有可能属于经济发展水平中等的社会群体，他们也更健康。公共卫生专家记录了被他们称作"健康迁徙者效应"的现象：迁徙者的死亡率低于他们来到的地区的本土人口。考虑到这些新来者生活在更糟糕的环境下，与本土居民相比，他们获得卫生保健的机会更少，而且大多数人来自比较贫穷的国家，这一现象便十分令人吃惊。一项研究表明,美国、加拿大、英国和澳大利亚的外来迁徙者相比本土居民,患有慢性病和肥胖症的概率更低,多数人吸烟也更少。

他们在迁徙中,用永恒的动力创造出一种社会现象。他们循序渐进地移动,从乡村到城市,从城市到国家的边界,从邻近的国家到遥远的国家,有时需要花费一生的时间。还有些时候,这个过程会持续数代,就像黑脉金斑蝶历经4代,才能从加拿大迁徙到墨西哥一样。

迁徙者中的先驱为后面的人开拓了道路。他们到达目的地后,强化了移民的社交网络,降低了其他人的迁徙成本。我父母这样的先锋迁徙者从孟买来到美国,到达之前,他们一个人都不认识。他们帮助我的表兄弟姐妹、姑姑阿姨、叔叔舅舅,还有他们的一些朋友在美国落脚,为他们提供暂时居住的地方,给他们介绍找工作的技巧、带他们去能买到罐装腌芒果和青辣椒的特产商店。他们就像断裂的丝线一般离开了故乡,然而寄回的汇款和为亲友提供的其他帮助使他们依旧与那里联系在一起。

迁徙者为他们融入的社会带来新的文化、食谱、生活及思考方式,为单一的人类群体注入了新鲜活力,就像罗亚尔岛迁入的狼和郊狼岭的蝴蝶一样。除非当地的社会阻止,否则他们很快就会和当地人产生融合。虽然炮火和怒火都指向了新来者为经济和文化带来的混乱,我们的混合社会却能很快让迁徙者融入。在一代之内,那些能够区分移民和当地人的社会、经济、健康特征——拥有几个孩子、从事怎样的工作、受教育的程度、患有的疾病——都会趋同。在美国一项关于移民的研究中,经济学家能够辨别出的所有移民与当地人之间的差异都在一代之内消失了。

～

虽然迁徙者为社群补充了新的思想和体魄，他们的到来无疑会在未来造成毁灭性的影响。过去，相比从南向北，人类迁徙者从东向西流动的速度更快，这一点在人类的基因形态中得到了证实。在新时代，迁徙的循环模式可能会发生改变，人们会沿着全球变暖的梯度从南向北流动。他们的速度会更快。迁徙将会在数年或数十年内完成，而不是几百年或几千年。

但是，下一次大迁徙并不是无法阻挡的物理现象，比如从北方到来的冷锋。环境破坏与迁徙之间不存在直接的等式。人们以为那些忽然发生的灾难，比如洪水和风暴，会产生最严重的迁徙效应，但是情况并非如此。研究表明，迁徙与忽然发生的洪水和风暴之间只存在较弱的关联。通常，在这种情况下，人们只会短期迁徙，不会走得太远，灾难过后，他们会回到曾经离开的地方，并进行重建。

其中一种会造成迁徙行为增加的环境变化是干旱。比如，一项研究调查了36个来自撒哈拉沙漠以南的非洲国家30年内的数据，发现降水短缺与从农村进入城市的迁徙存在关联。另一项研究发现，遭遇干旱的社群数量增加了10%，从而导致迁徙者的数量增加了10%。一些最著名的现代迁徙行为发生在干旱之后。20世纪30年代的黑色风暴促使超过200万人迁出了美国平原上的各州。成千上万人离开自己的小屋，在加利福尼亚州重建家园，无视那些为了驱逐他们，封锁亚利桑那州边境的加利福尼亚治安官。在中美洲的太平洋沿岸，干燥的森林走廊从危地马拉西部延伸到哥斯达黎加北部，干旱促使大量的人从危地马拉、萨尔瓦多、洪都拉斯出发，像我描述中的那样，穿过美国南部的国界。

这说明，相比突发的环境破坏，缓慢的环境破坏才是更加明显的迁徙信号。暴风和洪水会一次性地展现出它们的灾难性后果，而干旱带来的影响却会随着时间慢慢出现。首先，降雨变得不可靠。随后，雨下得越来越少。随之而来的是连续几年的干旱。正如火山爆发前芒特埃特纳的山羊，以及海啸到来前斯里兰卡的大象，那些农民和渔民的子女察觉到信号，得知现在到了迁徙的时候。在这种情况下，迁徙并不是远离灾难的最后手段，也不是某些危言耸听的警告者眼中的僵尸式远征。人们正在对环境发出的隐秘提示作出微妙的回应，并以此适应变化。

这种情况也会受政治的影响。比如，在大量人口迁出叙利亚之前，发生了有史以来最严重的一次干旱，导致庄稼枯萎，牲畜死亡。干旱促使食物价格上升，迫使农村居民涌入城市。从2002年到2010年，叙利亚的城市人口增长了50%，城市从农村吸收了150万名新来者。许多人挤在临时定居点，反对腐败和统治无能的暴动政权在那里建立起来。随之而来的是一次激烈的内战，这导致了迁徙的热潮。

但是，促使人们逃离叙利亚的并不只是干旱。政权无法稳定食物价格并提供食物援助也是一个重要的原因。同时，城市里缺少充足的房屋和工作机会，政权对于动荡的粗暴回应引发了战争。在其他地方，干旱可能根本不会带来迁徙。在美国，气温的升高和干旱并没有对迁徙造成太大的影响，由于经济体系存在弹性，它们只对农业收益产生了较小的负面影响。

当风暴加剧，海平面上升，雨水肆虐时，收拾行装离开并不是唯一的选择。社会可能会确保人们生活在能够承受天气变化的房屋中，并帮助他们在变化的环境下种植食物。为了确保人们能够生活在这里，聚落形态、建筑结构和农业情况都会发生改变。促使人们采取行动，提高恢复能力的正是环境灾害本身。

水资源短缺通常被视为引发冲突和迁徙的先兆，却也推动边境两侧的人们签署了上百份合约，其中一些合约的主体是冲突中的政府或其他群体。历史学家菲利普·布洛姆写道，在中古时期，小冰河期持续了数个世纪，带来恶劣的天气，使欧洲废除了封建制度，开始了文艺复兴。为了应对荒漠化，在一项名为"绿色长城"的倡议中，非洲联盟决定在8000公里长、横跨大洲的土地上建造一片耐旱的农田和森林。

～

对于像我这样总是在生活中感觉到错位的人，赫拉克利特的自然观在过去几十年内为我带来了一种归属感上的矛盾。我还记得几年前，当我经过当地的农场，路过两个女人时，不禁很忌妒。其中一个人戴着头巾，穿着长袍，迟疑地跟在另一个人身后。另一个中年女人穿着毛衣和牛仔裤，自信地走在前面，告诉她菜市场中的西红柿和生菜有多少种。由于我的城市正在实施安顿难民的项目，我猜测第一个女人是新来者，另一个是帮助她融入的志愿者。

我很愿意为人们提供这种帮助，从而展现自己的本土文化知识。（每当有人向我问路，我也很兴奋，虽然这种事情很少发生。）但我很快就放弃了成为志愿者的念头。没有哪个想要融入当地文化的外来者愿意让我这样的非主流美国人担任他或她的向导。这类志愿工作也会和为当地球队加油、吹嘘自己所在的城市或城镇一样，成为我不会参加的文化活动。

但我开始明白，纵观人类历史，在非洲以外每一个生活过的地方，我们都是迁徙者。由于某些家族连续几代生活在同一个地区，我们便以此为依据来划分当地人和外来者，这是很武断的。唐纳德·特朗普也和我一样，是移民的孩子。他的母亲在20世纪30年代乘坐一辆英国客轮，从苏格兰的外赫布里底群岛来到纽约。那个地方的人说盖尔语。她在纽约担任家政工人，她的儿子和其他类似的人像是蜕皮一般，摆脱了关于迁徙的历史，毫不犹豫地越过了迁徙者与当地人之间的界线。但是他们的本土身份也和我一样，只是暂时的。

我意识到，将迁徙从人类经验的边缘推向中心，会让很多人感到不适。我们受到的教育让我们期待稳定，认为自己有权利生活在稳定的环境下，并在其中拥有持续的地位。但科学发现已经证明，迁徙并不是违背规则的特例。我们始终在迁徙。没有某种单一的因素能够解释迁徙的原因，或者使世界重新隔绝，恢复到神话般的静止状态。

接受这一点后，我开始用新的方式认识自己：我和任何人一样有权拥有自己的地盘。如果有人问我，我现在会称自己为美国人，不再使用多余的形容词，使这个身份复杂化。我也是一个巴尔的摩人，我拥有充足的文化知识，能够为任何新来的难民提供志愿服务。

∽

在过去的7000年中，人类的迁徙发生在稳定的全球气候下，全球平均气温只波动了 0.5 摄氏度。现在，情况发生了改变。工业革命以来，全球平均气温上升了 0.8 摄氏度，带来了长期的干旱、强大的风暴、更多灾难性的野外火灾。由于我们这代人生命的长度超过了我们居住地区的稳定时期，相比从前，会有更多人走上迁徙的道路。

　　随着下一次大迁徙的开始，我们要询问的不再是人们为什么迁徙。迁徙是一种自然力量，植根于人类的生命与历史，许多其他的野生物种也拥有这一特性，我们共同生活在充满变化的地球上。在地球生命的漫长历程中，迁徙的好处超过了它带来的危害。

　　我们要询问的是，我们应该为此做些什么。

第 10 章

围　墙

两位移民从伊拉克出发。陪伴他们的最有可能是至亲，虽然我并不确定。我也不知道，那些亲人是否到达了目的地。我只知道，这两位移民在距离我不远的地方结束了旅程。这里是希腊，莱斯沃斯岛的一座小山上，在这里能够俯瞰碧蓝的爱琴海。

我待在当地教堂墓地的角落，岛上的居民在这里用密集的墓碑和风化的大理石来悼念死去的亲人。几只猫优雅地躺在石板上，摆出各种姿势。几个月前，两位移民的尸体被冲到山下的沙滩上。当地人抬着他们走过岛上陡峭、长满三角梅的小径，来找这里的掘墓人。掘墓人名叫克里斯托，他身材瘦削，一头灰发。

他已经接收过许多这样的尸体。最初，这让他陷入了两难，因为墓地是为岛上的基督徒准备的，虽然他并不了解这些移民，却知道他们很可能是穆斯林。他的解决方法是在墓地中建一片隔离区。他把他们埋在墓地破败的外围，工人们把墓地中的各式垃坂都胡乱堆在那儿，野草也在那里肆意生长。

我来访时，移民的坟墓刚刚建好不久，几块大理石碎片标记了他们安息的地方。没有人知道那两个移民的名字，所以掘墓人便用一些黑色颜料写上了他猜测的年龄。一些富有同情心的当地人对自己亲友更庄严的墓碑表达过敬意后，路过这里，留下一束塑料的粉色花朵，和两个你能在药店的礼品货架上买到的动物玩具。玩具被放在一块大理石碎片上，那些斑驳的题字半掩在泥土之中。

男孩大约5岁，他的同伴大约7岁。这两个孩子长途跋涉了1000英里，穿过充满暴力的国界线，经过饱受战争蹂躏的各个国家。由于被禁止进入官方口岸，他们在距离地中海不到20英里的地方死去了。

～

另一位移民从美国南边的某地出发，穿着一件蓝白相间的美国鹰牌球衣，向北行进。他成功穿过了格兰德河，这条又宽又浅的河流沿着得克萨斯州与墨西哥之间的边境流淌。但远方的沙漠使他丧命。和豆科灌木以及仙人掌不同，他的身体无法承受足以导致脱水的炎热。死在沙漠中的移民尸体很容易丢失。得克萨斯州边境附近超过90%的地方属于私人牧场，有些牧场很大，大片的土地多年来无人问津。这里最大的牧场与罗德岛大小相当。沙漠会使人类的身体迅速代谢。一天之内，我们便无法辨认出沙漠中的移民尸体。野狼会剥掉上面的肉，秃鹰会啄去眼球。留下来的骨头被沙漠的阳光晒得发白，或许混在多刺的仙人掌中间，或许被拖进老鼠洞，这些含钙的骨头可以作为啮齿动物的磨牙石。

某些人排除万难，在这个年轻人穿着球衣的尸体被沙漠吞噬前发现了他。一位当地的工作人员把尸体运到了停尸房。该州法律要求对像他这样的无名尸体进行 DNA 采样，联邦调查局也会被请来协助确认身份。但是他死去的地方属于偏远的南得克萨斯县，这里是美国第 5 贫穷的县，既没有预算，也没有政治意愿做这件事。南得克萨斯县经常有移民死去。从 1998 年开始，美国边境巡逻队在里奥格兰德河谷发现了 15000 名死去的移民。当地政府很难管理这么多尸体。在停尸房中，一位病理学家脱去年轻人的衣服，切开他的胸膛，检查是否存在谋杀的迹象。然后他又把尸体缝了起来，把他的衣服放入一个小的生物危害袋，再连同尸体一起放入黑色的陈尸袋中。

管理停尸房的工作人员把拉好拉链的黑色袋子放在车上，沿着尘土飞扬的道路驶向小镇边缘，那里是他家广阔的棉花农场。他驶过破烂的、装点着圣诞彩灯的农场房舍，一位远房表亲坐在那里，正喝下今日份额的威士忌。他驶过环绕着隔壁农舍、摇摇晃晃的围栏，主人遗弃了这栋房子，走私者将移民和毒品跨境偷运过来，把这里作为临时的据点。最后，他把车停在一棵孤独的树边，在空地上投下雅致的影子。

数代以来，他的家人都被埋葬在这里，周围是连片的棉花田。他们在成行的花岗岩上刻字，标记家人的墓碑。多年来，他在各个墓碑中间挖洞，埋葬那些来到他的停尸房的无名尸体：这些人无家可归。身份不明的病人依旧穿着薄薄的住院服，身上插着管子。移民死在沙漠中，或是在河水中淹死。他会把一些尸体放在泡沫塑料盒子中，把另外一些放在当地殡仪馆用剩下的棺材中。至于其余的尸体，比如这位穿着蓝白色球衣的移民，只能待在黑色的陈尸袋内。有时，他会用写着"简·多伊"或"约翰·多伊"的纸签来标记这些墓碑，但修建草坪的园艺工人却会把它们打翻。他没有别的选择。这里没有公墓，私人墓地的访客不希望他们挚爱的人与无名尸体埋在一起。

10年后，我才看见那个穿着球衣的移民。天空万里无云，刮着猛烈而持续的风。一位法医人类学家筹集资金，带来一批学生志愿者，来挖掘棉花田里的无名墓地，为这些人确认身份。他们带来了鹤嘴锄和铁锹，寻找地面上的低洼处，这可能意味着一具尸体被悄悄掩藏在地下。停尸房的工作人员没有留下记录或地图。每当这些人类学家找到一具尸体，他们便叫来雇用的司机，开着挖掘机，仔细在土地上挖掘，直至铲子的尖端碰到棺材或袋子。一周内，这个团队挖出了20多具无名尸体。

他们抬起了包裹着年轻男子尸体的黑色塑料袋，把它拿出坟墓，我能看见他胸腔的形状。塑料袋已经坏了，缠在他身上，他的尸体被压扁，而且脱水。他们把袋子抬到多刺的干草上，轻轻地放在树荫下。在那里，几个人戴着面具和手套，用一把刀割开袋子。确认这些尸体的身份需要几个月，甚至几年。他们需要从骨骼中提取DNA，进行分析，将DNA序列上传到公共数据库中，等待失踪人口的家人来寻找。

他们做的第一件事是试图确认尸体的性别和年龄。如果能做到这一点，他们便能够大概知道，这具尸体是医院中被遗弃的病人，还是被遗忘的无家可归者，或者是迷失在沙漠、在河流中淹死的移民。即使只是这一步也需要花费几个小时。很多尸体从无名的坟墓中被挖出来时都处于半液体、半固体的状态。

我们这群人背风站着，避开恶臭。挖掘机在后面发出持续的嗡嗡声，探索着我们身后的土地。领头的人类学家正在小心地检查袋子里的物品。肮脏的布料碎片和腐烂的组织及骨架粘在一起，嵌入黑色的土壤中。他在骨架脖颈的弯曲处找到一个生物危害袋，这一定是尸体的器官，在验尸过程中被取了出来，他嘟囔道。

但是，嵌在年轻人脖颈弯曲处的生物危害袋并没有装着他的肾脏或心脏。它只装着死者的衣服：那件球衣和一只白色的圆筒短袜。这身衣服足以判断他的身份，至少能够勾勒出他的形象：一个想要越过国界线，开始新生活的年轻男子。他最远到达了南得克萨斯县的一片棉花田，位于美国与墨西哥的边境以北约30英里的地方。

~

在地球上 3.6% 的面积内，地理边界有效地阻止了野生物种的迁徙，正如边境的沙漠阻止了穿着球衣的年轻人。比如，珊瑚裸尾鼠住在狭小的树莓礁，这座无人居住的岛屿位于澳大利亚海岸附近的大堡礁北部边缘。越来越猛烈的风暴冲走了岛上的植物，但是珊瑚裸尾鼠和其他生活在遥远岛屿或者山顶的动物一样，没有别的地方可去。这种啮齿动物的数量开始减少。2002 年，岛上只剩下 10 只珊瑚裸尾鼠。2009 年，一位渔民看到了一只。但是到了 2016 年，科学家们回到岛上进行调查时，一只也没有找到。

2019 年，岛上 97% 的植被已经被毁掉，澳大利亚官方正式宣布了树莓礁的珊瑚裸尾鼠灭绝。这是我们知道的第一种被气候变化消灭的哺乳动物。专家认为，它不会是最后一个。

对于野生动物的迁徙，更强大的阻碍是我们。我们的城市、小镇、农场和不断扩张的工业设施吞噬了地球上一半的土地。根据近期对1992年到2015年卫星图像的分析，仅仅在过去几十年中，我们又改造了地球上22%的可居住土地，主要是通过砍伐森林，把它们变成农场。我们的足迹遍布各处，导致许多野生物种无法生存，预计每天都有150个物种灭绝，将背景灭绝率提高了1000倍。

那些没有彻底失去栖息地的物种在迁徙过程中必须要经过被人类发展破坏的地方。生活在路易斯安那州硬木沼泽中的黑熊需要穿过一条高速公路，才能与其他同伴相遇。它们不再冒险穿过高速公路，去寻找新的伴侣，而是开始和自己封闭族群中的同类交配，近亲繁殖的现象非常严重。生活在洛杉矶山间的美洲狮必须穿过两条高速公路，才能和同伴相遇，其中一条路上有8条高速车道。科学家们给一些美洲狮戴上了定位项圈，发现没有一头可以做到。4头狮子尝试过，但死去了。5头狮子折返，还有一头被警察射杀。鸟儿的翅膀会被工业设施折断，每栋建筑附近都会堆积鸟儿的尸体，比如，每周都有6只左右的鸟儿从华盛顿的马歇尔联邦司法大厦坠落。迁徙中的蝴蝶会被电灯的光线引诱，从而偏离轨迹，死去并落在地上。

2018年《科学》期刊的一篇论文根据"人类足迹指数"，分析了57种受到全球定位系统监测的野生动物的迁徙行为。人类足迹指数综合了人口密度、建设用地范围、道路、夜晚照明等因素。纽约的指数是50，而巴西广阔而原始的潘塔纳尔热带湿地指数为0。研究者发现，人类足迹指数越高，动物的迁徙越受限。在人类足迹指数最高的地方，动物迁徙的距离只能达到那些不受人类影响的地方的三分之一。

除了地理和工业发展无意间带来的障碍，下一次大迁徙还需要克服有目的性的阻碍。

2001年以前，在近200个国家的无形边界中，只有不到20条用围栏或围墙标记了出来。动物、风、气流和海浪都可以自由地穿过这些想象中的边界。

2015年，建造边境围墙的热潮出现了。到2019年，新建立的围墙、围栏和大门已经覆盖了60多条国际边境，阻挡了全世界40亿人的迁徙。如今，用围墙和围栏防护的边境比历史上任何时候都要多。

突尼斯在与利比亚的边境处建造了一道由沙丘和水沟组成的围墙。印度和缅甸在它们与孟加拉国的交界处设置了围栏。以色列用铁丝网、触摸传感器、红外相机和运动检测器把自己围了起来。匈牙利与克罗地亚之间的围栏是由犯人建造的，不小心的移民一旦碰到，便会触电，安保人员手中拿着催泪瓦斯罐，在围栏附近巡逻。

奥地利在与斯洛文尼亚的边境处建造了围栏。英国计划沿着海峡再建造一道围栏，将它与法国分开。挪威加固了它与俄罗斯的边境。在美国，16英尺高的钢筋混凝土围墙绵延上百英里，标志着南部的边境。美国总统特朗普坚称，这些围墙应该变得更高、更长、更加坚固，或许还要覆盖长达2000英里的全部边境线。

围墙并不像想象中那样坚不可摧。比如，在一项研究中，调查者在美国与墨西哥的边境沿线设置隐蔽摄像机，追踪穿越开放边境的人和野生动物,并与穿过有围墙边境的人和动物进行对比。围墙有效地阻挡了美洲狮和长鼻浣熊。环保生物学家认为,政府提议延伸美国与墨西哥边境的围墙,违背了多项环境法规,会使边境两侧93个物种中的大多数失去迁徙自救的机会。但是在关于开放和有围墙的边境的对比研究中,围墙对于人类的迁徙没有影响。无论穿过边境时是否要翻过一道墙,人们都会迁徙。

虽然边境上的障碍没有扼制迁徙,但它们有效地改变了迁徙的路径。为了绕过障碍,迁徙的人们会选择更迂回的路线,就像小溪中绕着巨石流动的水一样。阻止迁徙,一位欧洲边境工作人员说:"就像是在挤压气球,一条路径封锁了,另一条路径的气流就会增加。"

并不是所有的迁徙路线都是相同的。迁徙的人们会优先选择最安全、最直接的路线。当这些路线关闭时,人们会转移到风险更高的地方。他们更有可能进入沙漠深处,在湍急的水域中行船,爬过更高的山。他们也更有可能雇用走私犯。迁徙还在继续,但形势更加危险。

2015年到2018年,欧洲官方设置了大范围的障碍,阻止人们穿过地中海,到欧洲寻求庇护。穿过地中海的人数从100万降低到15万。但是,迁徙路线的危险性大幅提高。移民被更残忍的走私犯控制,需要冒险经过更湍急的水流。能够帮助他们的救援行动越来越少。2015年,在前往欧洲的海路上,每269位移民中就有一位死去。2018年,每50位移民中就有一位死去。

封锁进入欧洲的陆路也起到了类似的效果。2016年,欧盟官方开始重点打击来自非洲西部的移民,他们从尼日尔北部进入利比亚，再来到欧洲。他们拘捕了走私犯，没收了车辆。超过 2000 名到达尼日尔与利比亚边境的移民被驱逐。从尼日尔进入利比亚的移民数量骤降。由于取得了如此明显的效果，欧盟官方十分得意。

但这些人只是改变了路线，向西来到海上，或者向东进入沙漠。每个月，依然有 6000 人从非洲西部经陆路来到欧洲，但他们先是从尼日尔进入乍得。这条新路线需要经过撒哈拉沙漠中更偏远的地方。在 110 华氏度的高温下，他们的车很容易坏。由于害怕遇到警察或士兵，走私犯会抛下移民，让他们渴死。2017 年的前 8 个月，走私犯将 1000 多名移民丢弃在撒哈拉沙漠中。这还只是被发现时还活着的移民数量。救援人员猜测，渴死在沙漠中的移民人数"很可能超过被救援的人数"。

来自非洲西部的移民也会向西行进，来到远方的海上。2017 年到 2018 年，到达西班牙加那利群岛的黑色和白色沙滩上的移民数量达到了之前的 4 倍。为了完成旅程，有些人乘坐载着几十名乘客的木船在开阔的大洋上行驶了数千英里。

从 1993 年到 2017 年，共有超过 33000 人在迁往欧洲的途中死去。从 1998 年到 2018 年，多达 22000 人在穿越美国与墨西哥的边境进入美国时丧生。

真实的数量可能会更多。"我敢说，我们每找到一个人，或许就错过了 5 个人。"南得克萨斯县的一位执法人员说。

∼

吴拉姆·海亚在他的一位同事被谋杀后，和妻子以及 4 个孩子离开阿富汗的赫拉特省，最终来到了欧洲。他甚至还带了一本德语书。一家人带着这本书越过高山和大海,准备在德国开启新生活。

他们面前的西方和北方,是 160 万平方英里的欧洲大陆,20 多个国家从 1985 年开始互相开放边境。大量和海亚类似的移民在希腊、意大利等南部边境国家登陆,然后继续向北行进,他们不必在边境检查点被查看证件。他们来到欧洲更繁荣的地方,在那里申请政治庇护,找工作、找房子,建立社会关系。

但是,当海亚一家成功穿过地中海时,边境已经关闭。由于面临着成千上万的新来者,欧洲国家的政府改变了主意,不再履行开放边境的合约。2016 年,政府在奥地利、丹麦、法国、德国、挪威和瑞典周围建立了边境检查点。欧盟向周边的国家——利比亚、突尼斯、摩洛哥、土耳其和埃及——支付费用,让这些国家在移民到达欧洲之前拦截并遣返他们。

边境的关闭将成千上万的移民困在了欧洲南部的国家。数千人冒着大雨,忍受着泥泞,沿着希腊北部边境在港口露营,希望边境能够打开,让他们通过。几周、几个月过去了,记者拍摄到,那些绝望的移民扬言要跳入大海。还有一些人选择了上吊自杀。令人不安的新闻头条越来越多,终于,希腊军方开始驱赶在边境和港口临时驻扎的移民。士兵把他们赶上公共汽车,运往匆匆建成的军方营地。他们远离了公众的视线,而欧洲的政策制定者们正在思考如何处理这个问题。

海亚和他的家人,还有另外 800 人来到了一处建在陈旧砾石停车场上的军方营地。这里距离雅典车程 3 小时,是这个国家最热、最干旱的地区之一。士兵们为他们提供了一顶夜晚会有蛇

第 10 章 围 墙

和蝎子来访的帆布帐篷,然后就离开了。那些日子,他们大部分时间待在帐篷里,而其他人却可以吹空调。帐篷外面,士兵们早已被晒得无精打采,不再抱怨。没有人告诉海亚或者任何被困在营地的人如何申请政治庇护。没有人告诉他们要在这里滞留多久。医生志愿者注意到,这里的自杀率和急性精神病发作率激增。

"这里所有的人都失去了理智。"海亚的一位营友抱怨道。他是一个记者,与妻子和4个孩子一起逃离了喀布尔。"连我的小女儿都说,'爸爸,阿富汗比这里好'。"海亚补充道。

某些移民逃出了军方的营地。在雅典,一群社会活动家将一所废弃的学校改造成临时住所,那些来自叙利亚和阿富汗,滞留在希腊的家庭可以睡在教室的地板上,把毯子塞在学生的旧课桌中间,充当墙壁。这里的情况并不比军方营地强多少。一位当地的精神科医生每周两次义务来探望,在走廊尽头一间摆满破旧桌椅的教室中提供医疗服务。他那些好心的建议无法治愈移民们患上的各种疾病。我去拜访的那个晚上,一群男人、女人、孩子进进出出,抱怨着心悸、哮喘,以及奇怪而令人担忧的皮疹。由于水痘暴发,他们的脸上布满了红色的肿块。精神科医生只能提供少量捐赠的药品。他很容易发火,生气地对另一位志愿者大吼大叫,她哭着冲出了房间。

在军方营地,海亚在一顶帐篷中创建了临时学校,几十个住在营地中的孩子至少可以接受教育。他们的父母整夜不能睡觉,要为睡着的孩子赶蛇,因此十分疲惫,只能在没有遮挡的阳光下,躺在闷热的帐篷中断断续续地休息,与被遗弃和忽视的麻痹感斗争。凝滞的空气中飘着流动厕所的气味。此时,孩子们正翻阅着他们唯一的书本，期待着不一样的未来。那正是海亚跋山涉水，从几百英里之外带来的德语课本。

~

或许可以说，希腊的资源相对短缺，无法为这些意外滞留在国界之内的移民提供人道主义援助。从 2008 年起，希腊便陷入了严重的经济危机。即使对于常住居民，公立医院也无法提供充足的服务，更无法满足这些忽然出现的新来者。这里的移民营地环境非常艰苦，2011 年，欧洲人权法庭将这样的生存条件裁定为酷刑。

对于某些政治领袖而言，剥夺权利也是一种政策手段。这种粗陋的逻辑认为，社会慷慨地提供公共服务，会引诱移民的到来。大量证据表明，事实并非如此。如果是这样，来自贫穷国家的人只要有机会，就会纷纷涌入富裕的国家。但他们没有。比如，来自尼日尔的人可以自由迁往尼日利亚，那里的财富是尼日尔的 6 倍。来自罗马尼亚的人可以自由迁往瑞典，那里的财富也是罗马尼亚的 6 倍。尼日尔和罗马尼亚的人口都没有因此减少。事实上，世界上大多数的移民都是从一个发展中国家迁往另一个发展中国家，也就是说，两者在公共服务的范围上没有太大差异。

基于限制社会福利会减少移民这一结论，很多欧洲国家禁止那些没有官方文件的人享受面向当地人的免费服务。在 6 个欧盟国家中，无证移民只有权利获得紧急医疗服务。在另外 12 个国家中，他们无法享受初级和二级的医疗保健，无证的儿童无法享受最基本的保护措施，比如接种疫苗。

因此，移民的健康状况原本比他们迁入地区的本地居民更好，现在却在逐渐变差。一项研究调查了那些从伊拉克逃往荷兰的人，发现他们患有精神疾病和慢性身体疾病的概率与他们来到荷兰等待文件的时间长短直接相关。

到 2019 年，特朗普政府在美国实行的威慑政策已经不限于剥夺权利，而是到了故意施加伤害的程度。比如，一项名为"零容忍"的政策在 2018 年春天颁布，要求申请庇护的移民首先要因非法入境的轻度罪行被起诉。这些起诉意味着，成年人在法庭中出席时，那些为了远离贫穷和暴力，被父母带过来的孩子要被单独扣留。移民局官员将 2300 多个孩子赶到营地，关在铁丝网围栏中，即使没断奶的婴儿和使用尿布的幼儿也要独立生活。

美国并不是唯一一个以暴力移民条例为由关押儿童的国家。还有 100 多个国家也会这样做。但它们不会如此草率地将家庭分开，并将孩子拘押。在移民拘押中心，官方会强行从父母怀里夺走孩子。他们会骗那些等待签署证件的女性短暂地离开，把孩子留在这里去拍照，等她们回来，却发现孩子不见了。如果她们在法庭上进展顺利，没有被驱逐出境——这很难做到，因为她们没有法定代理人，甚至在诉讼期间，没有人会讲她们的语言——政府也无法保证她们会和自己的孩子团圆。有些孩子被送往几百英里以外的地方，有些被拘押，还有些被寄养在亲戚家。在被泄露出来的邮件中，政府官员承认，他们没有以任何系统的方式追踪这些孩子的去向。"我们没有帮助父母联系孩子，"一位官员写给另一位同事，"我们有一份外国父母的列表，但是无法为他们找到自己的孩子。"

评论家们描绘了拘押中心肮脏拥挤的环境和里面不能洗澡、病弱、受到精神创伤的孩子。抱怨这一政策属于国家支持下的绑架和虐待儿童行为。但特朗普声称,将父母与他们的孩子分离可以阻止移民。"如果他们意识到自己会和孩子分开,"他解释道,"就不会来了。"政府自己的数据却无法证明这一点。"零容忍"政策在美国与墨西哥的边境实施之前,已经在得克萨斯州厄尔巴索附近的边境推行过。这项政策从 2017 年 7 月开始实施,到 2017 年 11 月终止,这段时间内,因试图跨越边境而被捕的家庭数量并未减少,相反,还增加了 64%。

～

让-皮埃尔的旅程将生死置之度外,他穿过了不止 6 个国家,越过了达连隘口的荒野,最终本该在佛罗里达州的奥兰多停留下来。由于移民法庭积压了成千上万的案件,政府又不愿雇用法官及其他工作人员来处理,他们向他承诺的庇护听证会在数年之内都无法举行。他和他的家人还没安定下来,一些迹象却在暗示他们应该离开这里。

特朗普政府颁布政策,剥夺移民申请庇护的权利。在国家南部的边境,一项名为"递解出境"(expedited removal)的政策将权力授予边境管理人员,让边境人员自行决定那些寻求庇护的人能否让法官审理他们的案件,并允许边境人员立刻驱逐那些可能有欺瞒、欺诈行为的人。在另一项名为"结算"(metering)的政策下,边境管理人员可以随意限制他们接受的庇护申请数量,要求移民等待数周,才能递交一份申请。一项名为"移民保护协议"(migration protection protocols)的政策要求移民在墨西哥,而非美国等待自己的庇护听证会,有时要等待数年。在各项双边协定中,美国以取消数亿美元的国外援助作为威胁,拒绝任何途经萨尔瓦多、危地马拉、洪都拉斯，却没有在那里提交申请的人申请庇护。

美国还实施了其他面向移民的政策。那些比让－皮埃尔在美国生活得更久的移民开始消失。在俄亥俄州，移民局捉住了一个商人，将他驱逐到约旦。他已经在美国生活了近40年，养育了4个女儿。除了身上的衣服和口袋里的几百美元，他离开美国时什么都没带。在康涅狄格州，他们抓住了一对夫妇，将他们驱逐到中国。他们在美国生活了将近20年，在当地经营一家美甲沙龙。他们只能丢下5岁和15岁的两个儿子。在艾奥瓦州，一个从3岁就生活在这里的少年被驱逐到墨西哥。到那里没多久，他就被谋杀了。

尽管以前的政府也曾抓捕生活在国内的移民，并将他们遣送出境，但主要针对那些有犯罪行径的人。仅仅一年内，生活在国内并被拘捕的移民数量增加了40%。其中大多数完全没有犯罪记录。他们唯一的违法行为便是缺乏有效的移民文件。

即使是合法移民和已经取得美国公民身份的人也会被逮捕。根据新的"政府救济"规定，特朗普政府宣布将会惩罚那些享受食品救济券、住房补助等公共服务的合法移民，禁止他们申请永久合法身份。如果公民的证件被发现有问题，他们会被强制剥夺国籍。

来自海地的人受到了特别的审查。当多米尼克共和国驱逐几万名海地人时，白宫官员表示了赞许。2013年，多米尼克共和国的一项政府法令规定，任何无法证明自己出生时父母已经成为本国公民的人都被视为外国人，将被驱逐出境。他们突然废除了成千上万人的"出生公民权"——即出生在一个国家便享有的公民权利——其中大多数人来自邻国海地。特朗普的一位高级移民官员赞赏这项新政策"思路清晰"。特朗普政府也希望废除出生公民权。特朗普在竞选活动中作出了这样的承诺。

多米尼克共和国从2015年开始大量驱逐海地人。2018年,多米尼克已经驱逐了80000人,其中许多人只能生活在边境沿线肮脏的临时帐篷中。

在特朗普政府废除海地人的移民身份之前,他们居住的社区就已经变得空空荡荡。海地人的教堂被废弃了。在圣地亚哥,曾经有200人加入了海地的卫理公会教派,但是到了2017年夏天,只剩下30人左右。开车送海地人去看医生的社工们来到他们的家,发现那些地方已经被遗弃。后来,他们收到了来自加拿大的消息。

移民开始向北流动。从2017年春天到2018年春天,超过20000人逃离美国,到加拿大寻求庇护。他们没有走出多远。在官方过境处,加拿大当局通常会把这些人交给他们逃离的美国移民局官方。如果他们没有首先在美国申请庇护——无论他们为此努力了多久,却没有申请成功——加拿大都不会受理他们的申请。一旦回到美国移民局的监控下,这些逃走的移民将和他们的亲友分开,被关进监狱,并被驱逐。美国官方拆散了一个试图到加拿大申请庇护的海地家庭,将其中的父亲送进了当地的县监狱。他们把他怀孕的妻子和幼小的孩子们送到了一家用来接收近期出狱犯人的破旧旅馆。"他们没有交通工具,也没有钱,还要支付那家旅馆的费用。他们不知道要怎么做。"一位当地女性想要帮助这个绝望的家庭,她这样说道。那些可怜的孩子只有两双薄袜子,却要忍受纽约北部的严寒。

为了避免这样的命运,还有一些恐惧的寻求庇护者逃入大雪覆盖的森林中,那里有许多无人看守的边境地带。一名男子从官方过境处进入加拿大时被拒绝了,他花了9个小时,在美国与加拿大之间的森林中徘徊,在这期间,气温下降到零下15摄氏度。第二天清晨,警察找到了他,发现他几乎失去了意识。他在薄薄的冰层上踩空,掉进了冰冷的河水中。他的双脚红肿,满是水疱。他们把他带到了医院,用手铐固定在床上,等他恢复后,再送到拘留所。他说,自己还会梦到那片森林。在梦中,情况和现实中不一样,"我在大声呼救,但没有人救我。"他说。

让-皮埃尔和他的家人放弃了在美国寻求庇护,登上了一辆前往纽约州普拉茨堡的公交车。他们会在罗克珊路上搭乘出租车,那里是纽约州山普伦一条沉睡的乡村小路。仅凭观察无法发现,但加拿大的边境把这条路一分为二。行驶一英里左右,经过几群无精打采地吃草的斑点马和几家破败的农场后,这条路似乎到了尽头。远方是几块岩石,一条5英尺宽的沟渠和一小块长满草的空地,这便是美国与加拿大中间全部的东西。它们阻断了这条乡村小道,但是并没有什么影响。在空地后方,这条路又回来了,和前面一样,"若无其事"地穿过了更多的农田。

2017年夏天,出租车源源不断地来到这里,搭载寻求庇护者和他们匆匆装好的行李。他们把这条安静的乡村小路变得像肯尼迪机场外一样热闹。越过这里的国际边境本质上是违法的。但是与过境口的情况不同,加拿大官方会受理那些从罗克珊路进入国家的人提出的申请。随着跨境人数的增长,加拿大边境官方在长满草的空地上建起了白色的帐篷,作为新来者的住所。一旦他们越过边境，便会受到即将受理他们申请的官僚机构的管制，这个过程会持续数周或数月。他们不能折返，连后退几步都不行。一个家庭匆匆逃离了美国，把他们的行李落在了几步之外，就在送他们来到罗克珊路的出租车旁边。他们只能丢下行李，走向新生活，除身上的衣服之外一无所有。

让-皮埃尔和他的家人也在这些人之中。他们在罗克珊路的帐篷中度过了24小时，然后，加拿大官方将他们用大巴运往临时过渡房，位于蒙特利尔一处陈旧的奥林匹克运动场。他们在那里待了两周。我见到他时，他在蒙特利尔边缘一栋破旧公寓的地下室找到了一个单间，他的三口之家将在那里等待听证会的裁决，这将决定他们的命运。

房间唯一的窗户很高，一条棕色的绒毛毯子挂在那里，挡住了微弱的光线。这家人唯一的床占据了昏暗小屋的主要位置，剩下的空间只能放一张小桌子和几把折叠椅，让-皮埃尔就在这里，怒气冲冲地回答着我的问题。

他的旅程依然没有结束。帮助他处理庇护案件的当地志愿者后来告诉我，法官不太可能准许他在加拿大停留。难民身份不止提供给那些最需要的人，也会提供给那些对这个国家的宽宏大量表示感激的人。让-皮埃尔虽然经历了很多磨难，但他不会成为一个充满感激的难民。他总是很愤怒，又很沮丧。

～

由于我们不再相信"固定不动的过去"这一神话，一个从前被掩盖的问题出现了。这个问题并不是人们为什么要迁徙，而是他们的迁徙行为为什么会引发恐慌。

仇外情绪并不是对迁徙的统一回应。社会学家发现，在陌生人群相遇的地方，这种情绪不会激增。在新来者比例较高的地区，这种情况也不会更加普遍。人们认为经济危机是新来者造成的最大威胁，但它并不会导致仇外情绪。（比如，那些为唐纳德·特朗普投票的人，都很赞同他对外国人毫无歉意的反对态度。这些人的工资平均比他们所在州的中位数高出1600美元。）

一项研究表明，仇外情绪与社会特殊的地缘政治历史相关。另一项研究则宣称，对外来者的恐慌是定居模式中的自然现象，与人口分化的相对规模和人种隔绝的程度相关。然而，还有一种猜测是，不再限制对外国人的憎恨行为会激发仇外情绪，比如公司增加或减少对移民劳动力的需求。当权利方需要移民劳动力时，仇外情绪会下降。当他们不需要时，仇外情绪会上涨。

一项研究以"多元化指数"作为衡量标准，分析了那些2016年为唐纳德·特朗普投票的县和州。多元化指数是指随机选出两个人，他们属于不同种族或来自不同国家的可能性。研究者发现，那些支持反移民政治家的人，生活的地区通常遭遇了外来人口的迅速涌入。特朗普赢得选举的各州人口并没有明显地呈现出多元化。那些州的多元化指数低于国家的平均值，在50个州中位于倒数20名之内。但是在特朗普赢得选举的各个县中，原本较低的多元化指数正在迅速发生变化，增速是国家平均值的将近两倍。

为什么那些人口曾经相对同质化，近期展现出多元化的县更愿意接受仇外的言论呢？一个可能的解释是，他们意识到了最近涌入的新来者造成的负担。任何变化的早期通常都最具挑战性。当新来者不期而至，或大量到来时，他们更有可能超出社区的吸收能力，使移民的利益与当地人利益对立起来。但是在大多数地方，这些影响只是暂时的。大多数社区都会为了容纳新来者而扩张。还有很多社区拥有足够的房子和空余的工作机会，能够吸引新来者。从 2007 年到 2017 年，美国 80% 的县内都流失了处于工作年龄的成年人。

另一种可能的解释与移民定居造成的效果相关。相比一个人口较为多元化的地区，移民涌入在人口相对同质化的地区会带来更明显的影响。如果移民涌入的速度比其他地方快，则更容易被注意到。

情况的显著性是激发反移民情绪的基本条件。只有当人们能够区别出本地人和移民时，仇外情绪才会爆发。在社会心理学实验中，当实验对象注意到小组内部与外部人员之间的边界时，很快就会倾向于自己这一方，并反对外面的一方。他们认为小组内部的人比外部的人更加公平。他们认为小组内部的人拥有积极的性格，而外部的人普遍比较消极。他们会注意到小组内部不同人员之间的差异，但不会注意外部人员之间的差异。

小组内部与外部人员之间的界线并不一定要根据共同的兴趣或能够区分两者的重要特征来划分。只要人们意识到边界的存在，便会毫无理由地产生偏见。在社会心理学实验中，研究者将研究对象随机分组，比如通过抛硬币、根据他们身上 T 恤的颜色，或者根据他们喜欢的冰激凌口味。这并没有影响。研究对象依然会形成偏见，倾向于自己这一方，对另一方产生歧视。

如果政策和环境没有共同发挥作用，本地人与迁徙者之间的界线原本很模糊。新来者来到这里，并默默融入当地的人口。本地人与迁徙者的身份并不是永久的状态：它们就像是掠过的光影。所有没有生活在撒哈拉以南的非洲的人——以及很多生活在那里的人——在某个时间段都拥有迁徙的历史。在美国，近三分之一的人在一代以内经历了跨国迁徙。每年，14%的人从国家的一个地方迁往另一个地方，跨越边境，进入拥有不同法律、习俗和方言的州。某些州之间距离很远，就像纽约与卡萨布兰卡或卡塔赫纳一样。

人们持续迁徙的事实只会偶尔引起公众的注意，或许正是因为如此，仇外情绪只会零星地爆发。在特朗普赢得选举的那些县，独特的定居模式将移民变得很显眼，就像是开在紫色珍珠菜顶端的亮紫色花朵。人们意识到本地人与移民之间的差异，在内部与外部人员之间划分了界线。壮观的边境围墙和剥夺移民权利的残忍政策也起到了同样的作用。孩子被锁在笼子里，移民们在边境沿线泥泞的土地上露营，或是挤在废弃的奥林匹克运动场中，这一切让所有人看到，一条宽阔、鲜明的界线标志着本国人与外国人的不同。如果没有这样的场面来强调移民与本地居民之间的差异，迁徙便会像我们血管中的血液循环一样，不会引起我们的注意。本地人与移民之间的差异或许会提醒我们，但它们已经完全消失。

∽

从人口统计学的角度来看，下一次大迁徙变幻莫测，十分壮观。如果阻止迁徙的仇外政策和举措激发了我们对外来者的偏见，那么还有更多的问题。为什么我们对于群体之间的差异如此警觉，总是在回避外来者？

根据某一结论，这样的倾向是一种免疫反应。外来者可能不会偷走我们的工作，或者犯下更多的罪行，我们甚至不一定能够区分出他们。但是在现代医学出现前，他们确实带来了严重的生物危机：携带了新的病菌。

历史上有很多这样的例子，人们把自己习惯的病菌带到了新的人群中，而那些当地人以前没有接触过这类病菌。15世纪，欧洲人将他们经历了几个世纪的天花和麻疹病毒带给了美国本土居民。在后面的几十年内，美国本土人几乎灭绝。古罗马的疟疾为外来者带来了致命的危险，因此罗马人创造了一句谚语："如果罗马不能用剑保护自己，她就会用热病来保护自己。"

因此，民族优越感和仇外情绪似乎也和我们环境中现存的病菌，以及我们对于这些病菌的认识有关。相比凉爽、温和、病菌较少的地方，人们在病菌较多的地方，比如热带地区会形成更多族群。那些更容易患上传染病的人比不易患传染病的人拥有更强烈的仇外情绪和民族优越感。在实验中，通过提供关于新型流感的信息，强化研究对象对于病菌的认识，会激发仇外的冲动。得知这样的信息后，研究对象表达出了更强烈的仇外情绪和民族优越感。

如果仇外情绪是由免疫防御进化而来，这种防御未免太过粗糙。发热是一种久远、原始、普遍的免疫防御，我们与其他脊椎动物，甚至一些无脊椎动物都会出现这样的现象。在某些情况下，它会减少微生物入侵者的复制行为。当身体感受到微生物外来者的存在时，血液会涌向心脏，激发免疫系统，为入侵者营造一种炽热的敌对氛围。与此同时，高温也会损害身体自身的组织。

有时，发热原本是一种免疫防御，却变成了一种自我毁灭的行为，导致癫痫、精神错乱和死亡。仇外情绪同样原始而普遍，也可能会引发自我毁灭。

对其他群体表现出仇外恐惧的一种方式是夸大他们的数量和胃口。2018年的一项研究显示，在欧盟的28个国家中，有19个国家的人将本国移民的比例高估了两倍甚至更多。保加利亚、波兰和罗马尼亚相比其他国家，移民数量非常少，这些国家的人将本国移民的数量高估了8倍以上。在另一项研究中，民意调查员询问人们，相比本土居民，国家为移民多提供了多少支持。法国近25%的人、瑞典近20%的人和美国14%的人估计，移民获得的政府支持是本国人的两倍——在任何国家，这都不符合事实。

就像一场失控的发热一样，这些狂热的表现与所谓的威胁本身并没有关系。它们始终忽视了事实。一篇2019年的论文写道，为那些高估移民数量的人提供关于移民规模的准确信息，"并没有影响人们对移民的态度"。只要人们关于移民的负面情绪高涨，来到当地的移民数量，以及当地社区吸纳他们的能力并不会对此作出改变。"只要让人们想到移民，"一位民意调查员说，"就会激发关于财富重新分配的负面反应。"

如果仇外情绪是由免疫防御进化而来，或许它曾经保护过我们，但它现在不再有效。无论我们是否避开外来者，现代医学都提供了使我们免受病菌侵袭的方法和技术。然而，怀疑外来者的本能依然残留，深深植根于我们的灵魂中。政治家只需要在"我们"和"他们"中间划出一条界线，便能够利用这种狂热。

尾　声

安全的通道

　　几年前，在巴尔的摩东部一个破败的社区，我在一栋狭窄的二层公寓中见到了索菲娅和马里亚姆，当地的非政府组织将这两位女性和她们的孩子安顿在这里。我刚刚成为当地难民署的志愿者，工作人员给了我一堆文件，上面是每个需要帮助的难民家庭的资料。他们让我选一家，我选择了这里。当地的翻译通过手机，在聊天中协助我们。马里亚姆徒步从厄立特里亚逃离，到达了埃塞俄比亚边境的一个难民营。摆脱了厄立特里亚军事政权的控制后，她大多数时间都在漫无目的地四处游荡。她身体敏捷，喜欢玩闹，而且很爱笑。但是由于生活在难民营中，她无法从事社会上的生产活动。她无法去上学，也没有工作。当我问她在难民营中有什么重要的回忆时，她说到了参加临时的足球比赛。
　　索菲娅离开厄立特里亚后，向北绕行。她从苏丹前往开罗，在埃及边缘艰难谋生。她的脖子上戴着一条项链，上面的小十字架标志着她的外来者身份，使她无法被埃及主流社会接受。她找了一份清理旅馆房间的工作。但是搬运沉重的东西损伤了她的背部，手术失败使她丧失了工作的能力。厄运再次降临，医生诊断出她的小儿子左肾长了一个恶性肿瘤。这个小儿子的父亲也是一个正在逃亡的厄立特里亚人，她在开罗和他相遇。

但马里亚姆和索菲娅能够拥有更稳定的未来。通过联合国难民署的当地办事处，身处开罗和难民营中的厄立特里亚人可以申请难民的身份。难民署会扫描他们的面部图像，收集他们的指纹和个人履历。如果办事处调查了他们的背景和履历，认为这些人安全无害，而且符合移民要求，便会接受他们的申请，并把他们的文件递交到其他国家。他们便可以搬到一个地方，在那里安家，并独立开始新的生活。每年，难民署会认证 2600 万名难民，并为其中大约 10 万人安家。马里亚姆和索菲娅都提出了申请。

为了获得难民身份，她们已经等待了近 10 年。联合国难民署接受了她们的申请，并把她们的文件递交给了美国办事处。经过难民安置计划的同意，她们从那时起可以在美国生活。于是，她们各自收拾了行装，登上了即将载着她们前往新家的飞机。

她们说，她们想要找工作，想让自己的孩子接受教育。索菲娅的儿子是个高个子、目光警惕的男孩，他靠在母亲的膝盖上，眼睛很大，神情严肃。马里亚姆的女儿性格完全相反，她的脸上浮现出夸张的表情，触碰我的物品，还爬上我的腿，成功地吸引了我的注意。

我们一起坐在铺着毯子的地板上，思考着她们的计划。马里亚姆从她们那狭小的厨房中拿出几盘点缀着水珠的草莓、切成薄片的苹果、切开的橙子。孩子们饥肠辘辘地围在一盘画眉草面包前。这是厄立特里亚的一种发酵面包干，上面配有五香扁豆和咖喱土豆。

马里亚姆和索菲娅只会说几个零星的英语单词。她们没有什么工作技能。她们是难民。在这个社会中，政府首脑将难民称为"动物""害虫"，甚至还有更糟糕的说法。她们是黑人女性。在这个被贫穷困扰，拥有严格种族秩序的城市中，她们生活在会使寿命预期降低 30 年的贫穷黑人社区里。她们还要照顾两个蹒跚学步的孩子。她们不会开车。谁会雇用她们呢？她们怎样才能成功找到工作？

她们身边没有什么能提供支持的家人。孩子的父亲生活在几千英里之外。马里亚姆的男友在德国定居。索菲娅的男友定居在了瑞典。一个小架子上放着一位年轻女性的带框照片。这是索菲娅的女儿，现在还生活在厄立特里亚。索菲娅离开时，她还是个蹒跚学步的孩子。现在，她长成了少女。索菲娅已经很多年没有见过她。边境线就像是一条穿过森林的高速公路，将她和家人隔开，使他们成了散落在不同大洲的碎片。

不久前，12 月的一个晚上，我来接她们去看巴尔的摩市区中的圣诞灯光。停车后，我们需要在零下几度的严寒中走路穿过几个街区，在这段时间里，她们向我介绍了在厄立特里亚如何庆祝圣诞节，她们会在教堂吃一顿特别的晚餐，然后轮番拜访邻居。这时，灯火通明的美式圣诞场景展现在我们面前，这正是我要带她们看的。在这个街区中，当地人在窗户、门廊和屋檐上，他们的连排房屋之间，以及面向他们房屋的狭窄街道上都挂满了一串

尾　声　安全的通道

串闪烁的彩灯。他们狭小的前院里装点着巨大的电灯拐杖糖、挥动着胖手臂的塑料雪人，还有用啤酒罐及旧轮毂制作的圣诞树，下方堆放着用闪亮的纸包装的礼物。一个女人穿着圣诞老人的服装，给围观的人送上饼干。在街道的尽头，一些夫妇抱着穿防雪服的孩子，正在排队等待，想要站在穿着毛茸茸的驯鹿服装的男人身边拍照。

在回她们公寓的路上，两个女人在车里一直很沉默。"真好，"索菲娅最后开了口，她点了点头，"美国的圣诞节。"我不知道要说些什么。那些红白相间的华美装饰挑战了我自己的文化认同感。我想象不到这些对于她有什么意义——它们对我来说没有什么意义。我打开了暖风。马里亚姆的脚趾冻僵了，因为在单薄的黑色运动鞋下，她没有穿袜子。

我们一直沉默着，直至回到几英里外她们的社区。几个月后，她们才找到工作，马里亚姆在一家工业洗衣店上夜班，索菲娅为一家咖啡店打扫卫生。我驶入车道，她们的公寓在阴影中显现出来。

虽然那一晚对于她来说很陌生，虽然未来对她而言充满了不确定性，虽然经过了颠沛流离，她才来到了这个不太可靠的目的地。可索菲娅抬头看着自己的公寓，仿佛出乎意料一般，温柔地低声自语道："我的家。"

～

迁徙者经过的破碎地表，可以被人类和野生物种修复。

新的环保行动并没有为那些隔绝的公园和保护区扩张边界，而是努力将私人土地、牧场、农田和公园连成宽阔、绵长的走廊，让动物们可以安全地迁徙。比如，"黄石公园到育空"（The

Yellowstone to Yukon Initiative）倡议聚集了上百个环保组织，修建了从加拿大北部向南，超过50万平方英里的长廊，确保野生动物在整个范围内的迁徙。另一个富有野心的项目与它相似，目标是保护从墨西哥到阿根廷，穿越14个国家、绵延数百万平方英里的美洲虎栖息地。环保主义者在世界范围内至少找到了20个地点，包括一些生物多样性程度很高，但是遭受了严重破坏的地方，比如坦桑尼亚的东部山脉，巴西靠近大西洋沿岸的森林。在这些地方，类似的野生动物长廊能够将彼此隔绝的保护地碎片连接起来，成为一片连续的、面积超过50英亩的森林，野生物种可以在这里自由迁徙。

人们为野生动物建立了新的基础设施，让它们能够轻松地越过我们设置的障碍。在加拿大，灰熊、狼獾和麋鹿能够穿过建在加拿大横贯公路上方或下方的野生动物桥。在瑞士，由于有了专门为它们设计的600条走廊，鹿、野猪和獾能够穿过铁路、商业区和体育馆。在美国蒙大拿州，黑熊、土狼、山猫和美洲狮能够穿过建造在州际公路上方的40多条野生动物通道。在其他地方，环保主义者也为蟾蜍建造了隧道，为松鼠建造了桥。他们为在头顶飞过的鸟儿和蝴蝶搭建了覆盖植被的绿色屋檐，供这些动物休息。这些努力共同为野生动物创造了某种州际网络，在广阔的区域内建立起连续的野生动物长廊。

迁徙当然不是万能的。那些由于栖息地消失，选择迁往其他地方的物种可能并不会面临更少的危险，而是更多的危险。在俄罗斯，太平洋海象生活的海冰融化了，它们只能游到遥远的礁石海滩上。2017年夏天，野生动物纪录片制作人看到海象在爬往礁石顶部时,由于太过疲惫,在下方的沙滩上坠海而死。那些成功变换了栖息地的物种可能会被称为"入侵者"。被视为不受欢迎的入侵者的野生物种有:从越南和中国成功迁往夏威夷的濒危淡水龟;在加利福尼亚州和墨西哥陷入濒危状态,却迁往澳大利亚和新西兰的蒙特利松树;到达加那利群岛的濒危大角野绵羊;在加利福尼亚州即将灭绝,但成功迁往美国西部的萨克拉门托鲈鱼。

然而,对于上千种向极地靠近、迁往高纬度地区的物种而言,迁徙也许是它们生活在气候混乱的新时代的最佳办法。

我们能够预想一个人类也能安全迁徙的世界。由于气候变化,或者生存环境干旱而迁徙的人们不用冒着被边境巡逻队的工作人员抓住的危险,也不会沉入大海,或者在沙漠中死去。目前驻守着武装警卫、安装了铁丝网、建造了围墙的跨国边界可能会变得更温和,更容易通过,就像马萨诸塞州与纽约之间的边境,或者法国与德国之间的边境一样。联合国通过的《促进安全、有序和正常移民全球契约》等合约提出了一个可能的框架。这项契约倡导各个国家为寻求新生活的移民提供更多的合法渠道。它呼吁各个国家收集并共享移民的数据,为他们提供身份证明,这样迁徙便能够更加规范、有序。它还包含了一些措施,让移民能够更便捷地把钱寄往自己离开的地方,或者提供其他支持。它还呼吁将拘留移民作为最后的手段,而不是本能的首要措施。

这项契约设想了更容易通过的边境,这并不会促使新来者不遵守当地的法律和习俗,或者消除当地文化的独特性。相反,这会让迁徙变得更加安全、庄重、人性化。在联合国的194个成员国中,有163个国家签署了这项自愿的、不具有约束力的契约。

2019年，葡萄牙将其纳入了本国的移民政策。

如今，军事化管理的边境阻止了人们的迁徙，但这并不是神圣不可侵犯的，它们并不是我们文化及历史的基本要素。欧洲人在几个世纪前才开始在自己国家周围划定边界。为印度和巴基斯坦划定边界的英国律师只花了几周的时间。即使是美国与墨西哥之间颇具争议的边界，在几十年前也很容易通过。纵观我们的大部分历史，王国和帝国在模糊的边界之间起起落落，每个文化和民族都在渐渐地变成另外的文化和民族。边界的开放和关闭根本不是问题。它们本来就不存在。

在动态的地球上，环境不断地发生变化，资源分布不均，迁徙是生命中必要的一部分。如果我们接受了这一点，便有很多方法可以生存下去。无论如何，迁徙率将会继续上升，势不可当。索菲娅、让-皮埃尔和吴拉姆这样的人会继续迁徙。我们依然可以将迁徙视为一种灾难。我们也可以像蝴蝶和鸟儿一样，重启我们的迁徙史，以迁徙者的身份重新确立我们在自然中的位置。我们可以把迁徙从一种危机变为它的对立面：解决危机的方法。

一个阳光明媚的日子，我们在墨西哥的提华纳市内，沿着一条没有铺砌、坑洼不平的道路行驶，寻找围墙。

在提华纳的其他社区，建筑外墙都涂着明艳的颜色，窗户也总是开着。但是这个社区挨着墨西哥与美国之间的边境围墙，显得有些阴森。所有的房子都关着窗户。此地声名狼藉，因为毒枭们会在这里用酸溶解那些被他们谋杀的人的尸体。围墙本身便散发着死亡的气息。墙壁上有上百个手绘的十字，当地人以此来记录那些没有成功越过边境的人。

面对具有威慑性的围墙,居民们似乎在用建筑进行沉默的抗议,他们把自己家没有窗户的一面朝向那边,把家和围墙之间的长条空地当作垃圾场。那里满是旧轮胎、空可乐瓶、废弃的陶瓷马桶,偶尔还会堆有任意的塑料工业废料。这副场景很恐怖,除了居民家咆哮的看门狗,没有谁会到这里来,因此我们没有关掉汽车的发动机,便靠近围墙。我的鞋子在黏腻的灰白色土地上陷了一英寸。

为了越过围墙望向另一侧,我爬上了一堆旧轮胎。虽然我站得不太稳,却能看见整条围墙。它向东西两侧延伸了数英里,深入山谷,然后在远处的山顶消失。我能看见伫立在围墙前方那些高高的石板,这是美国总统计划建造的新边境围墙的雏形。它们就像怪异的巨石阵,面向南边排成一行。

在周围山脉的映衬下,围墙显得微不足道。山脉沿着北美洲的西海岸绵延数千英里,从墨西哥南部直至阿拉斯加州北部,为大角羊、美洲狮、格纹蛱蝶和其他野生动物形成了一条自然的通道,随着气候的变化,它们可以向北或向上迁徙。它们不会在意边境和那里的障碍,几个世纪以来,虽然人们谴责它们为入侵者,并担心它们违背自然法则,跨越了边境,但迁徙者依然在行动。

在远方的某处,格纹蛱蝶破茧而出。它们扇着弱小的翅膀,翅膀上面点缀着橙色、奶油色和黑色。我的视线越过只有 16 英尺高的波纹金属围墙。格纹蛱蝶飞得很低,只比它们食用的沙漠植物和花朵高出 6 英尺到 8 英尺。

等到那一时刻到来,它们轻盈的身体将会升上天空。

致　谢

当我坐在希腊雅典一间狭窄的办公室中，采访无国界医生组织中的医疗行动支持负责人阿波斯托洛斯·维兹斯时，和他聊起移民的问题，我的脑海中产生了创作这本书的最初想法。我当时将移民称作"危机"。他耐心却细致地揭示出，作为这个领域的初学者，我提出的问题存在很多缺陷，并推翻了我的全部猜想。在这件事上，我欠他一个人情。我开始曲折地重新构建自己关于迁徙和迁徙者的看法，最终写出了这本书。普利策危机报道中心为我提供了在希腊采访寻求庇护的难民的机会，并促成了我与维兹斯的会面。它们为很多记者提供了非常宝贵的支持。我很荣幸能够成为其中一员。

写这本书的大纲时，我正位于喜马拉雅山脉间一条狭窄幽深的山谷中，听着河流因冰川融化而嘶吼，注视着雪松缓慢地向山上爬升。我从没见过比这更加惊心动魄的场面，我见证了一个正在移动的、令人惊奇的世界，并意识到探讨这个问题的紧迫性。感谢吉蒂卡·尼加姆和里特什·夏尔马对我的殷勤款待，以及他们为了支持我，不断送来的鸡蛋饼和印度奶茶。

为了写这本书，我向许多领域的学者请教了专业知识，生物地理学、环保生物学、遗传学、人类学和科学史都有涉及。卡梅尔·帕玛森关于物种迁移的著作起到了极其重要的作用。她很慷慨地花费时间，为我解释她的发现，让我去看其他人的研究成果，并帮我联系，让我第一次见到了格纹蛱蝶。斯普林·斯特拉姆、戴夫·福克纳、美国鱼类和野生动物管理局的艾莉森·安德森、溪边地球保护中心的斯图·韦斯与我分享了他们追踪蝴蝶的昆虫学知识。在佛蒙特州，杰夫·帕森斯带我探访了北部边境。在波士顿，帕迪斯·萨贝蒂和她的同事们为我解释了他们关于破译错综复杂的人类多样性的研究。在夏威夷，丽贝卡·奥斯特塔格和苏珊·科德尔与我分享了他们团队跨越本土与外来生物之间鸿沟的创新性研究。在得克萨斯州，法医人类学家凯特·斯普拉德利和蒂姆·戈查允许我和他们一起挖掘没有标记的移民墓地。我要对他们表示感谢。

在我去过的每一个地方，我都见到了被困在拘押中心和难民营中，或是被迫逃离的移民，虽然他们不得不生活在阴影之下，却愿意和我对话。他们经历的旅程使我自愧不如。他们愿意与我分享经历，我非常感激。一些伟大的救援组织和社会活动家，包括叙利亚—美国医疗协会、世界医生组织、蒙特利尔的弗朗茨·安德烈、波士顿的迪厄福特·J."可可"·弗朗恩赛斯特协助我们会面，并提供了翻译工作。

我只列举了一部分愿意与我谈话的学者。马克·A. 戴维斯、乔纳森·马克斯、沃里克·安德森、尼尔斯·克里斯蒂安·斯坦塞特、彼得·安克尔、休·丁格尔、艾伦·德奎罗斯以及马丁·威克尔斯基非常慷慨并乐于提供帮助。其中有些人阅读了我早期版本的手稿，并提供了有用的建议，包括里斯·琼斯、贝西·哈特曼、马修·丘等。

多年来，安东尼·阿诺夫在很多方面支持了我的作品。米歇尔·马克利为我提供了其深入的观点。我很自豪地称他们为朋友。西莉亚和伊恩·巴德韦尔－琼斯邀请我住在他们在夏威夷火山下建造的漂亮房子中。"视觉制图工作室"的菲利普·里维埃和菲利普·雷卡塞维茨给出了重要的编辑反馈。他们为我提供的帮助比我要求得更多。我的代理商，夏洛特·希迪以及我的编辑南希·米勒，还有她在布鲁姆斯伯里出版公司的团队在这本书出版的过程中始终在支持我。没有他们，这本书就不会存在。我感谢他们所有人。

刚开始写这本书时，我以为必须要深入挖掘，才能从当今的政治中找出反对移民的证据。2016年的大选改变了我原本的看法。随着反对移民的言论和政策涌向我们政治的最前线，我需要的证据似乎每天都会在新闻中出现。写下这本书的某些部分在技术层面上变得更简单，但是在精神层面上变得更难了。

越来越多的社会活动家作为我的朋友和同盟，帮助我在黑暗中找到了光明。我自己的混血圈子中聚集了很多移民和跨越国境者，他们也帮助了我：马克总是听我说话，通读我的作品，在我不愿想这件事时带我去航海。扎基尔和库什是优雅、敬业、善良的典范，我们创造了这个气候被破坏的世界，在这样的世界上继续生活需要这些品质。还有我的父母，他们跨越大洋开启了新生活，让我明白了什么是适应能力和勇气。

参考文献

Aaronson, Trevor. "Trump Administration Skews Terror Data to Justify Anti-Muslim Travel Ban." *Intercept*, January 16, 2018.

Anderson, Warwick. "Hybridity, Race, and Science: The Voyage of the *Zaca*, 1934–1935." *Isis* 103, no. 2 (2012): 229–253.

———. "Racial Hybridity, Physical Anthropology, and Human Biology in the Colonial Laboratories of the United States." *Current Anthropology* 53, no. S5 (April 2012): S95–S107.

Anker, Peder. *Imperial Ecology: Environmental Order in the British Empire, 1895–1945*. Cambridge, MA: Harvard University Press, 2009.

Bashford, Alison. *Global Population: History, Geopolitics, and Life on Earth*. New York: Columbia University Press, 2014.

Bendyshe, T. "The History of Anthropology: On the Anthropology of Linnaeus—1735–1776." In *Memoirs Read Before the Anthropological Society of London* (London: Trübner and Co., 1865).

Benton-Cohen, Katherine. *Inventing the Immigration Problem: The Dillingham Commission and Its Legacy*. Cambridge, MA: Harvard University Press, 2018.

Black, Edwin. *War Against the Weak: Eugenics and America's Campaign to Create a Master Race*. Washington, D.C.: Dialog Press, 2003.

Blunt, Wilfrid. *Linnaeus: The Compleat Naturalist*. London: Francis Lincoln, 2004.

Broberg, Gunnar. "Anthropomorpha." In Frank Spencer, ed., *History of Physical Anthropology*. London: Routledge, 1996.

———. "*Homo sapiens*: Linnaeus's Classification of Man." In Tore Frangsmyr, ed., *Linnaeus: The Man and His Work*. Berkeley: University of California Press, 1983.

Chamberlin, J. Edward, and Sander L. Gilman, eds. *Degeneration: The Dark Side of Progress*. New York: Columbia University Press, 1985.

Cheshire, James, and Oliver Uberti. *Where the Animals Go: Tracking Wildlife with Technology in 50 Maps and Graphics*. New York: W. W. Norton, 2016.

Chew, Matthew K. "Ending with Elton: Preludes to Invasion Biology." PhD diss., Arizona State University, December 2006.

Chitty, Dennis. *Do Lemmings Commit Suicide? Beautiful Hypotheses and Ugly Facts*. New York: Oxford University Press, 1996.

Crawford, Michael H., and Benjamin C. Campbell, eds. *Causes and Consequences of Human Migration: An Evolutionary Perspective*. New York: Cambridge University Press, 2012.

Crotch, W. Duppa. "Further Remarks on the Lemming." *Zoological Journal of the Linnean Society* 13, no. 67 (1877): 157–160.

Crowcroft, Peter. *Elton's Ecologists: A History of the Bureau of Animal Population*. Chicago: University of Chicago Press, 1991.

Curran, Andrew S. *The Anatomy of Blackness: Science and Slavery in an Age of Enlightenment*. Baltimore: Johns Hopkins University Press, 2011.

D'Antonio, Michael. "Trump's Move to End DACA Has Roots in America's Long, Shameful History of Eugenics." *Los Angeles Times*, September 14, 2017.

Darwin, Charles. *The Descent of Man, and Selection in Relation to Sex*. 1871; reprinted New York: Penguin, 2004.

Davenport, Charles B. *Heredity in Relation to Eugenics*. New York: Henry Holt, 1911.

Davenport, Charles B., et al., eds. *Eugenics in Race and State*, vol. 2, *Scientific Papers of the Second International Congress of Eugenics, Held at the American Museum of Natural History, September 22–28, 1921*. Baltimore: Williams & Wilkins, 1923.

DeParle, Jason. "The Anti-Immigration Crusader." *New York Times*, April 17, 2011.

Desrochers, Pierre, and Christine Hoffbauer. "The Postwar Intellectual Roots of *The Population Bomb*: Fairfield Osborn's *Our Plundered Planet* and William Vogt's *Road to Survival* in Retrospect." *Electronic Journal of Sustainable Development* 1, no. 3 (2009).

Dingle, Hugh. *Migration: The Biology of Life on the Move*. New York: Oxford University Press, 1996.

Dobzhansky, Theodosius. "Possibility That *Homo sapiens* Evolved Independently 5 Times Is Vanishingly Small." *Current Anthropology*, October 1963.

Ehrlich, Paul. Interview by WOI-TV, April 24, 1970, YouTube, https://www.youtube.com/watch?v=yzwiraikxxg.

———. *The Population Bomb*. Cutchogue, NY: Buccaneer Books, 1968.

Ehrlich, Paul R., and John P. Holdren. "Impact of Population Growth." *Science*, March 26, 1971.

Elton, Charles S. *The Ecology of Invasions by Animals and Plants*. 1958; reprinted Chicago: University of Chicago Press, 2000.

———. "Periodic Fluctuations in the Numbers of Animals: Their Causes and Effects." *Journal of Experimental Biology* 2, no. 1 (1924): 119–163.

Fausto-Sterling, Anne. "Gender, Race, and Nation: The Comparative Anatomy of 'Hottentot' Women in Europe, 1815–1817." In Jennifer Terry and Jacqueline Urla, eds., *Deviant Bodies: Critical Perspectives on Difference in Science and Popular Culture*. Bloomington: Indiana University Press, 1995.

Finney, Ben. "Myth, Experiment, and the Reinvention of Polynesian Voyaging." *American Anthropologist* 93, no. 2 (1991): 383–404.

Frangsmyr, Tore, ed. *Linnaeus: The Man and His Work*. Berkeley: University of California Press, 1983.

Gelb, Steven A., Garland E. Allen, Andrew Futterman, and Barry Mehler. "Rewriting Mental Testing History: The View from *The American Psychologist*." *Sage Race Relations Abstracts* 11 (May 1986).

Gocha, Timothy, Katherine Spradley, and Ryan Strand. "Bodies in Limbo: Issues in Identification and Repatriation of Migrant Remains in South Texas." In Krista Latham and Alyson J. O'Daniel, eds., *Sociopolitics of Migrant Death and Repatriation: Perspectives from Forensic Science*. Cham, Switzerland: Springer, 2018.

Gould, Stephen Jay. *The Flamingo's Smile: Reflections in Natural History*. New York: W. W. Norton, 1987.

Gutiérrez, Elena R. *Fertile Matters: The Politics of Mexican-American Women's Reproduction*. Austin: University of Texas Press, 2008.

Harmon, Amy. "Why White Supremacists Are Chugging Milk (And Why Geneticists Are Alarmed)." *New York Times*, October 17, 2018.

Hartmann, Betsy. *The America Syndrome: Apocalypse, War, and Our Call to Greatness*. New York: Seven Stories Press, 2017.

Holton, Graham E. L. "Heyerdahl's Kon Tiki Theory and the Denial of the Indigenous Past." *Anthropological Forum* 14, no. 2 (2004).

Horowitz, Daniel. *The Anxieties of Affluence: Critiques of American Consumer Culture, 1939–1979*. Amherst: University of Massachusetts Press, 2004.

Jablonski, Nina G. *Living Color: The Biological and Social Meaning of Skin Color*. Berkeley: University of California Press, 2012.

Jones, Reece, ed. *Open Borders: In Defense of Free Movement*. Athens: University of Georgia Press, 2019.

Kessler, Rebecca. "The Most Extreme Migration on Earth?" *Science*, June 7, 2011.

Kirkbride, Hilary. "What Are the Public Health Benefits of Screening Migrants for Infectious Diseases?" European Congress of Clinical Microbiology and Infectious Diseases, Amsterdam, April 12, 2016.

Koerner, Lisbet. *Linnaeus: Nature and Nation*. Cambridge, MA: Harvard University Press, 1999.

Lalami, Laila. "Who Is to Blame for the Cologne Sex Attacks?" *Nation*, March 10, 2016.

Lam, Katherine. "Border Patrol Agent Appeared to Be Ambushed by Illegal Immigrants, Bashed with Rocks Before Death." Fox News, November 21, 2017.

Laughlin, H. Hamilton. *The Second International Exhibition of Eugenics Held September 22 to October 22, 1921, in Connection with the Second International Congress of Eugenics in the American Museum of Natural History, New York: . . .* Baltimore: Williams & Wilkins, 1923.

Lewis, David. *We, the Navigators: The Ancient Art of Landfinding in the Pacific*. Honolulu: University of Hawaii Press, 1994.

Lim, May, Richard Metzler, and Yaneer Bar-Yam. "Global Pattern Formation and Ethnic/Cultural Violence." *Science* 317, no. 5844 (2007): 1540–1544.

Lindkvist, Hugo. "Swedish Police Featured in Fox News Segment: Filmmaker Is a Madman." *Dagens Nyheter*, February 26, 2017.

Lindström, Jan, et al. "From Arctic Lemmings to Adaptive Dynamics: Charles Elton's Legacy in Population Ecology." *Biological Reviews* 76, no. 1 (2001): 129–158.

Mann, Charles C. "The Book That Incited a Worldwide Fear of Overpopulation." *Smithsonian*, January 2018.

Marks, Jonathan. *Human Biodiversity: Genes, Race, and History*. New York: Aldine De Gruyter, 1995.

Marris, Emma. "Tree Hitched a Ride to Island." *Nature*, June 18, 2014.

Massin, Benoit. "From Virchow to Fischer: Physical Anthropology and 'Modern Race Theories' in Wilhelmine Germany." In George Stocking, ed., *Volksgeist As Method and Ethic: Essays on Boasian Ethnography and the German Anthropological Tradition*. Madison: University of Wisconsin Press, 1988.

Mavroudi, Elizabeth, and Caroline Nagel. *Global Migration: Patterns, Processes, and Politics*. London: Routledge, 2016.

McAllister, Edward, and Alessandra Prentice. "African Migrants Turn to Deadly Ocean Route as Options Narrow." Reuters, December 3, 2018.

McLeman, Robert A. *Climate and Human Migration: Past Experiences, Future Challenges*. New York: Cambridge University Press, 2013.

Montagu, Ashley. "What Is Remarkable About Varieties of Man Is Likenesses, Not Differences." *Current Anthropology*, October 1963.

Mooney, H. A., and E. E. Cleland. "The Evolutionary Impact of Invasive Species." *Proceedings of the National Academy of Sciences* 98, no. 10 (2001): 5446–5451.

Moore, Robert, Lindsey Bever, and Nick Miroff. "A Border Patrol Agent Is Dead in Texas, but the Circumstances Remain Murky." *Washington Post*, November 20, 2017.

Mukherjee, Siddhartha. *The Gene: An Intimate History*. New York: Scribner, 2016.

Nathan, Debbie. "How the Border Patrol Faked Statistics Showing a 73 Percent Rise in Assaults Against Agents." *Intercept*, April 23, 2018.

Nicholls, Henry. "The Truth About Norwegian Lemmings." BBC Earth, November 21, 2014.

Normandin, Sebastian, and Sean A. Valles. "How a Network of Conservationists and Population Control Activists Created the Contemporary U.S. Anti-Immigration Movement." *Endeavour* 39, no. 2 (2015): 95–105.

Nowrasteh, Alex. "Deaths of Border Patrol Agents Don't Argue for a Longer Mexico Border Wall." *Newsweek*, November 28, 2017.

Osborn, Henry Fairfield. "Lo, the Poor Nordic!" (letter to the editor). *New York Times*, April 8, 1924.

Pierpont, Claudia Roth. "The Measure of America: How a Rebel Anthropologist Waged War on Racism." *New Yorker*, March 8, 2004.

Provine, William B. "Geneticists and the Biology of Race Crossing." *Science* 182, no. 4114 (1973): 790–796.

Queiroz, Alan de. *The Monkey's Voyage: How Improbable Journeys Shaped the History of Life*. New York: Basic Books, 2014.

Ramsden, Edmund. "Confronting the Stigma of Perfection: Genetic Demography, Diversity and the Quest for a Democratic Eugenics in the Post-War United States." London School of Economics, August 2006.

Ramsden, Edmund, and Jon Adams. "Escaping the Laboratory: The Rodent Experiments of John B. Calhoun and Their Cultural Influence." *Journal of Social History*, Spring 2009.

Ramsden, Edmund, and Duncan Wilson. "The Suicidal Animal: Science and the Nature of Self-Destruction." *Past and Present*, August 2014, 201–242.

Reed, Brian. "Fear and Loathing in Homer and Rockville, Act One: Fear." *This American Life*, July 21, 2017.

Reich, David. *Who We Are and How We Got Here: Ancient DNA and the New Science of the Human Past*. New York: Pantheon, 2018.

Ritz, John-David, and Aretha Bergdahl. "People in Sweden's Alleged 'No-Go Zones' Talk About What It's Like to Live There." *Vice*, November 2, 2016.

Rivas, Jorge. "DHS Ignored Its Own Staff's Findings Before Ending Humanitarian Program for Haitians." *Splinter*, April 17, 2018.

Roberts, Dorothy. *Fatal Invention: How Science, Politics, and Big Business Re-Create Race in the Twenty-First Century*. New York: New Press, 2012.

Roberts, Leslie. "How to Sample the World's Genetic Diversity." *Science*, August 28, 1992.

Robertson, Thomas. *The Malthusian Moment: Global Population Growth and the Birth of American Environmentalism*. New Brunswick, NJ: Rutgers University Press, 2012.

Rohe, John F. *Mary Lou and John Tanton: A Journey into American Conservation; Biography of Mary Lou and John Tanton*. Washington, D.C.: FAIR Horizon Press, 2002, https://www.johntanton.org/docs/book_tanton_biography_jr.pdf.

Schiebinger, Londa. *Nature's Body: Gender in the Making of Modern Science*. Boston: Beacon Press, 1993.

---. "Taxonomy for Human Beings." In Gill Kirkup, Linda Janes, Kathryn Woodward, and Fiona Hovenden, eds., *The Gendered Cyborg: A Reader*. London: Routledge, 2000.

Schmidt, Benjamin. *Inventing Exoticism: Geography, Globalism, and Europe's Early Modern World*. Philadelphia: University of Pennsylvania Press, 2015.

Shapiro, Harry Lionel. *The Pitcairn Islanders* (formerly *The Heritage of the Bounty*). New York: Simon and Schuster, 1968.

Sloan, Phillip. "The Gaze of Natural History." In Christopher Fox, Roy Porter, and Robert Wokler, eds., *Inventing Human Science: Eighteenth-Century Domains*. Berkeley: University of California Press, 1995.

Smethurst, P. *Travel Writing and the Natural World, 1768–1840*. London: Palgrave Macmillan, 2012.

Smith, Dylan. "Bannon: Killing of BP Agent Brian Terry Helped Elect Trump." *Tucson Sentinel*, November 18, 2017.

Social Contract. "A Tribute to Dr. John H. Tanton." YouTube, September 28, 2016, https://www.youtube.com/watch?v=cc2am08oakq.

Spiro, Jonathan Peter. *Defending the Master Race: Conservation, Eugenics, and the Legacy of Madison Grant*. Burlington: University of Vermont Press, 2009.

Stenseth, Nils Christian, and Rolf Anker Ims, eds. *The Biology of Lemmings*. London: Academic Press for the Linnean Society of London, 1993.

Sussman, Robert Wald. *The Myth of Race: The Troubling Persistence of an Unscientific Idea*. Cambridge, MA: Harvard University Press, 2014.

Switek, Brian. "The Tragedy of Saartje Baartman." *Science Blogs*, February 27, 2009.

Tanton, John H. "International Migration as an Obstacle to Achieving World Stability." *Ecologist* 6 (1976): 221–227.

Taylor, Adam. "Who Is Nils Bildt? Swedish 'National Security Adviser' Interviewed by Fox News Is a Mystery to Swedes." *Washington Post*, February 25, 2017.

Thompson, Ken. *Where Do Camels Belong? The Story and Science of Invasive Species*. Vancouver, BC: Greystone Books, 2014.

Turner, Tom. "The Vindication of a Public Scholar." *Earth Island Journal*, Summer 2009.

Warren, Charles R. "Perspectives on the 'Alien' Versus 'Native' Species Debate: A Critique of Concepts, Language and Practice." *Progress in Human Geography* 31, no. 4 (2007): 427–446.

Zeidel, Robert F. *Immigrants, Progressives and Exclusion Politics: The Dillingham Commission, 1900–1927*. DeKalb: Northern Illinois University Press, 2004.

Zenderland, Leila. *Measuring Minds: Henry Herbert Goddard and the Origins of American Intelligence Testing*. New York: Cambridge University Press, 1998.

图书在版编目（CIP）数据

大迁徙/（美）索尼娅·沙阿著；赵安琪译. —北京：中国工人出版社，2022.4
书名原文：The Next Great Migration：the Story of Movement on a Changing Planet
ISBN 978-7-5008-7849-0

Ⅰ.①大… Ⅱ.①索… ②赵… Ⅲ.①世界史 Ⅳ.①K1

中国版本图书馆CIP数据核字（2022）第042196号

著作权合同登记号：图字01-2022-1136
© Sonia Shah, 2020
This translation of THE NEXT GREAT MIGRATION is published by
China Worker Publishing House by arrangement with Bloomsbury Publishing Plc.
All rights reserved.

大迁徙

出 版 人	王娇萍
责任编辑	邢 璐　陈晓辰
责任印制	黄 丽
出版发行	中国工人出版社
地　　址	北京市东城区鼓楼外大街45号　邮编：100120
网　　址	http://www.wp-china.com
电　　话	（010）62005043（总编室）　（010）62005039（印制管理中心）
	（010）62004005（万川文化项目组）
发行热线	（010）82029051　62383056
经　　销	各地书店
印　　刷	北京盛通印刷股份有限公司
开　　本	880毫米×1230毫米　1/32
印　　张	9.125
彩插印张	0.25
字　　数	210千字
版　　次	2022年4月第1版　2022年4月第1次印刷
定　　价	58.00元

本书如有破损、缺页、装订错误，请与本社印制管理中心联系更换
版权所有　侵权必究